法

법 대로 합시다

-생활법률-

법무사 박 찬 계

Law BUB 법률&출판

머 리 말

필자는 법무사로서 16년 넘게 법률 실무에 접하면서 각종 법률 규정과 판례에 관하여 배우고 익히는 한편, 다양한 실무를 경험하였습니다.

법률 실무 현장에서 필요한 법률 과목에 대한 시험인 법무사 시험을 거친 법률전문가인 필자로서도 자주 개정·제정되어 시행되는 각종 법률과 새롭게 생성되는 판례를 수시로 익히고 실무에 반영하기란 쉽지 않은 일입니다. 법제처가 공포하여 시행되는 법률과 법원 판례를 들여다보는 것은 매일의 중요한 일과 중 하나입니다.

필자로서도 이러할진대, 법률 문제가 발생한 분들께서 이를 해결하기 위해서 관련 법률 규정과 판례를 알아보고 문제를 해결하기란 쉽지 않은 일이라 할 것입니다.

그러던 중, 법무사로서 필자가 익힌 법률 지식과 실무 경험을 유투브를 통해 방송하는 것이 어떨까 고민하게 되었습니다. 그러면서 법률 문제로 고민하시는 분들이 조금은 쉽게 이해할 수 있도록 사례와 판례를 참고하여 스토리텔링 형식으로 방송하는 것이 좋겠다고 판단하였습니다.

이 책은 필자가 2020년 2월 9일부터 유투브 채널 **'법대로 내맘대로 (https://www.youtube.com/channel/UC2BCdm2JtIiLFEF9AqqlZ1g)'** 를 통해 방영한 250여 개 방송 내용 중 특정한 법률 문제에 당면한 분들께 조금이라도 도움이 될 수 있도록 하는 뜻에서 그 중 118편을 추려, 최대한 쉽게 읽힐 수 있도록 풀어서 쓴 글입니다.

그럼에도 불구하고 읽고 또 읽어보니, 일반 독자분들이 쉽게 이해할 수 있을까 걱정이 되기도 하였습니다.

이 책을 쓰는데 있어서 어려운 점은, 법률 조문은 원문 그대로 적을 수 밖에 없고, 판례 또한 그 내용을 줄이거나 용어를 고치기에는 상당히 부담이 된다는 것이었습니다. 용어나 내용을 줄이거나 변형하는 것은 해당 판례가 자칫 곡해될 수도 있기 때문입니다.

사례마다 필요한 법률 조문은 그대로 적되, 판례는 법원 명칭과 선고일자, 그리고 사건번호를 생략하였습니다. 글의 분량이 많아지기도 하거니와 괄호 안에 법원 명칭 등을 적으면 독자의 피로감이 높아짐으로써 읽기에 부담스럽다는 점도 고려하였습니다.

이 책이 특정한 법률 문제에 봉착한 분들께 미력하나마 그 해결에 보탬이 되기를 기대해 봅니다.

내용에 오류가 있거나 판례가 변경되어 수정될 부분은 기회가 닿는 대로 보완하겠습니다.

이러한 점에 대한 지적을 이메일 '**m82010@hanmail.net**'로 알려 주시면 적극적으로 수정·반영하겠습니다. 부족하고 미력한 저의 글을 읽어 주시는 것만으로도 행복합니다.

2022. 2. 법무사 박찬계

< 목 차 >

제1장 채권·채무

2

제2장 임대차

제3장 가사·상속 및 증여

6

제4장 가압류·가처분 및 집행

제5장 부동산 및 법인 등기

8

제6장 고용 및 보험

제7장 형사

제1장 채권·채무

제1장 채권·채무

1. 5년 내 결혼 안하면 2억원 준다는 약속, 지켜야 할까?

남녀가 사귀면서 손가락 걸고 결혼을 약속할 수 있습니다. 이 약속은 지켜질 때도 있고 깨어질 때도 있는 것이 우리네 삶입니다.

대만에 사는 나원해씨와 한국에 사는 원찬애씨는 오랜 기간 장거리 연애를 하였습니다. 그런 과정에서 원씨는 나씨의 신용카드를 쓰면서 슬기로운 연애생활?을 만끽하였습니다.

연애 기간이 오래되자, 나씨는 원씨에게 청혼을 하였습니다. 그런데 원씨는 나씨의 청혼에 이상할 정도로 답을 하지 않으면서 미적거렸습니다. 이를 수상쩍다고 여긴 나씨는 원씨에게 자신과 결혼하겠다는 각서를 요구합니다.

원씨는 가벼운 마음으로 '나씨와 2020년 12월 31일까지 결혼한다. 이를 어기면 나씨에게 2억 원을 준다'라는 각서를 써주었습니다.

막상 결혼을 약속한 마지막 날이 지났는데도 원씨는 결혼에 대해 한마디도 하지 않고 이 약속을 깡그리 잊은 듯 행동합니다.

이에 나씨는 화가 났습니다. '그 동안 내가 너한테 쏟은 정성은 뭐고, 네가 내 돈 쓴 게 얼만데!' 라면서 말입니다.

마침내, 나씨는 이 각서를 근거로 원씨를 상대로 2억원을 달라는 '손해배상 청구의 소'를 제기합니다. 이에 대한 재판에서 원씨는 '당신과 교제를 했으며 각서를 써준 것도 맞고, 결혼 약속을 지키지 않은 것도 맞다. 그러나 이 각서는 혼인의 자유를 침해한 것으로 반사회적 법률행위다. 그래서 무효다. 나는 당신에게 돈을 안 줘도 된다'라고 항변하였습니다.

이에 대하여 법원은 "원씨와 나씨가 오랜 기간 사귀었고, 그 과정에서 원씨가 나씨의 신용카드를 이용하여 돈을 쓴 사실은 인정된다. 그러나 위와 같은 사정이 있다고 해서 원씨가 나씨와 결혼하지 않을 경우 거액을 지급하기로 하는 각서는 원씨의 신분상 의사결정을 심각하게 구속하는 내용의 의사표시이므로 사회질서에 반하여 무효이다. 원씨는 나씨에게 이 각서에 따라 2억원과 이에 대한 지연손해금을 지급할 의무가 없다."라고 판결하였습니다.

우리는 삶을 살아가면서 '약속은 지켜져야 한다'는 것에 동의하고 있습니다. 그런데 언제나, 어느 상황에서나, 어떤 이유로든 약속은 지켜져야 할까요?

민법 제103조는 '선량한 풍속 기타 사회질서에 위반한 사항을 내용으로 하는 법률행위는 무효로 한다'라고 규정하고 있습니다. 이를 '반사회적 질서의 법률행위는 무효'라고 합니다.

사례에서, 결혼 약속은 지켜져야 하나 이 약속을 어길 경우 2억원을 주기로 한다는 약속은 반사회적이어서 무효라는 것입니다.

그렇다면 반사회적 질서의 법률행위의 유형에는 어떤 것이 있을까요?

범죄나 부정행위를 유발하거나 조장하는 행위로 예컨대, 허위진술을 해주면 돈을 주겠다는 각서, 불륜 관계를 계속 유지하는 조건으로 부동산을 주기로 한 약속, 공무원에게 청탁하고 그 댓가로 돈을 주겠다는 각서, 결혼한 부부 중 한 사람이 다른 사람과 불륜을 저질러도 좋다는 의사표시, 윤락행위의 댓가를 지급하겠다는 약속, 도박장에서 돈을 빌리고 써준 차용증 등이 그것입니다

한편, 불륜 관계로 낳은 자녀를 키우기 위해 돈을 주기로 하는 약속, 불륜 관계를 끝내면서 준 돈 등 보통사람의 판단으로 일반적인 도덕 관념에 반하지 않는 행위는 반사회적이 아니어서 유효합니다.

특정한 행위가 반사회적 질서의 법률행위로서 무효가 되면 어떻게 해야 할까요? 이 경우 반사회적인 행위를 하겠다고 약속하거나 각서를 써줬더라도 이를 지킬 필요가 없습니다.

그런데 반사회적인 약속을 지켜서 이미 돈이나 물건을 주어버렸다면 어떻게 될까요?

민법 제746조는 '불법의 원인으로 인하여 재산을 급여하거나 노무를 제공한 때에는 그 이익의 반환을 청구하지 못한다. 그러나 그 불법원인이 수익자에게만 있는 때에는 그러하지 아니하다'라고, '불법원인급여'에 관하여 규정하고 있습니다.

예컨대, 도박장에서 도박을 목적으로 돈을 빌리고 차용증을 쓴 후 그 빚을 갚았다면 도박 돈을 빌리는 행위가 반사회적 법률행위이기 때문에 갚은 돈을 돌려달라고 할 수는 없다는 것입니다.

다만, 불법의 원인이 약속 이행을 받은 사람에게만 있을 때는 그렇지 않습니다. 대법원은 사기 바둑에서 진 후 자신의 집을 바둑 상대방에게 이전해 준 사례에서, "수익자의 불법성이 급여자의 불법성보다 현저히 크고 급여자의 불법성이 미약한 경우 급여자의 반환 청구가 허용되지 않는다는 것은 공평에 반하고 신의성실의 원칙에도 어긋나므로 이 경우 민법 제746조 본문이 배제되어 급여자의 반환 청구는 허용된다."라고 판시한 바 있습니다.

사례에서, 나씨가 원씨에게 각서에서 정한 2억원을 달라는 것이 진정한 소송 목적이었을까요? 나씨가 원씨에게 제기한 소의 제목은 '손해배상 청구의 소'입니다. 만약에 2억원을 달라고 하는 것이 진정한 목적이었다면 소의 제목을 '약정금 청구의 소'라고 하였을 것입니다.

나씨는 분했던 것입니다. 그 동안 쏟은 정성과 돈이 아깝고, 원씨의 그간 행동이 괘씸한 것입니다. 꽃뱀에게 당했나? 그런 심정도 들었을 것이라 추측해 봅니다.

신용카드로 쓴 돈을 돌려달라고 하자니 이것은 '증여다'라고 할 것이고, 가진 거라곤 원씨가 써준 각서뿐이니 이것을 가지고서라도 원씨를 혼내주고 싶었을 것입니다.

그런데 결국에 나씨는 소송에서 지기까지 하고, 원씨의 변호사비 등 소송비용까지 물어주게 생겼으니 참으로 원통한 일일 것입니다.

필자의 생각으로는, 이 사례에서, 나씨는 소의 제목을 '손해배상 청구의 소'로 할 것이 아니라 '손해배상 등 청구의 소'로 하면서 주위적으로는 '위자료 얼마를 달라'는 손해배상 청구와 예비적으로는 '각서에서 쓴 2억원을 달라'는 약정금 청구를 했어야 하지 않았나 싶습니다.

즉 나씨는 혼인 약속 불이행을 이유로 손해배상 청구 소송인 위자료 청구를 주위적으로 하면서 예비적으로 약정금 청구를 했어야 하지 않느냐는 것입니다. 위자료 액수의 산정이 어렵고, 아마도 너무 적은 금액일 것 같아서 이러한 청구를 하지 않았을까요? 의문입니다.

2. 땅의 경계를 잘못 알고 계약했는데 취소 가능할까?

민법 제109조는 '의사표시는 법률행위의 내용의 중요 부분에 착오가 있는 때에는 취소할 수 있다. 그러나 그 착오가 표의자의 중대한 과실로 인한 때에는 취소하지 못한다'라고 규정하고 있습니다.

'법률행위의 내용의 중요 부분의 착오'란 의사를 표시한 사람이 그러한 착오가 없었다면 그 의사를 표시하지 않았으리라고 생각될 정도로 중요한 것이어야 하고, 보통 일반인도 의사를 표시한 사람의 처지에 있었더라면 그러한 의사를 표시하지 않았으리라고 생각될 정도로 중요한 것이어야 합니다.

그러나 비록 법률행위의 내용의 중요 부분에 착오가 있더라도 의사를 표시한 사람에게 중대한 과실이 있을 때에는 계약을 취소할 수 없습니다.

나착오씨는 과수원을 하기 위해 김매도씨와 경기도 고양시 관산동 소재 토지에 관한 매매 계약을 체결하였습니다. 매매 면적은 2,000㎡, 매매 금액은 5억원, 계약금은 5천만원이었습니다. 계약서 특약사항에는 '둑이 처진 땅 앞에 있는, 매실나무가 심어진 땅 800㎡는 매매 토지에 포함되고, 그 옆에 난 도로 400㎡는 포함되지 않는다'라고 적었습니다.

김씨에게 계약금을 지급한 나씨는 토지의 경계를 정확히 파악하기 위해 관련 업체에 측량을 의뢰하였습니다.

측량결과, 계약서와는 달리 '매실나무가 심어진 땅 800㎡는 김씨의 소유가 아니고 오히려 도로 400㎡가 김씨의 소유'라는 것을 알게 되었습니다.

그런데 사실은 김씨 또한 자기 땅의 정확한 경계를 모르고 있으면서 막연히 위 특약사항과 같이 계약서를 작성한 것이었습니다. 이에 나씨는 김씨에게 토지 경계에 착오가 있었다며 계약을 취소한다는 의사를 표시하면서 계약금을 돌려달라고 하였습니다.

이에 김씨는 '토지 매매계약을 체결하려고 하면서 지적도를 대조하는 등 토지 경계를 확실히 알아보지 않은 것은 나씨의 중대한 과실이므로 착오를 이유로 이 매매계약을 취소할 수 없고, 따라서 이 계약은 이행되어야 한다' 라고 주장하였습니다.

나씨가 김씨에 대하여 제기한 '매매계약 취소 청구의 소'에서 대법원은 "토지 매매에서 특별한 사정이 없는 한 매수인에게 측량을 하거나 지적도와 대조하는 등의 방법으로 매매 목적물이 지적도상의 그것과 정확히 일치하는지 여부를 미리 확인하여야 할 주의의무가 있다고 볼 수 없다. 특히 김씨가 자기 토지의 경계를 잘못 알고 있으면서 나씨에게 토지의 경계를 정확히 설명하지 않았고, 착오한 토지가 계약 목적물의 중요한 부분이며, 김씨의 잘못된 설명으로 나씨의 착오가 유발되었으므로 나씨에게 중대한 과실이 없다. 만일 이 토지의 경계가 다르다는 것을 나씨가 계약을 하기 전에 알았다면 계약을 체결하지 않았을 것이다."라고 하면서 매매계약 취소에 따라 김씨는 나씨에게 계약금을 돌려주라고 판결하였습니다.

즉 나씨의 착오에 의한 의사표시 취소로 인해 이 계약은 취소되었고, 계약은 소급적으로 무효가 되었다는 것입니다.

법률행위의 내용의 중요부분에 착오가 있는지 여부는 추상적·일률적으로 가려질 수 없고, 개개 법률행위의 구체적 사정에 따라 판단하여야 합니다. 특히 '중대한 과실'은 의사를 표시한 사람의 직업, 행위의 종류, 목적 등에 비추어 보통 요구되는 주의를 현저히 게을리한 것을 의미합니다.

참고로, 민법 제109조의 착오로 인한 법률행위의 취소는 원칙적으로 모든 사법상의 의사표시에 적용됩니다. 다만, 화해계약의 경우에는 착오를 이유로 취소하지 못합니다. 한편, 화해당사자의 자격이나 화해의 목적인 분쟁 이외의 사항에 착오가 있을 때에는 취소가 가능합니다(민법 제733조).

3. 받은 계약금의 두배인가? 받기로 한 계약금의 두배인가?

필자는, 부동산 매매계약을 체결하면서 계약금 중 일부를 주었는데 매도인이 계약을 해제한다면서 '실제 받은 돈의 2배만 주겠다고 한다. 계약서에 쓴 계약금의 두 배를 받아야 하는 것 아닌가?'라는 문의를 매수인으로부터 받곤합니다.

민법 제565조 제1항은 '매매의 당사자 일방이 계약 당시에 금전 기타 물건을 계약금, 보증금등의 명목으로 상대방에게 교부한 때에는 당사자 간에 다른 약정이 없는 한 당사자의 일방이 이행에 착수할 때까지 교부자는 이를 포기하고 수령자는 그 배액을 상환하여 매매계약을 해제할 수 있다'라고, '해약금'을 규정하고 있습니다.

계약금 계약은 매매계약 등 주된 계약에 따르는 종된 계약으로, 해약금으로 추정하는데 이는 마음이 바뀔 수 있는 자유, 즉 변심의 자유를 보장하기 위한 대가입니다. 이는 약정 해제권이며, 채무불이행 등을 이유로 계약을 해제할 수 있는 법정 해제권과 구별됩니다.

나매수씨는 2015. 6. 6. 방매도씨로부터 서울시 방이동 소재 아파트를 11억원에 매수하기로 하는 계약을 체결하면서 계약금은 1억 1천만원으로 하되, 이 중 1천만원은 계약 당일에, 나머지 1억원은 그 다음 날에 방씨의 계좌로 송금하기로 약정하고 그 자리에서 계약금 일부인 1천만원을 송금하였습니다.

방씨는 1억원을 받기로 한 날, 마음이 바뀌어 이 아파트 매매를 중개한 공인중개사에게 계약을 해제하겠다고 알리고 자신의 은행계좌를 폐쇄하였습니다.

나씨는 나머지 계약금 1억원을 송금하려고 은행에 갔으나 방씨의 계좌가 폐쇄된 것을 알게 되었고, 이에 1억원짜리 자기앞 수표를 발행하여 공인중개사 사무실에 갔다가 방씨의 계약해제 의사표시가 있었음을 알았습니다.

나씨는 방씨에게 계약금을 송금하기로 한 다음 날에 1억원을 법원에 공탁하였습니다. 그 후, 나씨는 잔금일에 9억 9천만원짜리 자기앞 수표를 발행하여 공인중개사 사무소에 갔으나 방씨는 그곳에 나타나지 않았습니다.

그러자 나씨는 소유권이전 등기에 필요한 서류를 정해진 날까지 달라고 방씨에게 통고서를 보냈습니다. 그러나 방씨는 이 서류를 주지 않았고, 이에 나씨는 방씨가 채무를 불이행하였으므로 계약을 해제한다는 의사를 표시하는 내용증명을 방씨에게 보냈습니다.

한편, 방씨는 나씨가 나머지 계약금 1억원을 공탁하자, 그 다음 날 계약금 일부로서 받은 1천만 원의 2배인 2천만원을 법원에 공탁하고 '사정에 의해 매매계약을 해제한다'고 내용증명을 보냈습니다.

그 후, 나씨는 방씨를 상대로 1억 2천만원을 달라는 '손해배상 청구의 소'를 제기하였습니다. 그런데 이 소송의 청구 금액은 매도인의 계약 해제에 따른 배액인 2억 2천만원이 아니었습니다. 계약금으로 준 1천만원과 손해배상 예정액인 1억 1천만원의 합계 1억 2천만원을 배상하라는 것이었습니다.

이 두 사람 간의 매매계약서에는 어느 한 사람의 채무불이행을 이유로 계약이 해제되면 채무를 불이행한 사람은 매매계약금 1억 1천만원을 배상하여야 한다고 정해져 있었기 때문입니다. 즉 손해배상 예정액을 정한 것입니다.

방씨는 이 소송에서 '자신이 받은 계약금의 2배인 2천만원을 공탁하고 계약을 해제했으니 손해배상 예정액인 1억 1천만원을 주어야 할 의무가 없다'고 주장하였습니다.

이 사례는 '계약금 일부만 지급된 경우 매도인은 자신이 받은 돈의 2배만을 주고 계약을 해제할 수 있느냐?'가 쟁점이었습니다.

이에 대하여 대법원은 "계약금 일부만 지급된 경우 돈을 받은 사람이 계약을 해제할 수 있다고 하더라도, 해약금의 기준은 '실제 받은 계약금'이 아니라 '계약서에 쓴 계약금, 즉 약정 계약금'이라고 보아야 한다. '실제 받은 계약금'의 두 배만 갚고 매매계약을 해제할 수 있다면 이는 당사자가 일정한 금액을 계약금으로 정한 의사에 반하게 될 뿐 아니라 받은 돈이 소액일 경우에는 사실상 계약을 자유로이 해제할 수 있어 부당하다."고 판결하였습니다.

방씨가 계약서에 쓴 계약금의 2배인 2억 2천만원을 나씨에게 주지 않았으므로 방씨의 계약해제 의사표시는 효력이 없다는 것입니다.

그러면서 나씨의 청구의 일부를 받아들였습니다. 즉 손해배상액이 너무 많다고 하여 나씨의 청구액의 70%만 인정하였습니다.

매도인이 중도금 등이 지급되기 전에 매매계약을 해제하려면 '계약금으로써 일부를 지급받았더라도 그 일부가 아닌 계약서에 쓴 계약금의 2배'를 매수인에게 주지 않으면 계약을 해제할 수 없다는 것입니다.

매도인이 계약금의 일부로써 받은 금액의 2배가 아닌 '계약서에 적힌 계약금의 2배'를 주어야 계약을 해제할 수 있다면 매수인이 계약을 해제하려고 할 때도 동일하게 적용되어야 할 것입니다.

매수인이 계약금 일부를 주고 난 후 나머지 계약금을 주려고 하다가 마음이 바뀌어 계약을 해제하고자 한다면, 매수인 또한 그가 지급한 일부의 계약금에 대한 포기가 아닌 '계약서에 적힌 계약금'의 전부를 매도인에게 주고서 계약을 해제할 수 있어야 한다는 것입니다.

그래야만 당사자 평등과 공평의 원리에 부합하기 때문입니다.

4. 중도금 미리 지급, 계약 해제 가능한가?

부동산 매매계약을 했는데, 갑자기 시세가 너무 올랐다는 등의 이유로 매도인이 계약금의 두 배를 주더라도 매매계약을 해제하려고 하는데 매수인이 이를 거부하면서 계약서에 정한 날짜보다 중도금을 미리 지급하는 경우가 있습니다.

이 때문에 매도인과 매수인 사이에 계약 해제와 관련하여 다툼이 발생하곤 합니다.

즉 계약의 해약에 관한 다툼입니다.

민법 제565조 제1항은 '매매의 당사자 일방이 계약 당시에 금전 기타 물건을 계약금, 보증금 등의 명목으로 상대방에게 교부한 때에는 당사자간에 다른 약정이 없는 한 당사자의 일방이 이행에 착수할 때까지 교부자는 이를 포기하고 수령자는 그 배액을 상환하여 매매계약을 해제할 수 있다'라고 규정하고 있습니다. 이는 매매 계약을 해본 사람은 누구나 알고 있는 규정입니다.

여기에서 당사자의 일방인 매수인이 계약서에 정한 날짜보다 앞선 날짜에 매도인에게 중도금을 지급했을 때, 매도인은 계약금의 2배를 주고 매매 계약을 해제할 수 있느냐가 문제 됩니다.

김매도씨는 나매수씨와 2019. 3. 2. 경기도 파주 군사지역에 있는 땅을 40억원에 매매하는 계약을 체결하였습니다. 이 계약에서 두 사람은 계약금 4억원은 계약 당일에, 중도금 16억원은 2019. 6. 30.에, 잔금 20억원은 2019. 12. 30.에 지급하는 것으로 약정하였습니다.

그런데 김씨가 나씨로부터 매매 계약금을 지급받은지 일주일 뒤에 국방부는 군사시설 고도완화 방침을 발표했고, 이 땅의 시세는 급등하였습니다.

이에 김씨는 나씨에게 매매 대금을 50억원으로 수정하여 줄 것을 요청하였습니다.

그러자 나씨는 이에 대해 어떠한 대답도 하지 않은 채 중도금 지급 날짜인 2019. 6. 30.이 되지 않았는데도 2019. 5. 1.에 중도금 16억원을 수표로 발행하여 김씨를 찾아갔습니다. 김씨가 이 수표를 받지 않자, 나씨는 김씨를 피공탁자로 하여 16억원을 법원에 공탁하였습니다.

이에 김매도씨는 나매수씨를 피공탁자로 하여 매매계약 해제를 이유로 계약금의 2배인 8억원을 법원에 공탁하였습니다.

2019. 12. 30. 잔금 20억원을 법원에 공탁한 나씨는 김씨를 상대로 '소유권이전등기 절차 이행 청구의 소'를 제기하였습니다.

이에 대한 상고심 재판에서 대법원은 "민법 제565조가 해제권 행사의 시기를 당사자의 일방이 이행에 착수할 때까지로 제한한 것은 당사자의 일방이 이미 이행에 착수한 때에는 그 당사자는 그에 필요한 비용을 지출하였을 것이고, 또 그 당사자는 계약이 이행될 것으로 기대하고 있는데 만일 이러한 단계에서 상대방으로부터 계약이 해제된다면 예측하지 못한 손해를 입게 될 우려가 있으므로 이를 방지하고자 함에 있고, 이행기의 약정이 있는 경우라 하더라도 당사자가 채무의 이행기 전에는 착수하지 아니하기로 하는 특약을 하는 등 특별한 사정이 없는 한 이행기 전에 이행에 착수할 수 있다."고 하면서 "매매계약 체결 후 시가 상승이 예상되자 매도인이 매매대금의 증액요청을 하였고, 매수인은 이에 대하여 확답하지 않은 상태에서 중도금을 지급기일 전에 제공하였고, 그 이후 매도인이 계약금의 배액을 공탁하여 해제권을 행사했는데 이는 시가 상승만으로 매매계약의 기초적 사실관계가 변경되었다고 볼 수 없고, 이행기 전의 이행의 착수가 허용되어서는 안 될 만한 불가피한 사정이 있는 것도 아니므로 매도인은 매매계약의 해제권을 행사할 수 없다."고 판결하였습니다.

즉 매도인 김씨가 나씨의 중도금 지급 전에 계약금의 2배를 주거나 나씨가 이를 거부할 경우 공탁을 한 후 계약 해제의 의사표시를 하였다면 적법한 계약해제이지만 중도금 지급일에 앞서 중도금을 미리 지급하였다면 계약은 해제될 수 없으므로 김씨는 매매 잔금을 받음과 동시에 소유권이전등기를 해

주어야 한다는 것입니다.

이 사례에서, 매매계약을 해제할 상황을 예상한다면 매도인은 매매계약서에 '중도금을 지급날짜보다 미리 지급하여서는 안된다'라는 특약을 기재해야 하고, 매수인은 이러한 특약 기재에 대해 그 의미를 충분히 이해한 후 계약체결을 해야 한다는 점을 알 수 있습니다.

한편, 대법원은 "매도인이 민법 제565조에 의하여 계약을 해제한다는 의사표시를 하고 일정한 기한까지 해약금의 수령을 최고하며 기한을 넘기면 공탁하겠다고 통지를 한 이상 중도금 지급기일은 매도인을 위하여서도 기한의 이익이 있으며, 이 경우에는 매수인이 이행기 전에 이행에 착수할 수 없는 특별한 사정이 있는 경우에 해당하여 매수인은 매도인의 의사에 반하여 이행할 수 없다. 즉 매수인이 이행기 전에 매도인이 정한 해약금 수령 기한 이전에 일방적으로 이행에 착수하였다고 하여도 매도인의 계약해제권 행사에 영향을 미칠 수 없다. 매도인이 민법 제565조에 의하여 계약을 해제하고자 하는 경우에는 계약금의 배액을 제공하고 하여야 할 것이나, 이 해약금의 제공이 적법하지 못하다면 해제권을 보유하고 있는 기간 안에 적법한 제공을 한 때에 계약이 해제된다고 볼 것이다. 또한 매도인이 계약을 해제하기 위하여 계약금의 배액을 공탁하는 경우에는 공탁원인 사실에 계약해제의 의사가 포함되어 있다고 할 것이므로, 상대방에게 공탁통지가 도달한 때에 계약해제 의사표시가 있었다고 보아야 한다."라고 판결하였습니다.

5. 중도금 무이자 대출 알선 안 해주면 계약 해제 가능할까?

아파트나 상가를 분양받으려는 사람들에게 중도금 대출 이자는 매우 중요한 선택 사항입니다. 중도금을 대출받아 아파트나 상가를 사려는 사람에게 중도금 대출 이자는 상당한 부담이 된다는 것입니다. 그래서 간혹, 아파트나 상가 분양업체에서 중도금 대출을 알선하고, 그 이자는 분양업체가 스스로 부담한다면서 분양받기를 권유하기도 합니다.

상가분양업자인 나상가 주식회사(이하 '나상가')는 2019. 3. 1. 경북 울주군 면산면 소재 공간프라자 603호에 관하여 김수분씨와 상가분양계약을 체결하였습니다. 분양대금은 3억원이었는데, 이 중 계약금은 3천만원, 중도금은 3회에 걸쳐 5천만원씩 1억 5천만원이었고, 잔금은 1억2천만원이었습니다.

이 분양계약을 체결하면서 중도금 1억 5천만원은 나상가가 대출을 알선하고, 그 이자는 나상가 스스로 부담하는 것으로 약정하였습니다.

그런데 이 상가가 건축되는 과정에서 나상가는 김씨에게 이 603호에 대한 중도금 대출을 알선하지 않았습니다. 그러자 김씨는 중도금과 잔금을 지급하지 않았습니다. 그 속내는 이 상가의 가치가 하락했기 때문이었습니다.

그 후, 나상가는 김씨를 상대로 중도금과 잔금 합계 2억 7천만원과 그 이자를 지급하라는 소를 제기하였고, 이에 김씨는 나상가가 중도금 무이자 대출 알선 약속을 지키지 않아 채무를 불이행하였으므로 이 상가 분양계약을 해제한다면서 계약금 3천만원과 위약금 1천 5백만원을 지급하라는 반소를 제기하였습니다.

이에 대하여 대법원은 "채무불이행을 이유로 계약을 해제하려면 그 채무가 계약의 목적 달성에 필요 불가결하고 이를 이행하지 않으면 계약의 목적을 달성될 수 없게 되어 그 계약을 체결하지 않았을 것이라고 여겨질 정도의 주된 채무여야 하고, 그렇지 않은 부수적 채무를 불이행한 데에 지나지 않은 경우에는 계약을 해제할 수 없다. 이 상가 공급계약서에는 중도금 '무이자 대출'이라고 기재가 되어 있으나 그에 관하여 구체적인 절차나 방법을 약정하지 않았고, 김씨가 개별적으로 대출을 받은 후 나상가에게 그에 대한 이자 지급을 요구할 수도 있고, 부동산 매매계약에 있어서 매수인의 중도금 납입 의무는 매수인의 주된 계약상의 의무이므로 설령 나상가가 중도금에 대한 금융기관 대출 알선을 해 주고 그에 대한 이자를 부담하기로 약정하였다고 하더라도 나상가가 이에 대한 협조를 하지 않고 중도금 미지급을 이유로 상가 분양계약을 해제하거나 지연손해금을 구하는 것에 대하여 김씨는 이를 거절할 수 있는 한편, 자신이 이 상가에 대한 소유권이전등기를 넘겨받으면서 금융기관으로부터 대출을 받아 중도금을 지급할 수 있는 점을 볼 때, 나상가가 중도금 대출을 알선해 주지 않았다는 사정은 김씨가 이 603호에 대한 분양계약을 해제할 수 있을 정도로 계약상 주된 의무를 불이행한 것으로 볼 수 없다. 따라서 김씨는 이를 이유로 이 603호에 대한 분양계약을 해제할 수 없다."고 판결하였습니다.

이에 더하여 대법원은 "김씨는 이 상가 분양계약 체결 당시 중도금 지급 방법과 관련하여 나상가에 의하여 유발된 동기의 착오가 있었고, 그로 인하여 이 상가분양계약을 취소한다고 주장하나, 의사표시는 법률행위의 내용의 중요부분에 착오가 있는 때에 취소할 수 있으나 나상가가 중도금 대출을 알선해주기로 하였다는 사정은 법률행위의 중요부분에 해당한다고 볼 수 없다. 따라서 김씨가 이에 관하여 착오를 일으켰다고 하더라도 이를 이유로 이 상가 603호에 관한 공급계약을 취소할 수 없다."고 판결하였습니다.

이 판례는 아파트나 상가 분양업체가 중도금 무이자 대출 알선을 내세워 구매자를 유인하여 분양계약을 체결한 후 중도금 무이자 대출 알선이 불가능할 경우에 책임을 면하는 사례로 활용될 수 있다고 할 것입니다.

6. 사정변경으로 인한 계약 해제나 해지 가능할까?

계약 해제란 '계약 당사자간에 계약의 목적을 달성할 수 없어서 더 이상 계약을 유지할 수 없게 된 경우, 서로 약정한 바에 따라 또는 법률에서 정한 바에 따라 본래부터 계약이 없었던 것으로 하는 것'을 말합니다.

서로의 약속에 따라 해제권을 행사하는 것을 약정해제 또는 합의해제라고 하고, 법률에 정해진 바에 따라 일방적으로 해제 권한을 행사하는 것을 법정해제라고 하는데 이에는 이행지체와 이행불능에 따른 해제가 있습니다. 한편 증여 또는 매매, 도급 등에서는 법정해제 사유를 따로 정하고 있습니다.

계약 해지란 '그동안 유지된 계약관계를 더 이상 유지할 수 없게 되어 앞으로는 계약관계를 유지할 수 없어서 계약을 소멸시키는 행위'를 말합니다.

즉 계약 해제와 계약 해지는 구별됩니다. 계약 해지는 '계속적 계약'에서 사용됩니다. 즉 계약관계가 일정 기간 동안 유지되는 임대차, 고용, 위임 계약 등의 계약관계를 소멸시키고자 할 때 이를 계약 해지라고 합니다.

당사자 한 쪽이 의사표시로 계약을 해지한 때에는 그 계약은 장래에 대하여 그 효력을 잃는 점에서 소급하여 계약의 효력이 없어지는 해제와는 다릅니다.

김토지씨는 나건축씨와 2019. 2. 17. 경기도 용인시 수지동 100번지 토지 330㎡를 보증금 1억원, 월세 300만원, 임대 기간을 3년으로 하는 부동산 임대차 계약을 체결하였습니다. 이 임대차 계약의 특약사항에는 토지 임대차의 목적이 '견본주택 건축'이라고 적혀 있었습니다.

그 후, 나씨는 용인시에 이 토지 위에 가설건축물, 즉 견본주택 건축신고를 했는데 용인시로부터 2019. 4. 21. 이를 반려받는 한편, 2019. 8. 8. 주택사업계획승인 신청 또한 반려받았습니다.

그 무렵 나씨는 이 토지에 견본주택을 건축할 수 없다는 것을 알게 되었고, 이에 나씨는 김씨에게 임대차계약 해지를 통보하고 임대차 보증금 반환을 요구하였습니다. 김씨가 이를 거부하자, 나씨는 김씨를 상대로 계약해지를 원인으로 한 '보증금반환 청구의 소'를 제기하였습니다.

이 소송의 쟁점은 '사정변경'을 이유로 계약의 해제나 해지를 할 수 있느냐였습니다.

'사정변경의 원칙'이 있습니다. 계약이 성립된 후 계약 체결의 기초가 된 사정이 현저하게 변경되어 당초의 계약 내용대로 당사자를 구속하는 것이 신의와 형평에 어긋나는 경우 이를 공평하도록 변경하거나 계약을 해소할 수 있도록 하는 원칙입니다.

이는 '계약은 지켜져야 한다(pacta sunt servanda)'는 원칙과 반대되는 원칙입니다.

우리 민법은 '사정변경에 의한 계약해제'에 관하여 규정하고 있지 않고, 판례 또한 이에 대하여 대체로 부정적입니다.

예컨대, 아파트 매매 계약을 체결한 후 잔금을 치를 때 아파트 가격이 엄청나게 급등하여 매도인이 사정변경을 이유로 하여 계약을 해제할 수 있는가에 대하여 대법원은 "매수인이 애초에 계약할 할 당시에 정한 매매대금보다 시세가 급등하여 매매가격이 현저히 불균형한 경우라도 민법상 매도인으로 하여금 사정변경의 원리를 내세워 그 매매계약을 해제할 수 있는 권리는 생기지 않는다."라고 판시한 바 있습니다.

한편, 대법원은 계속적 계약의 경우에는 사정변경을 이유로 한 해지권을 인정하고 있습니다. "회사의 요구로 부득이하게 임원이 보증을 선 경우, 회사를 퇴직하면 보증계약 성립 당시의 사정이 현저히 변경되었으므로 보증계약을 해지할 수 있다."라는 것입니다.

위 사례에서, 대법원은 "나건축씨의 견본주택 건축은 위 임대차 계약 성립의 기초가 된 사정이다. 견본주택을 건축할 수 없어 나씨가 임대차계약을 체결한 목적을 달성할 수 없고, 김토지씨가 나씨에게 이 토지를 사용·수익할 수 있는 상태로 인도한 것으로 볼 수도 없다. 이 임대차 계약을 그대로 유지하는 것은 김씨와 나씨 사이에 중대한 불균형을 초래하는 경우에 해당한다고 보아야 한다. 계약 성립의 기초가 된 사정이 현저히 변경되고, 당사자가 계약의 성립 당시 이를 예견할 수 없었으며, 그로 인하여 계약을 그대로 유지하는 것이 당사자의 이해에 중대한 불균형을 초래하거나 계약을 체결한 목적을 달성할 수 없는 경우에는 계약준수 원칙의 예외로서 사정변경을 이유로 계약을 해제하거나 해지할 수 있다."고 판결하였습니다.

최근 아파트 가격이 급등함에 따라 매도인과 매수인의 분쟁이 자주 발생합니다. 보통 2달 전에 매매계약을 체결하는데 그 사이 아파트 매매가격이 수억원으로 급등하기도 합니다.

매도인은 계약가격으로는 너무 싸게 계약을 체결하였다고 하여 계약을 해제하자고 하고, 매수인은 계약을 그대로 유지하자고 합니다.

이 때, 중도금이 이미 치러졌으면 매도인은 계약을 해제할 수 없습니다. 즉 사정변경으로 인한 계약해제를 할 수 없다는 것입니다. 그러나 억울하다고 생각한 매도인은 자신의 은행 계좌를 폐쇄하거나 전세 입주를 조건으로 한 계약의 경우에는 아예 집을 안 보여 주기도 합니다.

매수인은 매매 잔금을 공탁하고 소송을 제기하겠다고 맞섭니다. 이 때, 누가 우위에 있느냐가 해결 방법입니다.

매도인이 아파트를 비워주지 않으면 안되는 상황이라거나 매수인이 잔금을 마련하지 못하는 처지 등 상황에 따라 해결 방법이 달라질 수 있습니다.

7. 중도금 지급 후 가압류된 아파트 매매계약 해제 가능할까?

민법 제546조는 '채무자의 책임있는 사유로 이행이 불능하게 된 때에는 채권자는 계약을 해제할 수 있다'라고 규정하고 있습니다. 이 때의 이행불능이란 '단순히 절대적·물리적 불능인 경우가 아니라 사회 생활에 있어서의 경험법칙 또는 거래상의 관념에 비추어 볼 때 채권자가 채무자의 이행의 실현을 기대할 수 없는 경우'를 말합니다.

나매수씨는 황매도씨와 2020. 1. 15. 경기도 광명시 하안동 소재 아파트에 관하여 매매 금액을 6억원으로 하여 매매 계약을 체결하고 계약금 6천만원과 중도금 2억 4천만원을 황씨에게 지급하였습니다.

잔금일이 며칠 앞으로 다가오자, 나씨는 이 아파트의 등기사항증명서를 열람하였는데 이 증명서에는 청구금액 7억 5천만원의 가압류 등기가 되어 있었습니다.

나씨와 황씨는 이 아파트 매매 계약을 체결할 때, 이 아파트에 가압류 등기가 되었을 경우 매매 계약을 해제한다는 특약을 하지는 않았습니다. 이 아파트 매매 가격을 초과하는 가압류 금액에 불안해진 나씨는 매매 계약을 해제하고자 하는데 이것이 가능하는지 문제 됩니다.

매매 부동산에 가압류 등기가 된 경우, 그것이 민법상의 이행불능 사유에 해당하여 계약 해제가 가능한지에 대하여 대법원은 "매수인은 매매 목적물에 대하여 가압류 집행이 되었다고 하여 매매에 따른 소유권이전 등기가 불가능한 것은 아니다. 이러한 경우 가압류가 풀리지 않으면 매매 잔금 지급을 거절할 수는 있다. 그러나 가압류되었다는 사유만으로는 매도인의 계약 위반을 이유로 매매 계약을 해제할 수는 없다. 다만, 매도인이 그 가압류 집행을 해제할 수 없는 '무자력 상태'에 있다고 인정되는 경우에는 매도인의 소유권이전등기 의무가 이행불능임을 이유로 매매 계약을 해제할 수 있다."고 판결하였습니다.

따라서 나씨는 단순히 이 아파트에 가압류 등기가 되어 있다는 이유로 매매 계약을 해제할 수는 없습니다. 그런데 이 아파트의 매매 가격보다 1억 5천만원이나 많은 금액의 가압류 등기가 되어 있으므로 황씨가 잔금일까지 이 가압류를 풀지 못하면 황씨의 무자력 상태로서 소유권이전등기 의무가 이행불능임을 이유로 매매 계약을 해제할 수 있습니다.

문제는 나씨가 이 매매 계약을 해제한다고 하더라도 이미 지급한 계약금과 중도금 합계 3억원을 황씨로부터 돌려 받을 수 있을지에 있습니다. 어느 모로 보나 결국 나씨는 금전적 손해를 입을 수 밖에 없는 상황에 처한 것입니다.

8. 이행을 거절하면 계약 해제할 수 있을까?

부동산 매매 등 계약을 체결한 후 당사자 일방이 자신의 채무를 이행하지 않겠다는 의사를 표시하곤 합니다. 즉 채무 이행을 거절합니다.

이행거절이란 '계약이 성립한 후 당사자 일방이 계약상 중요한 의무를 이행할 의사와 능력이 없음을 나타내는 말이나 행위를 함으로써 상대방이 채무자의 계약상 의무 이행을 더 이상 기대할 수 없게 하는 것'을 말합니다.

이행거절의 의사표시는 반드시 명시적으로 하거나 특정 행위나 말로 해야 하는 것은 아니고, 외부적으로 드러나는 행위나 일련의 행동을 통하여 묵시적으로도 할 수 있습니다.

그러나 이행거절은 명확하고 분명하며 확정적이어야 합니다.

주임대씨와 나임차씨는 2017. 3. 말, 임대 물건 주씨 소유 오피스텔 707호, 임대차 기간 2017. 4. 22.부터 2019. 4. 21., 임대차 보증금 2억원으로 하는 오피스텔 임대차 계약을 체결하였습니다.

그러면서 이 임대차 계약의 특약 사항에 '현재 난방방식이 바닥 난방이 아닌 천정 히팅 방식이므로, 임대인은 계약 후 잔금일 전까지 난방방식을 바닥 난방으로 공사를 완료하여 임차인의 입주에 지장이 없도록 해야 한다'라고 적었습니다.

이 계약에 따라 나씨는 주씨에게 계약금 2,000만원을 지급하였습니다.

위 특약사항에 따라 주씨는 바닥 난방으로 공사를 하려고 하였습니다. 그런데 관련 건축법령이 이 오피스텔에서는 온돌, 온수온돌, 전열기를 사용한 바닥 난방을 금지하고 있음을 알게 되었습니다.

이에 주씨는 2017. 4. 5.과 4. 6. 나씨에게 전화를 걸어 바닥 난방공사의 위법성과 어려움을 설명하면서 대신 카펫을 설치하거나 전기 판넬공사로 대신하자고 제안하였습니다.

그러자 나씨는 4. 6. '최종적으로 바닥 공사는 카펫이나 전기 판넬 아니면 공사 안 되는 거죠?'라는 문자를 주씨에게 보냈습니다.

이에 주씨가 답장을 하지 않자, 나씨는 주씨에게 오피스텔 임대차 계약을 해제한다는 내용증명을 보냈습니다.

그 후, 나씨는 주씨를 상대로 '임대차 계약금 반환 청구의 소'를 제기하였습니다.

이 사례에서, 나씨가 주씨에게 최종적으로 '바닥 난방 공사를 해줄 것인지'를 묻는 문자를 보냈는데도 주씨가 아무런 답변을 하지 않은 것이 이행거절인지가 쟁점이었습니다.

이에 대하여 하급심은 '주씨가 나씨의 문자에 아무런 답장도 하지 않았으므로 나씨의 계약 해제는 적법하다"면서 나씨의 승소 판결을 하였습니다.

이에 대한 상고심 재판에서 대법원은 "채무자가 채무의 이행을 지체하고 있는 상태에서 이행거절 의사를 표시한 경우에는 채권자는 그 이행을 최고하지 않고 계약을 해제할 수 있다. 나아가 계약상 채무자가 계약을 이행하지 않을 의사를 명백히 표시한 경우에는 채권자는 이행기 전이라도 이행의 최고 없이 채무자의 이행거절을 이유로 계약을 해제하거나 채무자를 상대로 손해배상을 청구할 수 있다. 이 때, 채무자가 계약을 이행하지 않을 의사를 명백히 표시하였는지는 계약 이행에 관한 당사자의 행동과 계약 전후의 구체적인 사정 등을 종합적으로 살펴서 판단하여야 한다. 명시적으로 이행거절 의사를 표명하는 경우 외에 계약 당시 또는 그 후,의 여러 사정을 종합하여 묵시적 이행거절 의사를 인정하기 위해서는 그 거절의사가 정황상 분명하게 인정되어야 한다. 주씨가 나씨에게 바닥 난방공사를 대신할 다른 대안을 채택할 것을 설득하였다거나 나씨가 보낸 확인 문자에 대하여 주씨가 즉시 답변을 하지 않았다고 하더라도 그것만으로 나씨에게 바닥 난방공사 이행에 관한 거절의사가 분명하게 인정된다고 할 수는 없다."고 하면서 원고 승소로 판결한 항소심을 파기, 환송하였습니다.

당사자가 계약의 이행에 부정적이거나 소극적인 태도를 보인다고 하더라도, 전체적인 상황을 고려하지 않고 이를 명백하고 확정적인 거절의 의사표시로 단정해서는 안 된다는 것입니다. 즉 묵시적 이행거절의 의사표시로 단정해서는 안 된다는 것입니다.

채무자로서도 이행을 거절할 의사가 있는 경우 이를 문서나 행동으로 명백히 표시하여야 할 것입니다.

9. 제소기간 도과로 가압류가 취소되면 시효중단의 효력은 없어지는가?

민법 제162조 제1항은 '채권은 10년간 행사하지 아니하면 소멸시효가 완성한다'라고, 같은 조 제2항은 '채권 및 소유권 이외의 재산권은 20년간 행사하지 아니하면 소멸시효가 완성한다'라고 규정하고 있습니다.

이 밖에 민법은 3년의 단기소멸시효(제163조), 1년의 단기소멸시효(제164조), 판결 등에 의하여 확정된 채권의 소멸시효(제165조)를 규정하고 있습니다. 이러한 소멸시효는 채권자의 청구, 압류 또는 가압류, 가처분, 채무자의 승인이 있으면 그 진행이 중단됩니다(제168조).

즉 채권자의 압류, 가압류 또는 가처분이 있으면 소멸시효가 중단되는데, 이러한 압류 등에 의한 시효중단의 효력은 압류 등을 신청을 한 때로 소급합니다.

여기에서는 가압류가 취소되었을 때 소멸시효 중단의 효력이 없어지는지에 대해 알아 봅니다.

김채무씨에게 돈을 빌려 준 나채권씨는 김씨가 돈을 갚지 않자, 법원에 김씨 소유의 부동산에 대한 가압류를 신청하여 1997. 9. 10. 가압류 결정을 받았습니다.

이에 대하여 김씨는 나씨를 상대로 제소명령을 신청하였고, 나씨는 제소명령 신청 기간 내에 소를 제기하지 않았습니다. 그러자 김씨의 신청에 의해 2009. 8. 12. 제소기간이 지났음을 이유로 이 가압류가 취소되었습니다.

그 후, 나씨는 2018. 8. 1.에 김씨를 상대로 '대여금반환 청구의 소'를 제기하였는데, 이 재판에서 김씨는 '나씨의 채권이 소멸시효 10년이 지났으므로 빚을 갚을 이유가 없다'고 항변하였습니다.

민법은 제175조는 '압류, 가압류 및 가처분은 권리자의 청구에 의하여 또는 법률의 규정에 따르지 아니함으로 인하여 취소된 때에는 시효중단의 효력이 없다'라고 규정하고 있습니다. 이는 이러한 사유가 가압류 채권자에게 가압류 취하 등으로 권리를 행사할 의사가 없음을 객관적으로 표명하는 행위이거나 처음부터 적법한 권리행사가 있었다고 볼 수 없는 사유에 해당한다고 보기 때문입니다.

위 소송에서의 쟁점은 법률 규정에 따라 적법한 가압류가 있었으나 제소기간이 지났음을 이유로 가압류가 취소된 경우에도 소멸시효 중단의 효력이 없어지느냐였습니다.

민사집행법 제288조는 '가압류법원은 채무자의 신청에 따라 변론 없이 채권자에게 2주 이상의 기간 내에 본안의 소를 제기하여 이를 증명하는 서류를 제출하거나 이미 소를 제기하였으면 소송 계속 사실을 증명하는 서류를 제출하도록 명하여야 하고, 채권자가 이 기간 이내에 소제기 증명이나 소송 계속 중임을 증명하는 서류를 제출하지 아니한 때에는 법원은 채무자의 신청에 따라 결정으로 가압류를 취소하여야 한다'라고 규정하고 있습니다.

김씨는 위 규정에 따라 나씨에 대해 제소명령을 하여 줄 것을 법원에 신청하였고, 법원의 제소명령에도 불구하고 나씨는 소제기 증명을 법원에 제출하지 아니하였습니다. 이로써 나씨가 김씨 소유 부동산에 한 가압류가 취소된 것입니다.

김씨는 나씨가 제기한 대여금 청구 소송에서, '나씨의 가압류는 제소기간 도과로 취소되었으므로 소멸시효 중단의 효력은 없어졌고, 따라서 나씨의 자신에 대한 채권은 소멸시효가 완성되어 빚을 갚을 이유가 없다'고 주장하였습니다.

이에 대하여 대법원은 "법률의 규정에 따른 적법한 가압류가 있었으나 제소기간의 도과로 인하여 가압류가 취소된 경우에는 소멸시효 중단의 효력이 없어지지 않는다. 즉 나씨의 가압류는 적법한 권리행사이기 때문에 제소기간 도과로 그 가압류가 취소되었더라도 이는 소멸시효 중단 효력이 없어지는 사유에 해당하지 않는다."라고 하면서 "위 가압류로 인하여 중단되었다가 제소기간 도과로 가압류가 취소된 때로부터 이 채권의 소멸시효는 다시 진행된다."라고 판결하였습니다.

즉 나씨가 돈을 빌려준 후 가압류를 하였을 때, 이 채권의 소멸시효는 중단되었으나 이 가압류가 취소됨으로써 다시 시효가 진행된다는 것입니다.

예컨대, 1995. 9. 9.에 김씨에게 돈을 빌려주고, 1997. 9. 10.에 가압류를 하였다면 그 가압류를 한 때부터 시효진행이 중단되었다가 2009. 8. 12. 제소기간 도과를 이유로 가압류가 취소되었으므로 그 때부터 다시 10년의 소멸시효가 진행된다는 것입니다.

이 사례에서, 기억할 점은 가압류가 취소되었다고 하더라도 언제나 소멸시효 중단의 효력이 없어지는 것이 아니라, 권리자의 신청에 의하거나 부적법한 가압류에 의한 가압류 취소의 경우에만 소멸시효 중단의 효력이 없어지고, 적법한 절차에 따라 가압류가 이루어진 후 법률 규정에 따라 가압류가 취소된 경우에는 소멸시효 중단의 효력이 없어지지 않는다는 것입니다.

즉 민법 제168조에서 가압류를 시효중단 사유로 정하고 있는 것은 가압류에 의하여 채권자가 권리를 행사하였다고 할 수 있기 때문인데 가압류에 의한 집행보전의 효력이 존속하는 동안은 가압류 채권자에 의한 권리행사가 계속되고 있다고 보아야 할 것이므로 가압류에 의한 시효중단의 효력은 가압류의 집행보전의 효력이 존속하는 동안은 계속된다는 것입니다.

또한 민법 제168조에서 가압류와 재판상의 청구를 별도의 시효중단 사유로 규정하고 있는데 이를 비추어 보면, 가압류의 피보전채권에 관하여 본안의 승소판결이 확정되었다고 하더라도 가압류에 의한 시효중단의 효력이 이에 흡수되어 소멸된다고 할 수도 없다는 것입니다.

한편, TV나 냉장고, 컴퓨터 등 유체동산에 대한 가압류 결정을 받았으나 그 집행 절차에 착수하지 않는 경우에는 시효중단의 효력이 없고, 집행 절차를 개시하였으나 가압류할 동산이 없기 때문에 집행불능이 된 경우에는 집행절차가 종료된 때로부터 시효가 새로이 진행된다는 점도 기억해야 할 것입니다.

10. 임차권 등기명령에 따른 임차권등기, 시효 중단효력 있을까?

소멸시효란 '권리자가 자신의 권리를 행사하지 않고 그대로 방치하는 것은 합리적이지 못하다는 취지에서 일정한 기간이 지나면 아무리 권리자라고 하더라도 권리를 행사할 수 없게 하는 제도'입니다.

이를 '권리 위에 잠자는 자는 돕지 않는다' 말로 표현하곤 합니다.

이러한 소멸시효는 채권자의 청구, 압류 또는 가압류, 가처분 그리고 채무자의 승인이 있을 경우에는 그 진행이 중단됩니다(민법 제168조).

그런데 주택임대차보호법(이하 '주택임대차법')에 의한 임차권 등기명령은 그 신청에 대한 재판 절차와 임차권 등기명령의 집행 등은 가압류에 관한 민사집행법의 여러 조문을 준용하고 있습니다(주택임대차법 제3조의3 제3항).

이로써 임차권 등기명령에 따른 임차권 등기가 있으면 임대차 보증금반환 채권의 소멸시효가 중단이 되는지 문제 됩니다.

황임대씨 소유의 아파트를 임대차보증금 3억원에 임차하고 있던 나임차씨는 2020. 8. 30. 임대차 계약기간이 만료되자 황씨에게 임대차보증금 반환을 요구하였습니다. 황씨가 이에 응하지 않자 나씨는 관할법원에 임차권 등기명령을 신청하였고, 임차권 등기명령을 한 법원이 임차권등기를 촉탁하여 임차권등기가 마쳐졌습니다.

그 사이에 황씨가 사망하였는데, 임차권등기 후 10년이 지난 후에 나씨는 황씨의 상속인을 상대로 '임대차보증금 반환청구의 소'를 제기하였습니다.

이 소송에서 황씨의 상속인은 '임대차보증금 반환채권의 소멸시효인 10년이 완성되었다'고 항변하였습니다.

이에 대하여 대법원은 "비록 주택임대차법이 임차권 등기명령 신청에 대한 재판절차와 임차권 등기명령의 집행 등에 관하여 민사집행법상 가압류에 관한 절차 규정을 일부 준용하고 있지만 이는 일방 당사자의 신청에 따라 법원이 심리·결정한 다음 그 등기를 촉탁하는 일련의 절차가 서로 비슷한 데서

비롯된 것일 뿐이다. 따라서 이를 이유로 임차권 등기명령에 따른 임차권등기가 본래의 담보적 기능을 넘어서 채무자의 일반재산에 대한 강제집행을 보전하기 위한 처분의 성질을 가진다고 볼 수는 없다. 그렇다면 임차권 등기명령에 따른 임차권등기에는 민법에서 정하는 소멸시효 중단사유인 압류 또는 가압류, 가처분에 준하는 효력이 있다고 볼 수 없다."고 판결하였습니다.

즉 임차권 등기명령에 따른 임차권등기는 임대차보증금 반환 채권의 소멸시효 진행에 아무런 영향이 없고, 따라서 위 사건의 임대차보증금 반환채권은 시효가 완성되어 소멸하였다는 것입니다.

나씨는 소멸시효 중단사유인 가압류의 절차 규정인 민사집행법의 일부를 주택임대차법의 임차권 등기명령 관련 규정이 준용하고 있다는 점에 착안하여 임차권 등기명령에 따른 임차권등기가 소멸시효 중단의 효력이 있다고 주장하였던 것입니다.

이에 대하여 대법원은 임차권 등기명령에 따른 임차권등기의 소멸시효 중단의 효력을 부정한 것입니다.

따라서 임차권 등기명령에 따른 임차권등기가 되어 있더라도 이는 소멸시효 중단 사유에 해당하지 않으므로 임차인은 채권의 소멸시효 기간인 10년 안에 임대차 보증금 반환 관련 소의 제기하거나 가압류 등 보전처분 절차를 진행하여야 할 것입니다.

11. 임차주택 점유하면 보증금 채권의 시효가 중단되는가?

주택 등에 관한 임대차가 끝나면, 입주하면서 임대차보증금을 지급한 임차인은 특별한 사정이 없는 한 임대인으로부터 임대차보증금을 돌려받을 권리가 생깁니다. 이를 '임대차보증금 반환 채권'이라고 합니다.

민법 제162조 제1항은 '채권은 10년간 행사하지 않으면 소멸시효가 완성한다'라고 규정하고 있습니다.

따라서 임차인이 임대차 종료 후 10년 이내에 임대인에게 보증금을 돌려달라고 채권을 행사하지 않으면 보증금 반환채권은 시효로 소멸하게 되어 보증금을 돌려받을 수 없게 됩니다. 이러한 채권을 행사하는 방법에는 채무자에 대한 직접적인 이행 청구 외에도 변제의 수령이나 상계, 소송상 청구 및 항변으로 채권을 주장하는 방법 등이 있습니다.

나임차씨는 1998. 5. 31. 주임대씨와 주씨 소유의 다가구 주택 102호를 임대 기간 2년, 임대차보증금 2,500만원으로 하는 주택임대차 계약을 체결한 후 정해진 날에 102호에 입주하였습니다.

이러한 임대차 계약이 끝날 무렵, 주씨는 나씨에게 위 102호를 비워줄 것을 요구하였습니다. 그러나 나씨는 임대차 보증금을 돌려줄 것을 요구하면서 102호의 인도를 거부하고, 임대차기간이 만료된 2000. 5. 30. 이후에도 102호에서 계속 거주하였습니다.

한편, 나씨는 2008. 5.경 결혼을 하면서 102호에 기본적인 가재도구를 남겨둔 채 2013. 12.말까지 우편물 정리와 집기류 확인 등을 위해 자신의 어머니에게 102호에 출입하게 하는 등으로 점유 상태를 유지하였습니다.

주씨는 2014. 12. 14. 제삼자씨에게 102호를 팔고, 2015. 6. 19. 소유권 이전등기를 마쳐 주었습니다. 그 후, 임차인 나씨는 제씨에게 2015. 6. 23. 102호를 인도하면서 집을 비워주었습니다.

즉 이 102호에 관한 임대차 계약은 2000. 5. 30. 기간 만료 등의 사유로 종료하였지만 나씨는 그 이후에도 102호를 점유하면서 주씨에게 보증금의 반환을 요구해왔고, 2015. 6. 23.에 이르러서야 102호를 제씨에게 인도하였던 것입니다.

임대차보증금을 반환받지 못한 나씨는 제씨에게 102호를 인도하기 1년 전인 2014. 4. 22. 주씨를 상대로 '임대차보증금 반환 청구의 소'를 제기하였습니다.

제1심은 나씨의 승소 판결을 하였는데 항소심은 '나씨의 보증금반환채권은 2000. 5. 30. 임대차가 종료한 때부터 소멸시효가 진행되어 이 소송이 진행될 무렵에 이미 소멸시효가 완성되었다'고 하면서 나씨의 패소 판결을 하였습니다.

이에 대한 상고심 재판에서 대법원은 "이 사건 임대차계약이 2000. 5. 30. 기간 만료 등의 사유로 종료하였지만 나씨는 그 이후에도 위 102호를 점유하면서 주씨에게 보증금의 반환을 요구해왔고, 2015. 6. 23.에 이르러서야 102호를 제씨에게 인도하였다. 나씨가 보증금을 반환받기 위하여 102호를 점유한 기간 동안에는 나씨의 주씨에 대한 보증금반환채권의 소멸시효가 진행하지 않는다고 보아야 한다. 따라서 보증금의 반환을 구하는 소송이 102호에 대한 나씨의 점유상실 전인 2014. 4. 22. 제기된 이상 나씨의 보증금반환채권이 시효로 소멸하였다고 볼 수 없다."고 판결하면서 나씨의 패소부분을 파기하고 이를 항소심 법원에 되돌려 보냈습니다.

그러면서 대법원은 "주택임대차법 제4조 제2항은 '임대차기간이 끝난 경우에도 임차인이 보증금을 반환받을 때까지는 임대차관계가 존속되는 것으로 본다'라고 정하고 있다. 이는 임대차기간이 끝난 후에도 임차인이 보증금을 반환받을 때까지는 임차인의 목적물에 대한 점유를 임대차 기간이 끝나기 전과 마찬가지 정도로 강하게 보호함으로써 임차인의 보증금반환채권을 실질적으로 보장하기 위한 것이다. 따라서 임대차기간이 끝난 후 보증금을 반환받지 못한 임차인이 목적물을 점유하는 동안 위 규정에 따라 법정 임대차 관계가 유지되고 있는데도 임차인의 보증금반환채권은 그대로 시효가 진행하여 소멸할 수 있다고 한다면, 이는 위 규정의 입법 취지를 훼손하는 결과를 가져오게 되어 부당하다. 특히 임대차가 종료함에 따라 발생한 임차인의 목적물반환의무와 임대인의 보증금반환의무는 동시이행관계에 있다. 임차인이 임대차 종료 후 동시이행항변권을 근거로 임차목적물을 계속 점유하는 것은 임대인에 대한 보증금반환채권에 기초한 권능을 행사한 것으로서 보증금을 반환받으려는 계속적인 권리행사의 모습이 분명하게 표시되었다고 볼 수 있다. 따라서 임대차 종료 후 임차인이 보증금을 반환받기 위해 목적물을 점유하는 경우 보증금반환채권에 대한 권리를 행사하는 것으로 보아야 하고, 임차인이 임대인에 대하여 직접적인 이행청구를 하지 않았다고 해서 권리의 불행사라는 상태가 계속되고 있다고 볼 수 없다."고 그 이유를 설명하였습니다.

즉 임대차보증금을 반환받지 못한 임차인이 임차 목적물을 점유하고 있는 경우, 임대차보증금 반환채권의 소멸시효는 중단된다는 것입니다.

여기에서 주의할 점은 시효가 진행되지 않는 경우는 임차인이 임대차 종료 후 목적물을 적법하게 점유하는 기간으로 한정되며 임차인이 목적물을 점유하지 않거나 동시이행항변권을 상실하여 정당한 점유권원을 갖지 않은 경우에는 시효가 진행된다는 점입니다.

12. 예금 압류했는데 예금 한푼 없어도 시효가 중단될까?

나채권씨는 김채무씨를 상대로 '대여금 청구의 소'를 제기하였고, 이 소송 나씨는 승소하였으며, 이 판결은 2003. 5. 14. 확정되었습니다.

채권의 소멸시효는 10년이므로 나씨의 김씨에 대한 채권은 이 판결 확정일로부터 10년이 지난 2013. 5. 13. 소멸시효가 완성됩니다. 즉 2013. 5. 14. 부터는 나씨는 돈 받을 권리인 채권을 김씨에게 행사할 수 없게 됩니다.

판결 확정 후 4년 여가 지난 뒤, 나씨는 2007. 11. 4. 김씨가 개설한 것으로 예상되는 한일은행 등 4개 은행에 대한 김씨의 예금채권에 대하여 압류 및 추심명령을 신청하였습니다. 며칠 후 법원이 압류 및 추심명령을 결정하였고 2007. 11. 19. 이 압류 및 추심명령 결정문은 위 4개 은행에 송달되었습니다.

그러나 채무자 김씨는 위 4개 은행에 처음부터 예금계좌를 개설한 적이 없거나 김씨가 예금계좌를 개설하였더라고 압류 및 추심명령 결정 당시 이미 그 계좌가 해지되어 이 무렵에는 김씨의 위 4개 은행에 대한 예금채권이 없었습니다. 즉 계좌가 당초부터 없었거나 계좌가 해지되었으므로 김씨가 은행에서 찾을 돈이 없었던 것입니다.

이에 채무자 김씨는 2019. 1. 15. '나씨의 2003. 5. 14. 확정판결에 따른 채권은 소멸시효가 완성되었다'면서 나씨를 상대로 '청구이의의 소'를 제기하였습니다. 즉 나씨의 김씨에 대한 강제집행인 압류 및 추심명령을 불허해 달라는 소를 제기하였습니다.

이에 대하여 채권자인 나씨는 '2003. 5. 14. 확정된 판결을 집행권원으로 한 2007. 11. 4.의 압류 및 추심명령에 의하여 나씨의 대여금 채권은 시효가 중단되었다'고 항변하였습니다.

이 사례는 채권압류 당시 압류 대상인 예금채권이 존재하지 않는 경우에도 나씨의 확정판결에 의한 채권, 즉 집행채권의 시효가 중단되는지, 시효가 중단된다면 언제 다시 진행하는지가 쟁점이었습니다.

이에 대하여 제1심과 제2심은 '김씨가 압류 및 추심명령의 제3채무자인 은행에 계좌를 개설한 적이 없거나 개설했더라도 이 명령 당시 이미 계좌를 해지하여 압류 및 추심명령의 대상인 예금채권 자체가 존재하지 않으므로 김씨의 소멸시효 중단 주장은 이유가 없다'고 하면서 나씨의 채권은 2003. 5. 14.부터 10년이 지난 2013. 5. 13. 시효완성으로 소멸하였다고 보아 나씨의 확정판결에 의한 강제집행을 불허하였습니다.

나씨의 상고에 따라 대법원은 "채권의 압류는 집행채권의 소멸시효를 중단시키는 효력이 있다. 압류할 당시 압류되는 채권, 즉 피압류채권이 이미 소멸하여 부존재하는 경우에도 집행채권에 대한 권리행사로 볼 수 있기 때문에 압류가 됨으로써 그 집행채권의 소멸시효는 중단된다. 그런데 처음부터 압류할 대상이 존재하지 않았던 경우 민사집행법 제227조가 정한 압류의 효력은 발생하지 않고 후속 집행절차를 진행할 수 없으므로 채권압류에 따른 집행절차가 바로 종료하므로 시효중단 사유 역시 바로 종료된다. 따라서 집행채권에 대한 소멸시효는 그 때부터 새로이 진행된다. 그런데 항소심은 나씨의 채권이 압류 및 추심명령이 송달된 다음날인 2007. 11. 20.부터 10년이 지난 2017 11. 19.에 소멸시효가 완성되었다고 보아야 함에도 불구하고 채권의 판결 확정일인 2003. 5. 14.부터 10년이 지난 2013. 5. 13. 소멸시효가 완성되었다고 보았다. 그럼에도 불구하고 김씨가 청구이의의 소를 제기한 2019. 1. 15.에는 어떻게 보나 나씨 채권의 소멸시효는 완성되었다. 따라서 나씨의 확정판결에 기초한 강제집행을 불허한 항소심의 결론은 정당하다."고 판결하였습니다.

만일 김씨가 2019. 1. 15.이 아닌 2017. 11. 19. 이전에 청구이의의 소를 제기하였다면 나씨의 항변이 받아들여져서 김씨는 패소할 수도 있다는 것입니다.

생각컨대, 김씨는 4개 은행에 개설된 계좌가 없거나 개설되었더라도 이미 해지되었는데, 굳이 나씨를 상대로 청구이의의 소, 즉 이 4개 은행에 대한 압류 및 추심명령이 취소될 수 있는 소를 제기한 이유가 궁금합니다. 김씨는

4개 은행 외에 다른 은행에서 계좌개설이 가능한데도 말입니다.

아마도 돈을 달라고 소송을 해서 승소했는데도 김씨가 돈은 갚지 않자 화가 난 채권자 나씨가 김씨가 개설했을 것으로 생각되는 4개 은행의 계좌를 압류했고, 이를 예상하고 계좌 해지를 해놓았던 김씨는 궁리 끝에 소멸시효가 지난 즈음에 청구이의의 소를 제기한 것으로 추측해 볼 따름입니다.

그만큼 두 사람간의 감정의 골이 깊었다고 볼 수 있습니다. 이 사건이 대법원까지 올라 간 것을 볼 때 그렇지 않나 싶습니다.

참고로, 시효중단의 효력 발생 시점은 법원의 압류 결정 당시가 아니라 당사자가 압류를 신청한 때로 소급하여 생긴다는 점을 기억해야 합니다.

13. 사용승낙된 토지의 매수인은 토지 인도 청구할 수 있을까?

노후에 거주할 목적 등으로 땅을 사는 분들이 있습니다. 그런데 주택을 짓기 위한 위치와 환경이 마음에 드는 땅이 있으나 그 땅으로 가기 위한 길이나 차도가 없는 경우가 있습니다. 이른 바, '맹지'입니다. 맹지란 '인도나 차도와 접해 있지 않은 땅'을 말합니다. 맹지는 땅값이 주변 시세보다 상당히 저렴합니다.

건축법 재44조는 '건축물의 대지는 2m 이상이 도로에 접하여야 한다'라고 규정하고 있습니다. 특히 건축물의 대지가 2m 이상이 도로에 접하고 있더라도 자동차가 드나드는 건축물은 도로의 폭이 4m 이상이어야 합니다.

맹지로 까지에 이르는 길을 내고자 하는 땅이 다른 사람의 소유일 경우, 이 땅을 매수하여 길을 낼 수 있습니다. 이것이 어려울 경우 그 사람으로부터 토지 사용 승낙을 받아 시장이나 군수로부터 사도개설허가를 받은 후 건물을 지을 수도 있습니다.

토지에 대한 사용 승낙을 받으면서 토지 소유자에게 일시불 또는 월 단위 또는 연 단위 등으로 토지 사용료를 지급하기도 하고, 무상으로 사용승낙을 받기도 합니다.

그 후, 인도나 차도로 사용이 승낙된 토지가 다른 사람에게 팔린 경우에 문제 됩니다. 토지의 매수인은 이 토지에 대하여 사용이 승낙된 사실을 알고 있으면서도 기존의 사용료를 대폭 인상하거나 무상 사용을 인정하지 못하겠다면서 사용료를 달라고 하기도 하고, 다 필요 없으니 토지를 인도하라고 요구하기도 합니다.

원토지씨는 1999. 9.경 김원래씨로부터 고양시 동산동 100 번지의 논 2,200㎡를 매수하여 소유권이전등기를 마쳤습니다. 이 토지는 1999. 10.경 고양시 동산동 100 번지 논 2,000㎡와 동산동 100-1 번지 논 200㎡로 각 분할되었습니다.

그런데 1999. 10.경 이 100-1 번지 토지에 대해 측량을 마친 나맹지씨는 이 토지를 도로로 지목을 변경하고 아스팔트 포장을 한 후, 이를 주로 이용하며 관리하여 왔습니다.

도로로 사용되고 있는 이 100-1 번지 토지는 그 형상이 길고 폭이 좁아 독립적으로는 이용가치가 적고, 시·군 도로로 지정되어 있지는 않으나 인근 마을들을 이어주고, 인근 공장들에서 마을 또는 군 도로로 통하는 길로 사용되고 있었습니다. 즉 이 토지는 김원래씨가 소유하고 있던 때부터 인근 토지 소유자나 주민들이 통행로로 사용하고 있었던 것입니다.

한편, 원토지씨는 2010. 5.경 도로로 사용되고 있는 100-1 번지 토지를 제외한 100번지 논 2,000㎡를 김삼자씨에게 매도하고 소유권이전등기를 마쳐 주었습니다. 그 후, 이 토지는 2010. 7.경 공장용지로 지목이 변경되고 공장이 신축되었습니다.

100 번지의 논을 팔고 난 원씨는 도로로 사용되고 있는 100-1 번지의 등기사항증명서상의 소유자로서, 이 도로를 주로 이용하고 관리해 온 나맹지씨를 상대로 100-1 번지 '도로 철거 및 토지의 인도와 과거의 토지 사용료, 즉 부당이득을 반환 청구의 소'를 제기하였습니다.

그러자 이에 대한 재판에서 나씨는 '100-1 번지 토지는 원토지씨에게 팔리기 전에 소유한 김원래씨가 이 토지에 대한 독점적·배타적인 사용·수익권을 포기하였던 것이므로 이 토지를 매수한 원씨 역시 이에 대한 독점적·배타적인 사용·수익권이 없다'고 항변하였습니다.

이에 대하여 제1심과 제2심은 '100-1 번지 토지가 도로 부지로 제공될 당시 소유자인 김씨가 자발적으로 이 토지를 도로로 제공하였다거나 정당한 보상을 받았다는 의사를 확인할 수 있는 증거가 부족하다는 등'의 이유로 '나씨는 100-1번지의 도로를 철거하고, 원씨에게 토지를 인도하며, 과거 토지 사용료를 지급하라'고 판결하였습니다.

나씨의 상고에 따라 대법원은 "자신이 소유한 토지를 도로, 수도시설의 매설 부지 등 일반 공중을 위한 용도로 제공한 경우 소유자가 토지를 공공의 사용에 제공한 경위 등 여러 사정을 종합적으로 고찰하고, 토지소유자의 소유권 보장과 공공의 이익 사이를 비교하여 살펴본 결과, 소유자가 그 토지에 대한 독점적·배타적 사용·수익권을 포기한 것으로 볼 수 있다면 토지소유자는 그 토지 부분에 대하여 독점적이고 배타적인 사용·수익권을 행사할 수 없다. 그리고 원래 소유자의 독점적·배타적 사용·수익권 행사가 제한되는 토지의 소유권을 경매, 매매, 대물변제 등에 의하여 취득한 자, 즉 특정승계인은 그와 같은 사용·수익의 제한이라는 부담이 있다는 사정을 용인하거나 적어도 그러한 사정이 있음을 알고서 그 토지의 소유권을 취득하였다고 봄이 타당하므로, 그러한 특정승계인도 그 토지 부분에 대하여 독점적이고 배타적인 사용·수익권을 행사할 수 없다. 이는 포괄승계인인 상속인의 경우에도 마찬가지이다. 즉 타인이나 국가, 지방자치단체가 그 토지를 점유·사용하고 있다 하더라도 그로 인해 토지 소유자에게 어떤 손해가 생긴다고 볼 수 없으므로 토지 소유자는 이러한 타인 등을 상대로 부당이득반환을 청구할 수 없고, 토지의 인도를 구할 수도 없다. 도로로 사용되고 있는 이 토지에 대한 원씨의 그 취득 경위, 목적과 함께, 이 토지가 일반 공중의 이용에 제공되어 사용·수익에 제한이 있다는 사정이 이용현황과 지목 등을 통하여 어느 정도로 표시되어 있었는지, 그 취득가액에 사용·수익권 행사의 제한으로 인한 재산적 가치 하락이 반영되어 있었는지 등의 여러 사정을 종합적으로 고려하여 원씨의 독점적·배타적인 사용·수익권의 행사를 허용할 특별한 사정이 있는지 여부를 심리·판단하였어야 한다. 항소심은 이러한 사정에 대하여 심리·판단하지 아니한 채 단지 토지 소유자가 자발적으로 이 토지를 도로로 제공하였다고 보기 어렵다거나 이를 제공함으로써 더 큰 효용을 얻으려는 목적이었음을 인정할 증거가 부족하다는 이유만을 내세워 원씨나 그 전 소유자인 김씨가 이 토지에 대한 독점적·배타적인 사용·수익권을 포기한 것으로 볼 수 없다고 단정하고 다른 요소들에 대하여 더 이상 심리하지 않아 토지의 독점적·배타적인 사용·수익권의 포기에 관한 법리를 오해하고 필요한 심리를 다하지 아니함으로써 판결에 영향을 미친 잘못이 있다."고 하면서 항소심 판결을 파기, 환송하였습니다.

이 사례에서, 원씨가 지목이 도로인 200㎡를 제외한 논 2,000㎡를 김삼자씨에게 팔고 난 후 그 동안 여러 사람들이 도로로 이용해 온 200㎡를 등기사항증명서상 소유권자라는 이유로, 비록 토지는 김씨로부터 인도받지는 못하더라도 토지 사용료는 받고자 하는 의도로 김씨를 상대로 소를 제기한 것으로 보여 집니다.

타인을 배려하지 않은 채 자신의 권리만을 주장한 것으로 신의칙상이나 도의 관념상으로도 이를 인정해서는 안 된다고 판단합니다.

참고로, 대법원은 "이러한 토지 소유자의 독점적·배타적 사용·수익권 행사 제한의 법리는 토지가 도로, 수도시설의 매설 부지 등 일반 공중을 위한 용도로 제공된 경우에 적용되는 것이어서, 토지가 건물의 부지 등 지상 건물의 소유자들만을 위한 용도로 제공된 경우에는 적용되지 않는다. 따라서 토지소유자가 그 소유 토지를 건물의 부지로 제공하여 지상 건물 소유자들이 이를 무상으로 사용하도록 허락하였다고 하더라도, 그러한 법률관계가 지상권 등 물권의 설정 등으로 특정승계인에게 대항할 수 있는 것이 아니라면 채권적인 것에 불과하여 특정승계인이 그러한 채권적 법률관계를 승계하였다는 등의 특별한 사정이 없는 한 특정승계인의 그 토지에 대한 소유권 행사가 제한된다고 볼 수 없다."고 판시한 바 있습니다.

14. 여러 사람이 도로로 사용 중인 땅인데, 땅 주인이 통행을 막을 수 있을까?

지목이 도로이거나 사실상의 도로로, 여러 사람이 통행하고 있는 땅을 매수하거나 경매로 낙찰받은 사람이 이 도로에 장벽을 설치하거나 펜스를 치고 사람이나 차량의 통행을 막는 일이 발생하곤 합니다.

그 동안 도로로 사용되고 있다는 사실을 잘 알고 있는 땅 주인의 의도는 토지 사용료를 받기 위함이 대부분입니다. 이 도로를 주로 사용하는 사람이나 단체에게 토지 사용료를 달라고 했는데 거부당하자 보복으로 이러한 행위를 하는 것입니다. 더 심하게는 이 도로를 관리하는 사람이나 단체를 상대로 도로 철거와 점유이전을 구하는 소를 제기하기도 합니다.

나경매씨는 2014. 1. 23. 경북 김천시의 유서깊은 사찰인 '고광사' 인근의 임야 59,000㎡를 경매로 매수하고 소유권이전등기를 마쳤습니다.

그런데 이 임야에 있는 도로는 고광사로 출입할 수 있는 유일한 통행로입니다. 즉 스님이나 신도, 탐방객 그리고 인근 주민들은 이 유일한 통행로인 도로를 이용하고 있었던 것입니다.

이 도로는 아주 오래 전에 자연 발생적으로 만들어졌다가 김천시가 '농어촌지역 주민의 교통 편익과 생산·유통 활동 등에 공용되는 공로'임을 인정하여 '농어촌도로로 지정'하고 30년 이상 관리하여 왔습니다.

즉 이 도로는 일반 공중의 통행에 이용되는 '공로'에 해당합니다. 공로란 '불특정 다수인의 통행에 제공되는 도로'를 말합니다. 이 공로를 통행하고자 하는 사람은 특별한 사정이 없는 한 일상생활에 필요한 범위 내에서 다른 사람들과 같은 방법으로 그 도로를 통행할 자유가 있습니다.

따라서 도로 소유자 등 제3자가 특정인에 대해서만 그 도로의 통행을 방해함으로써 일상생활에 지장을 받는 등 특정인의 통행의 자유가 침해되었다면 이는 민법상 불법행위에 해당합니다. 이 때, 침해받은 특정인은 소유자 등 제3자를 상대로 '통행방해 행위 금지'를 청구할 수 있습니다.

한편, 공로는 그 개설 경위나 법령에 따라 정식으로 개설된 도로인지 여부를 가리지 않으므로 어떤 도로가 일반 공중의 자유로운 통행이 보장된 공로에 해당하면 공로에 이미 연결되어 있는 토지 소유자에게 그 공로의 통행을 위하여 굳이 민법상의 주위토지통행권을 인정할 필요가 없이 토지 소유자는 그대로 도로를 통행하면 됩니다.

나씨는 '고광사'에 출입하는 불특정 다수인이 자신 소유의 임야에 있는 도로를 통행함으로써 자신의 소유권 행사가 방해된다면서 불특정 다수인의 통행을 제한하려는 의도로 지방자치단체인 김천시를 상대로 이 '도로의 포장 철거 및 인도 청구의 소'를 제기하였습니다.

이에 대한 재판에서 하급심 법원은 나씨의 도로 포장 철거 및 인도 청구가 권리남용이라는 김천시의 항변을 인정하지 않고 나씨의 청구를 인용하였습니다.

김천시의 상고에 따라 대법원은 "어떤 토지가 그 개설경위를 불문하고 일반 공중의 통행에 공용되는 도로, 즉 공로가 되면 그 부지의 소유권 행사는 제약을 받게 되며, 이는 소유자가 이를 받아들이고 인정해야 하는 재산권의 사회적 제약에 해당한다. 따라서 공로 부지의 소유자가 이를 점유하여 관리하는 지방자치단체를 상대로 공로로 제공된 도로의 철거, 점유이전 또는 통행금지를 청구하는 것은 법질서상 허용될 수 없는 '권리남용'이라고 보아야 한다."면서 항소심 판결을 파기, 환송하였습니다.

즉 나씨의 청구는 우리 민법의 대원칙인 권리남용 금지에 해당하므로 인용되어서는 안 된다는 것입니다.

한편, 나씨가 김천시를 상대로 도로 포장철거 및 인도를 구하는 소를 제기하자, 이 도로를 유일한 통행로로 이용하고 있는 고광사는 나씨를 상대로 '통행권 확인 및 통행 방해금지 청구의 소'를 제기하였습니다.

이에 대하여 하급심은 '고광사에게 민법상의 주위토지통행권이 인정된다'면서 고광사의 손을 들어주었습니다.

나씨의 상고에 따라 대법원은 “민법 제219조에서 규정한 주위토지통행권은 통행로가 없는 맹지를 공로로 연결하기 위하여 상린관계에서 인정되는 권리이다. 그런데 어떤 도로가 일반 공중의 자유로운 통행이 보장된 공로에 해당하면 공로에 이미 연결되어 있는 토지의 소유자에게 그 공로의 통행을 위하여 굳이 민법 제219조의 주위토지통행권을 인정할 필요는 없다.”고 하면서 “항소심이 고광사에게 이 도로에 관하여 주위토지통행권이 인정된다고 판단한 것은 적절하지 않으나 고광사에게 이 도로를 자유로이 통행할 수 있는 통행권이 있다고 보아 나씨의 항소를 기각한 결론은 정당하다. 결국 판결 결과에는 영향이 없다.”고 판결하였습니다.

민법 제219조 제2항은 ‘주위토지통행권자는 통행지 소유자의 손해를 보상하여야 한다’라고 규정하고 있습니다.

이 사건 항소심 결론과 같이 고광사의 도로 통행권이 ‘주위토지통행권’이라는 민법상의 상린관계 규정에 근거한다면 나씨는 고광사를 상대로 토지 사용료 명목의 손해배상을 청구할 수 있습니다.

대법원의 위 판결은, 이 도로가 공로이기 때문에 고광사의 통행권을 주위토지통행권으로 보아서는 안 된다고 취지로 향후 토지 사용료와 관련한 분쟁을 차단하려는 의도도 있지 않았나 생각해 봅니다.

15. 공유지를 독점한 사람에게 다른 공유자가 토지 인도청구를 할 수 있을까?

토지가 마음에는 들기는 하나 너무 넓거나 혼자 감당하기에는 가격이 부담스러울 때, 대개는 가족, 친지 등 여러 사람이 돈을 나누어 내고, 낸 돈만큼 또는 서로 간의 합의로 토지에 대한 지분을 정합니다. 그리고 부동산 등기사항증명서에 자기 지분이 표시되게 합니다.

나독점씨와 김공유씨 그리고 이몰라씨는 노후에 나무를 심어 수익을 얻을 목적으로 충북 제천시 강제동 소재의 임야 30,000㎡ 매수하고, 각자의 지분은 3분의 1씩으로 등기하였습니다.

그 후, 어느 날 김씨가 이곳을 찾아갔더니 이 임야 전체에 소나무가 심어져 있었습니다. 지분을 3분의 1밖에 가지지 않은 나씨가 다른 공유자들과 상의없이 자기 맘대로 소나무를 심었던 것입니다.

화가 난 김씨는 나씨에게 소나무를 뽑으라고 했으나 나씨가 이를 거부하자 소송을 제기하였습니다.

그 내용은 '나씨는 자기 지분만큼만 땅을 사용할 수 있는데, 땅 전부를 사용하고 있다. 심어져 있는 소나무를 뽑고, 땅 전부를 자신한테 넘기라'는 것이었습니다.

민법 제263조는 '공유자는 그 지분을 처분할 수 있고, 공유물 전부를 지분의 비율로 사용, 수익할 수 있다'라고, 같은 법 제265조는 '공유물 관리에 관한 사항은 공유자의 지분의 과반수로써 결정한다. 그러나 보존행위는 각자할 수 있다'라고 규정하고 있습니다.

김씨가 '이 땅 전부를 자신에게 넘기라, 즉 인도하라'고 청구한 것은 '보존행위는 각자할 수 있다'라는 민법 제265조 단서 규정에 근거한 것입니다.

즉 공유자 1인이 다른 공유자와 협의없이 공유물을 독점하는 경우 소수지분권자가 이 공유물의 인도를 청구할 수 있는지에 관하여, 그 동안 대법원은 이를 '공유물 보존행위'로 보아 가능하다고 하였습니다.

그러나 이러한 기존 대법원의 판례가 변경되었습니다. 즉 소수 지분권자인 김씨는 보존행위를 이유로 나씨에게 땅 전부를 자신에게 넘기라고 할 수 없다는 것입니다.

그 이유는 "민법에서 공유자 각자가 다른 공유자와 협의하지 않고 보존행위를 할 수 있게 한 것은 공유물의 멸실·훼손을 방지하고 그 현상을 유지하기 위한 행위가 다른 공유자에게도 이익이 되기 때문이다. 그런데 김씨가 나씨를 상대로 공유물의 인도를 청구하는 것은 역시 공유자인 나씨의 이해와 충돌하여 모든 공유자의 이익이 되는 보존행위라 볼 수 없다. 민법에 따르면 모든 공유자는 공유물 전부를 지분 비율로 사용·수익할 수 있고, 이는 나씨도 마찬가지다. 나씨가 공유물을 독점하는 것은 위법하지만 나씨는 적어도 자신의 지분 범위에서는 공유물을 사용·수익할 권한이 있다. 그런데 김씨의 인도 청구가 허용되면 나씨의 점유를 전부 빼앗아 나씨의 '지분 비율에 따른 사용·수익권'까지 근거 없이 박탈하게 된다. 김씨의 인도 청구를 허용하면 나씨를 배제하고 김씨가 공유물을 단독으로 점유하게 되어 '일부 소수 지분권자가 다른 공유자를 배제하고 공유물을 독점'하는 기존의 위법상태와 다르지 않게 된다."는 것입니다.

대법원은 이에 덧붙여 "공유 토지에 나씨가 무단으로 심은 소나무는 김씨가 이를 제거할 것을 청구할 수 있고, 이 소나무가 제거되면 나씨의 독점적 점유는 대부분 해소된다. 기존의 판례와 같이 나씨로부터 공유물의 점유를 빼앗아 김씨에게 인도하는 방법에 의하지 않더라도 김씨는 나씨의 위법한 점유와 방해 상태를 제거하고 공유물이 그 본래의 취지에 맞게 공유자 전원이 공동 사용·수익할 수 있다."고 하면서 기존 판례를 변경하는 이유를 설명하였습니다.

16. 상가 등 공용부분 무단 점유, 부당이득일까?

아파트나 상가 점포 등 집합건물에는 복도와 로비, 계단이 있습니다. 이 공간은 소유자나 이용자의 편의를 위해 만들어진 것으로 어느 누군가가 독점하여 사용할 수는 없습니다.

그런데 집합건물의 한 부분을 소유하거나 임차한 사람 또는 제3자가 이 복도나 로비, 계단에 물건을 쌓아 놓거나 칸을 만들어 마음대로 사용함으로써 소유자 등의 이용과 통행에 불편를 겪게 하곤 합니다. 집합건물의 복도나 계단에 자전거나 유모차 등을 놓아 둔 것이야 불편할 것까지는 없습니다. 원래는 그래서는 안 되지만 다들 이해하고 넘어갑니다.

그런데 쓰지 않는 장롱을 복도에 쌓아 논다거나 자신의 영업을 위해 복도나 로비, 계단 등을 무단으로 점유하여 사용하는 일이 있습니다. 심지어는 상가 로비에서 삼겹살에 소주 파티까지 하기도 하여 눈살을 찌푸리게 합니다.

그리하여 아파트나 상가 관리 사무소에 이것들을 치워달라고 항의하기도 하고 무단 점유자와 얼굴 붉히기도 합니다. 그냥 치우면 될 것인데 이른바, '배째라'하니 문제가 되는 것입니다.

충북 청주시 상당동의 한 상가 1층에 골프연습장이 생겼습니다. 골프연습장 주인 무단점씨는 상가 복도와 로비에 '퍼팅 연습실'을 설치하였습니다.

그러자 이 상가의 구분소유자들로 구성된 관리단은 '무씨가 공용부분인 복도와 로비를 사용하면서 다른 사람들이 이를 사용하는 것을 방해하였다. 무씨는 복도와 로비를 관리단에게 인도하고, 부당이득금으로 2억 3900만원을 지급하라'는 소를 제기하였습니다.

이 소송의 쟁점은 집합건물의 구분소유자 등이 복도, 계단, 로비 등을 정당한 권원없이 점유·사용한 경우, 민법 제741조의 '법률상 원인없이 타인의 재산 또는 노무로 인하여 이익을 얻고 이로 인하여 타인에게 손해를 가한 자는 그 이익을 반환하여야 한다'라는 규정에 따라 점유·사용자에게 부당이득

반환 의무가 있느냐는 것이었습니다.

그동안 대법원은 다수의 판례에서 "집합건물의 복도, 로비, 계단 등과 같은 공용부분은 별개의 용도로 사용하거나 임대할 수 있는 대상이 아니므로 공유부분 무단점유는 부당이득이 아니다."라고 하였습니다. 그러면서 구분소유자나 입주자대표회의 또는 관리단이 제기한 부당이득반환 청구 소송을 기각했었습니다.

그런데 위 사건과 관련하여 하급심 법원은 이 관리단의 공용부분 인도 청구는 받아들이는 한편, '집합건물의 공용부분은 그 구조상 별개의 용도로 사용하거나 임대할 수 있는 대상이 아니다'라고 하면서 관리단의 부당이득반환 청구는 기각하였습니다.

관리단의 상고에 따른 재판에서 대법원 전원합의체는 "구분소유자 중 일부가 정당한 권원없이 집합건물의 복도, 계단 등과 같은 공용부분을 배타적으로 점유·사용함으로써 이익을 얻고, 그로 인하여 다른 구분소유자들이 해당 공용부분을 사용할 수 없게 되었다면 공용부분을 무단점유한 구분소유자는 해당 공용부분을 점유·사용함으로써 얻은 이익을 부당이득으로 반환할 의무가 있다."고 판시하면서 그 동안의 판례를 변경하였습니다.

그 이유로 "공용부분을 무단으로 점유·사용한 자는 그 사용으로 이익을 얻고, 이로 인하여 다른 구분소유자들은 해당 공용부분을 전혀 사용하지 못하는 손해를 입었으므로 부당이득이 발생하고, 해당 공용부분이 다른 용도로 사용 가능한지, 임대가 가능한지 여부는 부당이득의 성립과 관련이 없기 때문이다."라고 밝혔습니다.

이 사례에서, 부당이득금이 무려 2억 3,900만원인데, 기존의 대법원 판례대로라면 무씨는 그 동안의 이득은 그대로 취하면서 복도와 로비를 관리단에게 인도하면 그만입니다. 이는 부당하지 않다고 할 수 없을 것입니다. 대법원이 기존의 판례는 변경되어야 할 당위성을 인정하였다고 판단됩니다.

그 동안 집합건물 특히, 상가건물의 복도나 로비 등 공용부분을 구분소유자 중 일부나 임차인 또는 제3자가 무단으로 점유하여 영업장의 일부로 사용하여 구분소유자들이나 관리단이 이의 인도 청구와 함께 부당이득반환청구를 하는 경우가 있었으나 공용부분은 별개의 용도로 사용하거나 임대할 수 있는 대상이 아니므로 공유부분 무단점유는 부당이득이 아니다는 기존의 대법원 판례에 따라 패소하곤 하였습니다.

대법원의 기존 판례의 변경에 따라 정당한 권원없이 공용부분을 배타적으로 사용·수익한 경우, 무단점유자에게 해당 부분의 인도뿐만 아니라 부당이득 반환까지 청구가 가능하게 됨으로써 공용부분 무단 사용문제가 해소되고, 분쟁을 공평하게 해결할 수 있게 되었다고 할 것입니다.

17. 명의 신탁이 해지되면 부동산 반환일까? 금전 반환일까?

부동산 명의신탁이란 '신탁자가 자기의 부동산을 수탁자 명의로 등기하여 놓고 그 부동산에 관한 사용·수익 및 처분권 등 실질적 권한은 모두 신탁자가 가지는 것'을 말합니다.

이러한 부동산 명의신탁이 세금포탈, 투기, 재산은닉 등 탈법과 불법 수단으로 이용되곤 하였습니다.

특히 토지 거래허가를 받지 못하기 때문에 다른 사람의 명의로 소유권이전 등기를 해놓는다든지, 1가구 다주택 세금 중과 등을 피하기 위하여 이용되곤 하였습니다.

이에 부동산 실권리자의 명의등기에 관한 법률(이하 '부동산실명법')이 제정되어 1995. 7. 1.부터 시행됨으로써 부동산 명의신탁은 금지되었습니다(부동산실명법 제3조). 이를 어길 경우 과징금과 이행강제금이 부과되고, 형사처벌을 받을 수 있습니다(부동산실명법 제5조 내지 제7조).

부동산 명의신탁 금지에는 예외가 있습니다. 즉 부동산 명의신탁이 허용되는 경우는 종중 재산, 부부 재산, 종교단체의 명의신탁의 경우입니다. 물론 조세포탈, 투기, 재산 은닉의 목적이 없어야 합니다(부동산실명법 제8조).

판례는 상호명의 신탁, 즉 구분소유적 공유일 때에는 명의신탁을 인정하고 있습니다. 예컨대 A와 B 토지를 사면서 각 토지마다 갑과 을이 지분 2분의 1씩을 공유하는 형태로 소유권이전등기를 하고, 실제로는 A 토지는 갑이, B 토지는 을이 단독으로 소유권을 행사하는 것을 말합니다. A와 B토지 등기사항증명서에는 공유자로 등기되는 것입니다.

부동산실명법 제4조 제1항의 규정에 따르면, 부동산 명의신탁 약정은 무효이고, 명의신탁 약정에 따라 이루어진 부동산 등기는 무효입니다. 다만, 명의신탁 약정 사실을 매매 등의 상대방이 알지 못한 경우에는 명의수탁자의 등기가 무효가 되는 것은 아닙니다.

부동산실명법에 따른 명의신탁의 유형은 두 사람간의 명의신탁, 중간생략등기형 명의신탁, 계약명의신탁이 있습니다. 두 사람간의 명의 신탁, 즉 '양자간 명의신탁'은 갑과 을이 명의신탁 약정에 따라 갑이 자신의 소유인 부동산을 을의 명의로 이전등기하는 하는 것이고, '중간생략등기형 명의신탁'은 갑과 을이 명의신탁 약정에 따라 명의신탁자 갑이 매도인 병과 매매계약을 체결하면서 그 소유권이전 등기는 수탁자 을의 명의로 하는 것이며, '계약명의 신탁'은 부동산 매매에 있어서 명의신탁자가 매수대금 등 일체의 비용을 부담하되, 명의수탁자가 매매 당사자로 나서서 매매계약을 체결하고, 그 앞으로 소유권이전등기를 마친 경우입니다. 이 때, 매도인이 명의신탁 약정을 알았다면 명의수탁자인 매수인 앞으로의 소유권이전 등기는 무효가 되나 이를 몰랐다면 이 등기는 유효합니다. 통상의 거래관계에서는 매도인이 이를 모를 경우가 대부분입니다.

이러한 명의신탁 약정에 따라 부동산의 소유권이 명의수탁자에게 이전등기된 후, 명의신탁자가 당초의 명의신탁 계약을 해지하고 명의수탁자에게 이 부동산의 소유권을 자신 앞으로 이전등기해달라고 할 수 있느냐가 문제 됩니다.

이에 대해서는 부동산실명법 시행 전과 시행 후가 다릅니다.

대법원은 "부동산실명법 시행 전에 이른바 계약명의신탁 약정이 있다는 사실을 알지 못하는 소유자로부터 명의수탁자 앞으로 소유권이전등기가 마쳐지고, 이 법이 정한 유예기간을 경과하여 명의수탁자가 그 부동산의 완전한 소유권을 취득한 경우, 명의수탁자가 명의신탁자에게 반환해야 할 부당이득의 대상은 그 부동산 자체"라고 하였습니다.

즉 명의수탁자는 명의신탁 해지를 원인으로 하여 명의신탁자에게 소유권이전등기를 해주어야 한다는 것입니다. 명의수탁자가 명의신탁자에게 부당이득을 반환해야 하는데 그 부당이득의 목적물이 돈이냐 부동산 자체이냐일 때, 부당이득 반환의 대상은 명의수탁자가 이전등기를 마친 부동산 그 자체라는 것입니다. 만일 주택을 명의신탁 약정에 따라 수탁한 후 명의신탁 약정이 해지되었다면 수탁자는 신탁자에게 그 주택의 소유권이전등기를 해주어야 한다는 것입니다.

그러나 부동산실명법 시행 후부터는 달라졌습니다.

대법원은 "부동산실명법 시행 후인 경우에는 명의신탁자는 애초부터 그 부동산의 소유권을 취득할 수 없었으므로 계약명의신탁 약정의 무효로 인하여 명의신탁자가 입은 손해는 그 부동산 자체가 아니라 명의수탁자에게 제공한 매수자금이고, 따라서 명의수탁자는 부동산 자체가 아니라 명의신탁자로부터 제공받은 매수자금을 부당이득한 것이다. 따라서 명의수탁자는 명의신탁자에게 부동산 매수자금을 반환해야 하고, 이 부동산 소유권 이전등기에 들어간 취득세, 채권할인액, 인지액, 법무사 보수비도 함께 반환해야 한다."라고 판결하였습니다. 따라서 명의신탁자는 명의수탁자를 상대로 부동산소유권 이전등기를 청구할 수 없고, 매매대금과 그 소유권 이전등기에 들어간 비용을 반환 청구해야 한다는 것입니다.

그런데 명의수탁자가 등기사항증명서상 소유자로 등기되어 있으므로 명의수탁자에게는 매년 재산세가 부과됩니다.

이 경우, 명의수탁자는 자신이 그 동안 납부한 재산세를 명의신탁자에게 반환을 구할 수 있을까요? 즉 명의신탁자가 청구한 매매대금 상당의 부당이득액과 명의수탁자가 그 동안 납부한 재산세를 상계할 수 있는지 문제 됩니다.

이에 대하여 대법원은 "과세관청이 명의신탁에 따라 등기사항증명서상 소유자가 된 명의수탁자에게 재산세 부과처분을 하고 이에 따라 명의수탁자가 재산세를 납부했더라도 명의수탁자가 명의신탁자를 상대로 재산세 상당의 금액에 대한 부당이득반환 청구권을 가진다고 보기는 어렵다. 명의수탁자에 대한 재산세 부과처분은 특별한 사정이 없는 한 위법한 것으로 취소되지 않는 이상 유효한 처분이고, 명의수탁자는 과세관청을 상대로 과세처분의 취소를 구하는 항고소송을 진행하거나 후발적인 사유에 의한 경정청구를 하여 구제받을 수 있으므로 명의신탁자에 대한 재산세 상당의 부당이득반환 청구권을 행사할 수 없다."고 판결하였습니다.

18. 명의 신탁된 부동산을 수탁자가 팔아 버렸어요!

'갑'과 '을'이 명의신탁 약정을 하고, 갑 명의로 된 부동산을 을 명의로 등기를 마친 후, 즉 양자간 명의신탁 후, 명의수탁자인 을이 이 부동산을 다른 사람에게 매도한 경우, 명의신탁자가 명의수탁자에게 손해배상을 청구할 수 있는지가 문제 됩니다.

김신탁씨는 자신이 소유한 아파트를 실제로는 매도하지 않으면서 아파트의 소유 명의만 나수탁씨로 하는, 즉 명의신탁 약정을 한 후, 2억 7천만원에 매도한다는 내용의 아파트 매매계약서를 작성하고 2012. 3. 20. 나씨 앞으로 소유권이전등기를 마쳐 주었습니다.

그 후, 나씨는 2012. 10. 30. 이 아파트를 이삼자씨에게 3억원에 매도하고, 같은 날 이씨는 자신의 명의로 소유권이전등기를 마쳤습니다.

그러자 명의신탁자인 김씨는 2013. 8. 경 이 아파트를 보관하던 중 마음대로 처분하였다는 혐의로 명의수탁자인 나씨를 형사 고소하였습니다.

횡령죄로 기소된 나씨는 대법원의 2021. 2. 18. 선고 2016도18761 전원합의체 판결, 즉 부동산실명법을 위반한 양자간 명의신탁의 경우, 명의수탁자가 신탁받은 부동산을 임의로 처분하여도 명의수탁자는 '타인의 재물을 보관하는 자'가 아니므로 횡령죄가 성립하지 않는다는 판결에 따라 무죄를 선고 받았습니다.

그 후, 김씨는 나씨를 상대로 '손해배상 청구의 소'를 제기하였습니다. 그 청구원인은 '명의신탁 약정에 따라 소유권이전등기를 마치고, 김씨 자신을 위하여 보관 중이던 이 아파트를 나씨 마음대로 이삼자씨에게 매도하는 불법행위를 저질렀으므로 그로 인한 손해를 배상하여야 한다'는 것이었습니다.

즉 무효인 양자간 명의신탁에서 명의수탁자가 명의신탁된 부동산을 임의 처분한 경우 형사상 횡령죄가 성립되지 않더라도 불법행위에 따른 손해배상 책임을 져야 한다는 것이었습니다.

이에 대하여 대법원은 "부동산실명법은 명의신탁약정과 명의신탁약정에 따른 등기로 이루어진 부동산에 관한 물권변동은 무효라고 명시하고 있다. 명의신탁약정에 따라 명의수탁자 앞으로 등기를 하더라도 부동산에 관한 물권변동의 효력이 발생하지 않는다. 그 결과 부동산 소유권은 그 등기와 상관없이 명의신탁자에게 그대로 남아있게 되고, 명의신탁자는 부동산 소유자로서 소유물 방해배제청구권에 기초하여 명의수탁자를 상대로 그 등기의 말소를 청구할 수 있다. 그런데 부동산실명법 제4조 제3항은 '명의신탁약정과 그에 따른 물권변동의 무효는 제3자에게 대항하지 못한다'라고 규정하고 있다. 이에 따라 명의신탁자는 명의수탁자가 제3자에게 부동산을 임의로 처분한 경우 제3자에게 자신의 소유권을 주장하여 그 소유권이전등기의 말소를 구할 수 없고, 명의수탁자로부터 부동산을 양수한 제3자는 그 소유권을 유효하게 취득하게 된다. 그렇다면 명의신탁 받은 부동산을 명의신탁자의 동의없이 제3자에게 임의로 처분한 명의수탁자는 명의신탁자의 소유권을 침해하는 위법행위를 한 것이고 이로 인하여 명의신탁자에게 손해가 발생하였으므로, 명의수탁자의 행위는 민법 제750조에 따른 불법행위책임의 성립요건을 충족한다. 명의수탁자의 이러한 행위가 형사상 횡령죄로 처벌되지 않더라도, 위 행위는 명의신탁자의 소유권을 침해하는 행위로써 형사상 횡령죄의 성립 여부와 관계없이 민법상 불법행위에 해당하여 명의수탁자는 명의신탁자에게 손해배상책임을 부담한다."고 판결하였습니다.

나씨의 김씨에 대한 불법행위에 따른 손해배상 청구는 별론으로 하고, 소송물 이론상 손해배상 청구와 부당이득반환 청구는 별개의 소송물이므로 김씨는 나씨를 상대로 이 아파트 매매가 상당의 '부당이득반환 청구의 소'를 제기하였다고 하더라도 승소하였을 것으로 판단됩니다.

이는 명의신탁 약정이 무효이더라도 반사회적 법률행위는 아니므로 김씨는 나씨를 상대로 부당이득반환 청구를 할 수 있기 때문입니다.

19. 사실혼 관계와 부동산 명의신탁!

사실혼 관계란 '남녀 모두가 혼인의사를 가지고 혼인 공동생활의 실체를 형성하고 있으나 단지 혼인신고를 마치지 않았기 때문에 법률상의 혼인으로 인정되지 않을 뿐 사회적으로는 법률혼에 준하여 보호할 가치가 있는 혼인형태'를 말합니다.

사실혼 관계의 배우자는 그 상대방의 상속인이 될 수는 없으나 공무원 연금이나 군인연금 등의 수급자가 될 수 있으며, 사실혼 관계가 해소된 경우 위자료와 재산분할을 청구할 수 있습니다. 이러한 사실혼 관계는 당사자 일방의 의사에 의하여 해소될 수 있습니다.

김남편씨와 나아내씨는 2015. 5. 1.부터 2021. 7. 5.까지 혼인신고를 하지 않은 채 동거해 왔습니다. 즉 사실혼 관계에 있었습니다. 이 사실혼 중에 나씨는 주택 1채를 보유하고 있었기 때문에 자신이 모은 돈으로 새로운 아파트를 구입하면서 매수인을 김씨로 한 후, 그 앞으로 소유권 이전등기를 마쳤습니다.

즉 사실혼 관계인 남편 김씨에게 이 아파트를 명의신탁한 것입니다.

그러던 중 두 사람은 가정불화로 2021. 7. 6. 사실혼 관계를 해소하면서 헤어졌습니다.

부동산실명법 제4조는 '명의신탁약정은 무효이고, 명의신탁약정에 의해 이루어진 등기는 무효'라고 규정하고 있습니다. 이를 어길 경우 과징금과 이행강제금 그리고 형사 처벌을 받을 수 있습니다. 그런데 같은 법 제8조 제2호는 '조세포탈, 강제집행의 면탈 또는 법령상 제한의 회피를 목적으로 하지 아니한, 배우자 명의로의 부동산에 관한 물권을 등기한 경우 유효'라고 규정하고 있고, 따라서 이 경우 부동산실명법을 위반한 것이 아니므로 과징금과 이행강제금, 형사 처벌 등이 문제되지 않습니다.

여기에서 사실혼 관계라고 하더라도 연금수급권, 위자료나 재산분할 청구권이 인정되므로 사실혼 관계 부부간의 부동산 명의신탁약정과 그 등기가 유효하냐가 문제 됩니다. 즉 부동산실명법에서의 '배우자'에 사실혼 관계의 배우자도 포함되는지 문제 됩니다.

이에 관하여 대법원은 "부동산실명법 제5조에 의하여 부과되는 과징금에 대한 특례를 규정한 같은 법 제8조 제2호의 '배우자'에는 사실혼 관계의 배우자는 포함되지 않는다."고 하였습니다.

따라서 나씨는 조세포탈, 강제집행의 면탈 또는 법령상 제한의 회피를 목적으로 하지 않았더라도 사실혼 배우자인 김씨에게 명의신탁을 하였으므로, 부동산실명법 위반으로 과징금, 이행강제금의 부과, 형사 처벌을 받을 수 있습니다.

한편, 나씨와 김씨는 양자간 명의신탁 관계이므로, 나씨는 김씨를 상대로 부동산 소유자로서 소유물 방해배제청구권에 기초하여 그 등기의 말소를 청구할 수 있다고 할 것입니다.

이와 달리 사실혼 관계 해소를 이유로 나씨가 김씨를 상대로 재산분할을 청구하여 재산형성 기여도 등에 따라 가액 분할을 받을 수 있지 않을까 생각해 볼 수도 있는데, 명의신탁 약정이 반사회적 질서행위는 아니므로 가능하다고 판단됩니다.

그런데 나씨와 김씨가 사실혼 관계가 해소된 후에 서로 화해하고 재결합하면서 혼인신고를 하여 법률혼 상태가 되었다면 어떻게 될까요?

이에 관하여 대법원은 "사실혼 관계에서의 명의신탁 등기가 부동산실명법 규정에 따라 무효로 된 경우에도 그 후, 명의신탁자가 수탁자와 혼인을 함으로써 법률상의 배우자가 되고, 조세포탈, 강제집행의 면탈 또는 법령상 제한의 회피를 목적으로 하지 않은 경우에는 그 때부터는 그 명의신탁등기가 유효로 된다."고 판결하였습니다.

20. 수용된 토지의 근저당권자, 수용 보상금에서 변제받을 수 있을까?

나저당씨는 2005. 5. 10. 김토지씨에게 1억원을 빌려주면서 김씨가 소유한 대구시 동구 사복동 소재 전 512㎡에 채권최고액을 1억 2천만원으로 한 근저당권 설정등기를 마쳤습니다.

한편, 서대구 세무서는 2006. 3. 20. 김씨의 국세체납을 이유로 이 토지를 압류한 후 압류등기를 마쳤습니다.

그 후, 중앙토지수용위원회는 2008. 8. 28. 대구혁신도시개발사업을 위하여 김씨 토지를 비롯하여 인근 토지를 수용하기로 재결한 후 소유자와 이해관계인인 나저당씨와 서대구 세무서에 수용재결서 정본을 송부하는 방식으로 토지수용 사실을 알리면서 필요한 권리를 행사할 것을 통보하였습니다.

이에 서대구 세무서장은 2008. 10. 1. 대구혁신도시개발사업단장에게 김씨가 양도소득세 1억원을 체납하였다는 이유로 김씨의 토지수용보상금 지급채권을 압류한다고 통지하면서 그 지급을 구하였고, 위 사업시행자인 한국토지공사는 2008. 10. 20. 김씨에게 지급할 보상금 1억원을 서대구 세무서에 지급하기로 결의한 후 이를 지급하였고, 서대구 세무서는 이를 국세에 충당하였습니다.

그런데 이 과정에서 나씨는 이 토지에 대한 근저당권자로서 토지보상금에 대한 압류 등 어떠한 조치도 취하지 않았습니다. 그 후, 서대구 세무서가 수용보상금 1억원을 받아 국세에 충당하자 이 세무서를 상대로 '부당이득 반환청구의 소'를 제기하였습니다.

나씨의 청구원인은 '자신은 서대구 세무서보다 순위가 앞선 근저당권자이므로 물상대위권 행사로 이 사건 토지의 보상금에 관하여 채권최고액 상당에 한해서는 서대구 세무서에 우선하여 지급받아야 함에도 불구하고 서대구 세무서가 이를 지급받음으로써 자신에게 그만큼 손해를 입혔으므로 서대구 세무서는 자신에게 이 금원을 부당이득으로 반환해야 한다'는 것이었습니다.

민법 제342조는 '질권은 질물의 멸실, 훼손 또는 공용징수로 인하여 질권설정자가 받을 금전 기타 물건에 대하여도 이를 행사할 수 있고, 이 경우 그 지급 또는 인도 전에 압류하여야 한다'라고, '질권자의 물상대위'를 규정하고 있습니다. 이 규정을 같은 법 제370조가 준용함으로써 저당권자도 물상대위권을 행사할 수 있습니다.

물상대위란 담보물권의 목적물의 가치가 다른 형태로 바뀌는 경우 담보권자가 이에 대하여 우선변제권을 행사하는 일을 말하며, 이러한 권리를 '물상대위권'이라고 합니다.

쉽게 말해, 주택이 화재로 소실된 경우 저당권자는 화재보험금을 우선적으로 수령할 수 있으며, 부동산이 수용되었을 때 저당권자가 수용보상금 채권에서 우선적으로 변제받을 수 있는 권리를 말합니다.

한편, 공익사업을 위한 토지 등의 취득 및 보상에 관한 법률 제47조는 '담보물권의 목적물이 수용되거나 사용된 경우, 그 담보물권은 그 목적물의 수용 또는 사용으로 인하여 채무자가 받을 보상금에 대하여 행사할 수 있다. 다만, 그 보상금이 채무자에게 지급되기 전에 압류하여야 한다'라고 규정하고 있습니다.

하급심의 패소한 나씨의 상고에 따른 재판에서 대법원은 "저당권자가 물상대위권을 행사하여 우선변제를 받기 위해서는 민사집행법 제273조[1]에 의하여 담보권의 존재를 증명하는 서류로서 '등기사항증명서'를 집행법원에 제출하고 채권압류 및 전부명령을 신청하여야 토지수용보상금을 사업자인 제3채무자로부터 우선 변제받을 수 있다. 수용대상 토지에 대하여 담보물권 등기가 된 것만으로는 그 보상금으로부터 우선변제를 받을 수 없으며, 저당권

1) 第273조(채권과 그 밖의 재산권에 대한 담보권의 실행) ①채권, 그 밖의 재산권을 목적으로 하는 담보권의 실행은 담보권의 존재를 증명하는 서류(권리의 이전에 관하여 등기나 등록을 필요로 하는 경우에는 그 등기사항증명서 또는 등록원부의 등본)가 제출된 때에 개시한다.
②민법 제342조에 따라 담보권설정자가 받을 금전, 그 밖의 물건에 대하여 권리를 행사하는 경우에도 제1항과 같다.
③제1항과 제2항의 권리실행절차에는 제2편 제2장 제4절 제3관의 규정을 준용한다.

자가 물상대위권 행사를 아니하여 우선변제권을 상실한 이상, 다른 채권자가 그 보상금 또는 이에 관한 변제공탁금으로부터 이득을 얻었더라도 저당권자는 이를 부당이득으로써 반환청구를 할 수 없다."고 판결하였습니다.

결국 나저당씨는 사업시행자를 상대로 압류 및 추심명령 또는 압류 및 전부명령을 신청하였어야 함에도 이를 하지 않았으므로 서대구 세무서보다 우선변제를 받을 수 없고, 서대구 세무서를 상대로 부당이득 반환을 구할 수도 없다는 것입니다.

참고로, 저당권자가 담보권 존재를 증명하는 서류를 첨부하여 제3채무자인 사업시행자를 상대로 압류 및 추심명령 또는 압류 및 전부명령을 신청하지 않고, 근저당권의 원인증서인 설정계약서나 차용증을 첨부하여 '토지수용보상금 채권'에 관한 가압류를 신청한다면 '피보전 권리 부존재'를 이유로 기각될 수 있음을 유의해야 합니다.

21. 가설건축물에도 법정지상권이 성립할까?

민법 제305조 제1항은 '대지와 건물이 동일한 소유자에 속한 경우에 건물에 전세권을 설정한 때에는 그 대지소유권의 특별승계인은 전세권설정자에 대하여 지상권을 설정한 것으로 본다'라고, 같은 법 제366조는 '저당물의 경매로 인하여 토지와 그 지상건물이 다른 소유자에 속한 경우에는 토지소유자는 건물소유자에 대하여 지상권을 설정한 것으로 본다'라고 규정하고 있습니다. 이를 '법정 지상권'이라고 하는데 지상권은 '타인의 토지에 건물 기타 공작물 또는 수목을 소유하기 위하여 그 토지를 사용하는 권리'를 말합니다.

판례에 의하여 인정되는 지상권은 '관습상의 법정지상권과 분묘기지권 그리고 공시방법으로서의 명인방법'이 있습니다. 관습상의 법정지상권은 동일한 소유자에 속하는 대지와 그 지상건물이 매매에 의하여 각기 소유자가 달라지게 된 경우에는 특히 건물을 철거한다는 조건이 없는 한 건물소유자가 대지 위에 건물을 위하여 취득하는 지상권을 말하며, 무허가 건물이라도 상관이 없습니다.

분묘기지권이란 '타인의 토지 위에 분묘를 소유하기 위하여 분묘의 기지부분을 토지로 사용할 것을 내용으로 하는 관습에 의하여 인정되는 지상권 유사의 물권'를 말하고, 명인방법이란 '건물 외의 지상물, 특히 수목의 집단이나 미분리 과실을 토지와 분리하지 않은 채 토지소유권으로부터 독립된 거래의 객체로 하는 관습법상의 공시방법으로, 그 지상물의 소유자가 외부의 제3자에게 명백하게 인식되도록 하는 방법'입니다.

나토지씨는 2019. 5. 16. 자신이 소유한 토지 위에 가설건축물인 단층창고 100㎡를 지었습니다. 한편, 이채권씨는 2020. 5. 30. 나씨에게 1억원을 빌려주면서 이 토지에 근저당권 설정등기를 마쳤습니다. 그 후, 나씨가 돈을 갚지 않자 이씨는 법원에 임의경매를 신청하였는데 이 경매절차에 김매수씨가 입찰하여 2021. 5. 1. 최고가 매수인이 되어 매각허가를 받고, 2021. 7. 5. 매각대금은 완납함으로서 김씨는 이 토지에 대한 소유권을 취득하였습니다.

이 토지에 대한 소유권이전등기가 이루어진 후, 김씨는 나씨에게 토지를 인도하고 가설건축물인 창고를 철거하여 달라고 하였으나 나씨는 이를 거부하였습니다.

그러자 김씨는 나씨를 상대로 '토지 인도 및 가설건축물 철거 청구의 소'를 제기하였습니다.

이 재판에서 나씨는 '가설건축물인 창고에 대하여 법정지상권이 성립되었으므로 김씨의 청구는 기각되어야 한다'라고 주장하였습니다.

즉 이 재판에서 민법 제366조에서 말하는 '지상건물'에 '가설건축물도 포함되느냐'가 쟁점이었습니다. 이에 대하여 제1심과 제2심은 하여 '이 창고에 관하여는 법정지상권이 성립하지 않는다'고 판단하였는데 나씨는 이에 불복하여 대법원에 상고하였습니다.

이에 대하여 대법원은 "민법 제366조의 법정지상권은 저당권 설정 당시 동일인의 소유에 속하던 토지와 건물이 경매로 인하여 양자의 소유자가 다르게 된 때에 건물의 소유자를 위하여 발생하는 것으로서, 법정지상권이 성립하려면 경매절차에서 매수인이 매각대금을 다 낸 때까지 해당건물이 독립된 부동산으로서 건물의 요건을 갖추고 있어야 한다. 독립된 부동산으로서 건물은 토지에 정착되어 있어야 하는데(민법 제99조 제1항), 가설건축물은 일시 사용을 위해 건축되는 구조물로서 설치 당시부터 일정한 존치기간이 지난 후 철거가 예정되어 있어 일반적으로 토지에 정착되어 있다고 볼 수 없다. 민법 제280조에서 규정한 건물에 대한 법정지상권의 최단 존속기간은 견고한 건물이 30년, 그 밖의 건물이 15년인데 비하여, 건축법령상 가설건축물의 존치기간은 통상 3년 이내로 정해져 있다. 따라서 가설건축물은 특별한 사정이 없는 한 독립된 부동산으로서 건물의 요건을 갖추지 못하여 법정지상권이 성립하지 않는다."라고 판결하였습니다.

토지 경매에서는 지목상 나대지임에도 비닐하우스, 컨테이너, 농막 등이 설치되어 있는 경우가 있습니다. 토지를 경매당한 사람은 이러한 설치물의 철거를 거부하고 일종의 이사 비용을 요구하기도 합니다. 이 경우에 매수인이 어느 정도 비용을 지급함으로써 소송으로까지 진행되지 않도록 하는 것이 바람직하다고 할 것입니다.

22. 건물 일부를 점유, 건물 전부에 대한 유치권이 인정될까?

민법 제320조 제1항은 '타인의 물건 또는 유가증권을 점유한 자는 그 물건이나 유가증권에 관하여 생긴 채권이 변제기에 있는 경우에는 변제를 받을 때까지 그 물건 또는 유가증권을 유치할 권리가 있다'라고, '유치권'에 관하여 규정하고 있습니다. 이러한 유치권은 법정 담보물권이므로 등기를 필요로 하지 않습니다.

유치권자에게는 그 목적물을 유치하여 계속 점유할 수 있는 대세적 권능이 인정됩니다. 그리하여 소유권자 등은 유치권자의 피담보채권을 변제하여 유치권을 소멸시키지 않는 한 인도를 받을 수 없으므로 실제로는 변제를 강요당하는 셈이 됩니다. 즉 유치권자는 자신의 채권 만족을 간접적으로 확보하게 됩니다.

저당권 등이 설정된 후에 유치권이 성립한 경우에도 유치권자는 그 저당권의 실행절차에서 목적물을 매수한 사람을 포함하여 목적물의 소유자 및 기타 권리자에 대하여 목적물의 인도를 거절할 수 있습니다.

즉 부동산 유치권은 대부분의 경우에 사실상 최우선 순위의 담보권으로 작용합니다. 유치권자는 자신의 채권을 목적물의 교환가치로부터 일반 채권자는 물론 저당권자 등에 대하여도 그 성립의 선후를 불문하여 우선적으로 자기 채권의 만족을 얻을 수 있게 됩니다.

여기에서 유치권자가 건물의 일부만 점유하고 있는 경우에는 건물 전체에 대한 유치권자로 인정할 수 있는지가 문제 됩니다.

한솔저축은행은 나름 주식회사가 부산 동래구 온천동 소재 8층 짜리 건물을 담보로 빌린 대출금을 갚지 못하자 2015. 8. 16. 법원에 이 건물에 대한 임의경매를 신청하였습니다.

이 경매절차에서 나유치씨는 2016. 12. 1. 집행법원에 이 건물 4층과 5층의 공사와 관련한 5억원의 공사대금 채권을 담보하기 위한 유치권이 존재한다는 내용의 유치권 신고서를 제출하였습니다. 나씨는 이 신고서에 이 8층

건물 중 점유하는 부분이나 유치권의 범위를 특정하지는 않았습니다.

그러자 한솔저축은행은 나씨가 이 건물 전체에 대하여 유치권을 신고한 것을 전제로 '유치권 부존재 확인의 소'를 제기하였습니다.

이 소송의 쟁점은 '점유의 일부'가 인정될 경우에도 '건물 전부'에 대한 유치권이 인정될 수 있느냐 였습니다.

이에 대한 재판에서 제1심은 '나씨가 경매등기 이전부터 이 부동산을 계속 점유하고 있었다고 인정할 수 없으므로 유치권이 존재하지 않는다'고 하면서 한솔저축은행의 승소판결을 하였으나 항소심은 '유치권자가 건물의 일부만을 점유하고 있더라도 유치권이 존재한다는 점에는 영향을 미칠 수 없다'는 이유로 제1심 판결을 취소하고 한솔저축은행의 청구 '전부'를 기각하였습니다.

이에 대한 상고심 재판에서 대법원은 "이 건물의 '일부에 한하여' 점유가 인정됨에도 불구하고 이 건물 '전부에 대하여' 나씨가 적법한 유치권자라고 판단한 항소심은 법리오해 등의 잘못이 있다."고 하면서 항소심 판결을 파기, 환송하였습니다.

나씨의 일부 점유가 인정된다면 그 일부 인정되는 점유를 특정하여 그 부분만을 한솔저축은행의 패소로 판단하여야 함에도 불구하고 유치권 부존재확인 소송이라고 하여 한솔저축은행의 청구를 전부 기각한 것, 즉 패소 판결한 것은 유치권에 관한 법리오해가 있다는 것입니다.

즉 유치권 부존재 확인 소송의 형태라고 하더라도 일부 인정된 부분만큼만 유치권을 인정해야 할 뿐 한솔저축은행 유치권 부존재 확인 청구 전부를 기각해서는 안 된다는 것입니다.

23. 아파트를 사서 이전등기 후 2개월이 지나서 물이 세네요!

아파트 등 주택을 매수할 당시에는 이상이 없었는데 입주하여 사는 중에 물이 세거나 벽에 금이 가는 등 하자, 즉 흠이 발견되어 삶에 불편을 겪고, 이를 수리하는데 비용이 많이 듭니다. 이 경우, 매수인은 매도인에게 수리를 요구하거나 매수인이 업체를 통해 수리를 하기 전 매도인에게 수리비를 요구하거나 수리한 후 수리비를 손해배상으로 청구하기도 합니다.

민법 제580조는 ‘매매의 목적물에 하자가 있는 경우에 매수인이 이를 알지 못한 때에는 이로 인하여 계약의 목적을 달성할 수 없는 경우에 한하여 매수인은 계약을 해제할 수 있다. 기타의 경우에는 손해배상만 청구할 수 있다’라고, ‘매도인의 하자담보책임’을 규정하면서, 같은 법 제582조는 ‘매수인이 매도인에게 하자담보책임을 물을 수 있는 권리는 매수인이 그 사실을 안 날로부터 6월 내에 행사하여야 한다’라고 규정하고 있습니다.

즉, 매매 물건의 하자를 모르고 계약했으나 도저히 거주할 수 없다거나 수리비가 지나치게 많이 드는 등 계약을 파기할 수 밖에 없는 경우에만 매수인은 매매계약을 해제할 수 있고, 그 밖의 경우에는 매도인에게 수리비 등 손해배상만을 청구할 수 있다는 것입니다.

나매수씨는 2019. 6. 10. 김매도씨로부터 서울시 서초구 서초동 소재 한 아파트인 101동 201호를 매수하고, 그 해 8. 10. 소유권이전등기를 마쳤습니다.

그런데 그 해 10월부터 매매계약 체결 당시에는 발견되지 않았던 누수현상이 나타나 아래층 세대가 피해를 입자, 나씨는 누수원인을 찾고 보수 공사를 하였습니다. 두 달 뒤인 12월에 다시 누수가 발생하자, 나씨는 2020. 1. 10. 아파트 욕실 전체를 재시공하는 보수공사와 아래층 세대에 대한 피해복구 공사를 하였습니다.

그 후, 나씨는 김씨를 상대로 매도인의 하자담보책임을 근거로 이 아파트 누수로 인해 발생한 하자보수비용 1,600만원을 지급하라는 소를 제기하였습니다.

이에 대하여 제1심은 “매도인의 하자담보책임에서 하자의 존재 여부는 매매계약 성립시를 기준으로 판단하는 것이 원칙이다. 그러나 매매계약과 이행 완료 시점이 상당 기간 떨어져 있는 경우에는 이행 완료시를 기준으로 판단해야 한다. 건축물의 내부적 원인에 따른 누수는 그 특성상 내부의 배관이나 욕실 벽체 등에 누수 원인이 현실화해 존재하고 있으면 바로 나타날 수밖에 없는 현상이다. 이 101동 아파트는 사용승인 이후 약 14년이 지났고, 건물 노후화에 따라 단지 내 다른 아파트에서도 누수가 발생하고 있다. 현재 나씨 소유인 101동 201호 아파트에서는 2018년 처음 누수가 발생했지만, 탐지 결과 그 원인으로 밝혀진 보일러를 교체한 이후 매매계약 당시까지는 물론 2019. 10. 까지도 누수 현상이 발생하지 않았다. 이 아파트에 관한 매매계약 체결 전이나 후에 나씨가 2차례나 아파트를 방문해 상태를 확인했을 때도 누수 현상은 발견되지 않았고, 매매계약이 성립된 때로부터 4개월, 소유권 변동일로부터 2개월이 지난 시점에 누수가 발생하였다. 나씨가 입주한 후 2개월이 지난 2019. 10. 이후의 누수는 아파트의 노후화에 따라 그 무렵 누수 원인이 현실화하면서 발생한 현상이며 매매계약 당시 또는 소유권 변동시 이미 누수 원인인 하자가 현실화해 존재하고 있다가 뒤늦게 발현됐다고 보기는 어렵다.”면서 나씨의 패소 판결을 하였습니다.

아파트 누수현상은 그 특성상 누수원인이 있으면 바로 나타날 수 밖에 없기 때문에 매매계약을 체결할 때나 소유권 이전등기를 할 당시에도 객관적으로 하자가 없었다면 매도인에게 하자담보책임을 물을 수 없다는 판결입니다. 즉 아파트 건물 전체의 노후화에 따른 하자의 경우에는 매도인에게 하자담보책임을 물을 수 없다는 것입니다.

한편, 매도인의 하자담보책임을 기초로 한 매수인의 손해배상청구권은 ‘매수인이 그 하자를 안 날부터 6개월 이내에 행사해야 한다’는 민법 제582조의 규정을 잘못 이해하는 경우가 있습니다.

즉 아파트 등의 매매 잔금을 치른 후 6개월이 지난 뒤에 매매 목적물에 하자가 발견된 경우에는 매도인에게 수리비 등 손해배상을 청구할 수 없다고 오해하고 있다는 것입니다.

이에 관하여 대법원은 "매도인에 대한 하자담보에 기한 손해배상청구권에 대하여는 민법 제582조의 제척기간이 적용되고, 이는 법률관계의 조속한 안정을 도모하고자 하는 데에 취지가 있다. 그런데 하자담보에 기한 매수인의 손해배상청구권은 권리의 내용·성질 및 취지에 비추어 민법 제162조 제1항의 채권 소멸시효의 규정이 적용되고, 민법 제582조의 제척기간 규정으로 인하여 소멸시효 규정의 적용이 배제된다고 볼 수 없으며, 이 때, 다른 특별한 사정이 없는 한 무엇보다도 매수인이 매매 목적물을 인도받은 때부터 소멸시효가 진행한다고 해석함이 타당하다."고 판시한 바 있습니다.

즉 매수인은 소유권이전등기를 신청한 때부터 10년 동안에는 목적물의 하자에 대하여 매도인에게 손해배상을 청구할 수 있고, 그 기간 내에서는 목적물의 하자를 발견한 때부터 6월 내에 손해배상을 청구해야 한다는 것입니다.

24. 합의하여 계약 해제한 경우 손해배상 청구할 수 있을까?

매매, 증여, 도급 등 계약이 체결되면 계약 당사자는 이 계약을 지켜야 할 의무가 있습니다. 그럼에도 불구하고 당사자 중 한쪽이 잔금을 치르지 않는 등으로 채무를 불이행하여 계약의 목적을 달성할 수 없게 된 경우 그 상대방은 계약을 해소하겠다는 의사표시를 하여 계약의 구속력에서 벗어납니다. 이를 '계약의 해제 또는 해지'라고 합니다.

이 때, 당사자 일방이 의사표시를 하여 계약을 해제 또는 해지하기 위해서는 '해제 또는 해지권'이 있어야 합니다.

이러한 해제권은 당사자간의 약정, 즉 '약정해제권'이나 법률의 규정, 즉 '법정해제권'에 의해서 발생합니다. 약정해제권은 계약서에 일정한 경우에는 계약을 해제할 수 있다고 당사자 간에 약정한 해제권으로 당사자 간의 약정에 의해 해제권이 발생하는 점에서 채무불이행이나 이행불능을 원인으로 해제권이 발생하는 법정해제권과 다릅니다.

약정해제권으로 볼 수 있는 것이 매매에서 '계약금을 교부한 때에는 당사자 간에 다른 약정이 없는 한, 당사자 일방이 이행에 착수할 때까지는 교부자는 이를 포기하고 수령자는 그 배액을 상환하여 매매계약을 해제할 수 있다'는 민법 제565조 규정입니다.

약정해제권과 법정해제권은 '해제계약', 즉 '합의해제'와 다릅니다. 계약의 해제는 해제권이 있는 당사자 일방의 의사표시에 의해 계약의 효력이 없어지게 되는 반면, 합의해제는 해제권의 유무와 상관없이 당사자간의 합의로 종전의 계약을 해소하여 계약이 없는 상태로 돌아가는 것으로, 이는 새로운 계약입니다.

즉 계약의 합의해제는 해제계약에 의한 앞선 계약의 해제이므로 해제의 효력은 민법의 해제의 효력에 관한 규정이 적용되거나 준용되지 않는다는 것입니다.

나강사씨는 서울시 강동구 둔촌동 소재 대둔아파트 단지 내에 있는 휘트니스 센터를 위탁받아 운영하였습니다. 나씨와 이 아파트 입주자대표회의가 작성한 '위탁계약서'에는 '아파트 입주자대표회의는 나씨가 계약사항을 위반하지 않았음에도 불구하고 계약이 해지된 경우, 입주자대표회의는 나씨가 센터에 투자한 투자금 및 손해배상금을 변상하여야 한다'라고 적혀 있었습니다.

이 휘트니스 센터를 운영하던 나씨는 코로나19로 도저히 운영이 어렵게 되자, 2020. 1. 경 입주자대표회의와 휘트니스센타 위탁계약을 합의해지하였고, 나씨는 위탁계약서상의 손해배상 규정을 근거로 입주자대표회의를 상대로 '손해배상 청구의 소'를 제기하였습니다.

제1심과 제2심이 나씨의 승소 판결을 하자, 입주자 대표회의는 대법원에 상고하였습니다.

이에 대한 재판에서 대법원은 "계약이 합의에 따라 해제되거나 해지된 경우에는 특별한 사정이 없는 한 채무불이행으로 인한 손해배상을 청구할 수 없으나, 상대방에게 손해배상하기로 특약하거나 손해배상 청구를 유보하는 의사표시가 있으면 그러한 특약이나 의사에 따라 손해배상을 하여야 한다. 나씨와 입주자대표회의 간에 위탁계약서에 정한 내용은 이러한 특약에 해당한다."고 하면서 나씨 승소 판결을 한 하급심 판결에 수긍하였습니다.

합의해제는 채무불이행을 이유로 해제하는 것이 아니므로 채무불이행으로 인한 손해배상을 청구할 수 없고, 합의해제로 반환해야 할 돈에 그 받은 날로부터 이자를 반드시 가산해야 하는 것도 아닙니다. 해제계약에 따른 법률관계는 그 합의 내용에 따라 결정된다는 것입니다. 다만, 앞선 계약서에 '손해배상 특약 또는 손해배상을 유보하는 의사표시가 있으면' 이러한 특약이나 의사표시에 따라 손해를 배상하여야 한다는 것입니다.

나강사씨는 계약 원칙상 손해배상 청구를 할 수 없으나 위 손해배상 특약에 따라 입주자 대표회의로부터 손해배상을 받을 수 있다는 취지입니다.

한편, 이 아파트의 입주자대표회의는 위 특약사항에 따라 나씨에게 손해를 배상함으로써 입주민으로부터 '손해배상 청구의 소'를 제기당할 수도 있다고 생각됩니다.

참고로, 대법원은 "계약의 합의해제는 계약에 의하여 발생한 권리관계의 변동을 원상으로 회복시키기로 하는 새로운 계약에 불과하고, 계약의 효력은 원칙적으로 당사자 사이에서만 발생할 뿐 다른 사람의 권리관계에 영향을 미칠 수 없다. 증여계약의 당사자가 그 증여계약을 합의해제하였다 하더라도 그로 인하여 이미 발생한 국가의 조세채권에 아무런 영향을 줄 수가 없다. 따라서 증여계약을 합의해제하여 부동산 소유권이전등기를 말소하였으므로 증여에 의한 재산취득은 처음부터 없었던 것으로 보아 증여에 의한 증여세 부과처분을 취소할 수는 없다."고 판시한 바 있습니다.

25. 부동산을 가압류 당해 입은 손해를 배상청구할 수 있을까?

황소유씨는 나임차씨에게 자신의 아파트를 전세보증금을 3억원으로 하여 임대하였습니다. 임대기간이 만료되자 나씨는 황씨에게 보증금을 돌려달라고 하였으나 황씨는 이를 돌려주지 못하였습니다. 그러자 나씨는 이 전세보증금 3억원을 피보전권리로 하여 이 아파트를 가압류하였습니다.

이 아파트에 대한 가압류 신청을 하면서 나씨는 법원의 담보제공명령에 따라 황씨의 손해를 담보하기 위해 청구금액의 10분의 1인 3,000만원을 보증보험증권으로 제출하였습니다. 한편, 이 아파트에는 나씨의 다음 순위로 새마을금고의 채권최고액 1억 5천만원의 근저당권 설정등기가 마쳐져 있었습니다.

그 후, 황씨와 나씨는, 나씨가 이 아파트에서 계속 거주하기로 하면서 3억원을 보증금으로 하여 전세계약을 다시 체결하는 한편, 나씨는 이 아파트의 부동산 등기사항증명서에 기입된 가압류를 해제하여 주기로 약속하였습니다.

이 때, 황씨는 이 아파트를 다른 사람에게 팔기 위해 중개업소에 내놓았습니다. 그러면서 나씨에게 아파트에 되어 있는 가압류를 빨리 풀어달라고 부탁하였습니다. 그러나 나씨는 이에 응하지 않다가 6개월이 지난 뒤 이 가압류를 해제해 주었습니다.

이에 황씨는 나씨가 약속과 달리 6개월이나 늦게 가압류를 풀어줌으로써 아파트를 못 팔게 되었고, 이로써 근저당권 채무 1억 5천만원을 갚지 못함으로써 이에 대한 이자에 해당하는 금액의 손해를 입었다면서 나씨를 상대로 '손해배상 청구의 소'를 제기하였습니다.

그런데 사실은 나씨가 이 아파트의 가압류를 풀어 준 후에도 황씨는 여전히 이 아파트를 팔지 않고 계속 보유하고 있었습니다.

하급심 재판에서 패소한 황씨의 상고에 따라 대법원은 "부동산에 대한 가압류의 집행이 이루어졌다고 하더라도 채무자가 여전히 목적물의 이용 및 관리의 권한을 보유하고 있을뿐더러 가압류의 처분금지적 효력은 상대적인 것에 불과하다. 따라서 부동산이 가압류되었더라도 채무자는 그 부동산을 매매하거나 기타의 처분행위를 할 수 있다. 다만, 가압류채권자에 대한 관계에서만 처분행위의 유효를 주장할 수 없을 뿐이며, 가압류는 언제든지 해방공탁에 의하여 그 집행취소를 구할 수 있는 것이므로, 부동산에 대한 가압류의 집행이 부당하게 유지되었다고 하더라도 다른 특별한 사정이 없는 한, 그 가압류는 부동산을 처분함에 있어서 법률상의 장애가 될 수는 없다. 다만, 가압류가 집행된 부동산을 매수하려는 자로서는 그 부동산의 소유권을 완전하게 취득하지 못하게 될 위험을 고려하여 당해 부동산의 매수를 꺼리게 됨으로써 결과적으로 가압류가 집행된 부동산의 처분이 곤란하게 될 사실상의 개연성은 있을 수 있다. 만일 어떤 부동산에 관한 가압류 집행이 있었고, 그 가압류 집행이 계속된 기간 동안 당해 부동산을 처분하지 못하였으며, 나아가 주위 부동산들의 거래상황 등에 비추어 그와 같이 부동산을 처분하지 못한 것이 당해 가압류의 집행으로 인하였을 것이라는 점이 입증된다면 그에 대한 손해를 배상해야 한다. 그러나 달리 당해 부동산의 처분 지연이 가압류의 집행 이외의 사정 등 가압류채권자 측에 귀책사유 없는 다른 사정으로 인한 것임을 가압류채권자 측에서 주장·입증하면 그 손해는 인정되지 아니한다."고 하면서 황씨의 상고를 기각하였습니다.

사례에서, 황씨가 입은 손해는 이 아파트를 팔지 못함으로써 황씨가 그동안 대출금 이자로 갚은 이자가 손해인데, 황씨가 이 아파트를 사려고 하는 사람과 합의하여 가압류의 청구금액에 해당하는 금액을 매수인이 부담하기로 하여 이를 매매대금에서 공제하는 방법 등으로 그 매도가 가능하고, 더욱이 나씨가 이 아파트의 가압류를 스스로 해제해 준 이후에도 황씨는 여전히 이 아파트를 팔지 않은 채 계속 보유하고 있었던 점 등에 비추어 볼 때, 이 아파트의 매각지연은 나씨의 귀책사유가 아닌 다른 사정에 주로 기인한 것이므로, 이 아파트의 매각지연 및 그로 인한 황씨의 손해가 이 아파트에 대한 가압류가 유지됨으로써 발생된 것은 아니라고 판단되어 황씨는 패소한 것입니다.

26. 가압류하면서 현금 공탁했는데 공탁금을 어떻게 찾을까?

개인이나 법인에게 돈을 빌려줬다든가 물건을 납품하였다는 등으로 돈을 받을 권리가 있는 사람, 즉 채권자는 채무자로부터 대여금이나 물품 대금 등을 받아야 하는데 채무자가 이를 갚지 않는 경우가 있습니다.

이 때, 채권자는 구두나 문자, 내용증명 등으로 변제독촉을 하고, 그래도 갚지 않으면 법원에 채무자의 부동산이나 채권에 대한 가압류 신청을 하곤 합니다.

채권자가 가압류를 신청하면 법원은 채무자에게 반론이나 소명할 기회를 주지 않고 채권자의 주장과 소명만으로 채무자의 부동산이나 채권에 대해 가압류 결정을 할 수 있습니다(민사집행법 제280조 제1항).

그런데 채권자가 가짜 차용증이나 가짜 거래 명세표에 의한 가압류 신청을 하거나 전체 채권액 중 일부를 변제받았음에도 마치 한 푼도 변제받지 못한 것처럼 하여 채권 전액을 청구금액으로 하여 가압류 신청하거나 채권액을 모두 변제받았으면서도 차용증을 보관하고 있음을 기화로 허위 주장과 소명을 하여 가압류 신청을 하는 등 법원을 속이고 가압류 결정을 받을 수 있습니다.

법원을 속이고 이루어진 가압류 결정을 당한 채무자는 이러한 가압류 결정에 대하여 채무를 변제한 사실이나 채무가 가짜라는 사실을 증명하면서 법원에 이의신청을 할 수 있습니다. 그러나 가압류 이의신청을 하더라도 가압류집행은 정지되지 않습니다(민사집행법 제283조 제3항).

따라서 가압류 결정에 대한 이의신청이 인용되어 가압류가 취소될 때까지 채무자는 가압류 당한 부동산의 처분이 곤란해지고, 가압류당한 채권의 변제를 받을 수 없게 됩니다. 즉 채무자는 재산상 손해를 입을 수 있는 것입니다.

이러한 채무자의 손해를 담보하기 위해 법원은 가압류 결정을 하기 전에 채권자에게 청구채권액의 일부를 현금으로 공탁하거나 보증보험증권을 제출하는 방식의 담보제공을 명할 수 있습니다(민사집행법 제280조 제3항). 이러한 담보제공은 가압류 결정으로 인하여 채무자의 손해를 우선적으로 배상받게 하는 기능을 합니다. 부수적으로는 채권자의 남용적인 가압류 신청을 억제하는 기능을 합니다.

나채권씨는 회사 동료 김채무씨에게 2015. 5. 경 3천만원을 빌려주었습니다. 그 후, 변제를 독촉해도 김씨가 돈을 갚지 않자, 나씨는 김씨의 월급에 대하여 법원에 채권 가압류 신청을 하였습니다.

나씨는 법원의 담보제공명령에 따라 청구금액 3,000만원의 5분의 1인 6,000,000원을 현금으로 공탁하고, 나머지 5분의 1은 보증보험증권을 제출하였습니다. 즉 재판상 보증공탁을 하였던 것입니다.

그 후, 나씨는 회사 동료 사이인 김씨를 상대로 '대여금 청구의 소'를 제기하여 승소한 후, 법원에 김씨의 월급에 대한 가압류를 본압류로 이전하는 채권압류 및 추심명령을 신청하여 그 결정을 받아 제3채무자인 회사로부터 3,000만원과 밀린 이자를 지급받았습니다.

그런데 김씨는 2021. 6. 15. 법원으로부터 나씨의 월급에 대한 가압류를 할 당시에 공탁한 현금 6,000,000원을 찾아가라는 안내문을 받았습니다.

나씨가 공탁금 6,000,000원을 법원으로부터 찾는 방법, 즉 공탁금을 회수하는 방법을 알아 봅니다.

담보제공 목적으로 진행한 재판상 보증공탁의 공탁금을 회수하기 위해서는 '담보취소'라는 절차를 진행하여야 합니다.

담보취소는 채무자의 손해를 담보할 목적 등으로 채권자가 제공한 담보를 취소한다는 법원의 결정을 말하며 채권자인 담보제공자가 신청하여야 합니다.

담보를 취소할 수 있는 사유는 ㉠담보사유의 소멸, ㉡채무자의 동의, ㉢권리행사 최고 등 3가지입니다(민사소송법 제125조).

'담보사유의 소멸'은 채권자가 본안소송에서 승소하여 가압류의 피보전권리가 유효하게 존재함을 인정받아 담보사유가 소멸한 것입니다.

'채무자의 동의'는 채권자가 자신이 공탁한 공탁금을 회수하는 것에 대하여 채무자의 동의를 받아 담보취소를 신청하는 것입니다.

'권리행사 최고'는 채권자의 신청에 따라 법원이 일정한 기간을 정하여 담보권자인 채무자에게 권리행사 최고서를 발송하고, 이를 송달받은 채무자가 법원에서 정한 기한 내에 가압류로 인한 손해가 있다면 이를 입증하여 담보권을 행사하여야 하고, 이를 행사하지 않으면 담보취소에 동의한 것으로 간주하여 담보사유가 소멸되는 것입니다.

채권자 나씨는 채무자 김씨를 상대로 한 본안 소송에서 승소하였으므로 확정판결문을 첨부하여 담보사유 소멸을 이유로 담보취소 신청을 하여 담보취소 결정을 받은 후 그 결정문 등을 첨부하여 법원에 공탁금 회수 신청을 한 후 공탁금을 받을 수 있습니다.

만일 나씨가 위 본안 소송에서 패소하였다면 채무자인 김씨의 동의를 받아 담보취소 결정을 받거나 김씨에게 권리행사 최고를 하도록 법원에 신청한 후 김씨가 권리를 행사하지 않으면 담보취소 결정을 받은 후 위와 같은 방법으로 공탁금을 회수할 수 있습니다.

27. 전세 보증금을 가압류했는데 주인이 집을 팔아버렸어요!

나채권씨는 2021. 1. 15. 김채무씨에게 5천만원을 빌려 주었습니다. 김씨에게는 다른 재산은 없고, 그 당시의 집주인 주임대씨의 집을 임차하면서 주씨에게 준 전세보증금 5천만원이 재산의 전부였습니다.

한편, 김씨는 이 전셋집에 입주하면서 주택임대차법이 정한 주민등록 전입신고를 하고 대항력을 갖추었습니다.

돈을 빌려준 지 한참이 지나도 갚지 않자, 나씨는 김씨를 채무자로, 집주인 주씨를 제3채무자로 하여 임대차보증금 반환 채권을 가압류하였습니다.

그 후, 나씨는 김씨를 상대로 '대여금 청구의 소'를 제기하였는데, 소송 진행 도중 집주인 주씨는 이 집을 이새주씨에게 팔았습니다. 그 당시 이씨는 나씨의 임대차보증금 가압류 사실과 나씨와 김씨간의 소송이 진행 중인 사실을 전혀 모르고 있었습니다.

나씨는 이 소송에서 승소했고, 2021. 9. 15. 판결이 확정되었습니다. 나씨는 이 확정판결문을 집행권원으로 하여 법원에 가압류에서 본압류로 이전하는 압류 및 추심명령을 신청하려고 준비하던 중 이씨가 이 집을 매수하여 소유권이전등기를 마친 사실을 알게 되었습니다.

이 때, 나씨는 채권압류 신청서에 누구를 제3채무자로 적어야 할지 고민하였습니다. 즉 나씨는 이 판결문을 집행권원으로 하여, 가압류에 터잡아 본압류를 하여 김씨의 전세보증금을 받아내야 하는데 전 집주인 주씨와 새 집주인 이씨 중 누구를 제3채무자로 할지 문제된 것입니다.

이와 관련하여 대법원은 "새 집주인을 제3채무자로 하여 채권압류 및 추심명령이나 채권압류 및 전부명령을 신청하여야 하고, 전 집주인에 대하여는 이를 해서는 아니된다. 왜냐하면 주택임대차법 제3조 제4항이 '임차주택의 양수인(그 밖에 임대할 권리를 승계한 자를 포함한다)은 임대인의 지위를 승계한 것으로 본다'라고 규정하고 있고, 임차인이 주민등록 전입신고를 하고 대항력을 갖추었다면 새 집주인에게 임대차보증금 반환을 청구할 수 있기 때문이다."라고 판시한 바 있습니다.

그 이유는 "다른 사람에게 임대된 주택을 매수한 사람은 임대차 계약상의 일체의 권리와 의무를 이어 받으며, 그 결과 새로운 매수인은 임대차보증금 반환채무를 인수하게 되고, 따라서 주택을 매도한 사람은 임대차 관계에서 빠져나와 임대차보증금 반환 채무를 면하게 되며, 임대주택의 양도로 임대인의 지위가 일체로 새로운 매수인에게 이전되었으므로 채권가압류의 제3채무자의 지위도 임대인의 지위와 함께 새로운 매수인에게로 이전되기 때문이다."라는 것입니다.

한편, 새 집주인 이씨는 김채무씨의 전세보증금이 가압류된 사실을 전혀 모르는 상태이었기 때문에 임대기간이 만료되자 김씨에게 전세보증금을 돌려주었습니다.

새 집주인 이씨가 김씨에게 전세보증금을 돌려주고 난 후, 나채권씨는 이씨를 제3채무자로 하여 가압류를 토대로 한 채권압류 및 추심명령을 신청하였고, 법원으로부터 채권압류 및 추심명령 결정을 받았습니다.

그 후, 나씨는 이씨에게 채권압류 및 추심명령 결정에서 적힌 돈을 달라고 하였으나 이에 응하지 않자, 이씨를 상대로 '추심금 청구의 소'를 제기하였습니다.

이에 대하여 새 집주인 이씨는 '전세보증금을 받을 권리, 즉 임대차보증금 반환 채권에 대한 가압류가 있은 후에 집이 팔린 경우, 새로 집을 산 사람에게는 가압류의 효력이 미치지 않으며, 한편으로 집을 판 사람은 주택임대차법 제3조 제4항에 따라 전세보증금을 반환할 의무가 없어졌으므로 가압류의 효력도 없어지기 때문에 나씨의 청구는 기각되어야 한다'고 항변하였습니다.

그러나 이씨의 항변은 위 대법원의 판결에 따라 인정되지 않았습니다. 즉 임대주택의 양도로 임대인의 지위가 일체로 양수인에게 이전된다면 채권가압류의 제3채무자의 지위도 임대인의 지위와 함께 이전되기 때문에 이씨는 압류 및 추심명령 결정에 적힌 돈을 나씨에게 지급해야 한다는 것입니다.

한편, 대법원은 "주택 임대인의 지위의 양수인에게로의 이전에 따른 채권 가압류의 제3채무자 지위의 양수인에게로의 이전은 주택임대차법이 적용되는 경우에만 그러하고, 주택임대차법이 적용되지 않는 경우에는 채권가압류의 제3채무자의 지위는 여전히 전 집주인에게 있다."고 하였습니다.

이에 따라 전 집주인 주씨와 임차인 김씨가 새 집주인 이씨에게 전세보증금이 가압류된 사실을 숨기고 알려주지 않음으로써 이미 전세보증금을 김씨에게 반환한 새 집주인 이씨는 졸지에 압류채권자인 나씨에게 전세보증금에 해당하는 추심금을 지급해야 할 상황이 되었습니다.

이 사례에서,는 주택임대차법이 적용되기 때문입니다.

나씨에게 추심금을 지급해야 할 상황이 된 새 집주인 이씨로서는 억울한 일입니다.

앞으로는 전세를 끼고 집을 살 때 세입자의 전세보증금이 가압류되었는지 여부를 반드시 살펴봐야 할 것으로 생각됩니다. 집주인이나 세입자가 이를 말하지 않으면 예측하지 못한 손해를 입을 수 있기 때문입니다.

만일 전세보증금이 가압류된 사실을 모르고 집을 샀고, 세입자와 채권압류권자 두 사람 모두에게 돈을 지급하였다면 새 집주인은 어떻게 구제받을 수 있을까요?

세입자를 상대로 '부당이득반환 청구의 소'를 제기할 수 있으나 이 소송에서 이기더라도 세입자에게 재산이 없으면 구제받을 수 없습니다.

전 집주인이 가압류 사실을 알려주지 않았다는 이유로 불법행위에 의한 손해배상을 청구할 수도 있겠지만 이것도 전 집주인에게 재산이 있어야 돈을 받아 낼 수 있습니다.

다만, 새 집주인 이씨가 전세보증금이 가압류된 사실을 모르고, 선의로 세입자에게 전세보증금을 돌려주었다면 채권의 준점유자에 대한 변제 효과를 인정받을 수 있을 것(민법 제470조)[2]이고, 그러면 채권압류권자에게 추심금

---

2) 제470조(채권의 준점유자에 대한 변제) 채권의 준점유자에 대한 변제는 변제자가

을 주지 않아도 될 것입니다. 이는 새 집주인 이씨가 나씨가 제기한 추심금 청구의 소송 절차에서 선의·무과실로 김씨에게 전세보증금을 반환하였음을 주장·입증해야 할 것입니다.

위와 같은 위험을 피하려면 세입자가 있는 집을 살 때 전세 보증금에 가압류가 되어 있는지 꼼꼼히 살펴봐야 할 것입니다.

나중에 가압류된 사실이 발견되면 집을 파는 사람은 손해를 배상하고, 세입자는 임대차보증금을 반환받지 않는다는 등의 각서라도 받아 두어야 하지 않나 싶습니다.

선의이며 과실없는 때에 한하여 효력이 있다.

28. 전세보증금이 가압류되면 공탁할 수 있을까?

주택을 전세주었는데, 임대인은 어느 날 임대차보증금을 가압류한다는 법원의 결정문을 받았습니다. 놀란 임대인이 임차인에게 무슨 일이냐고 물어보면 대개는 빚을 져서 채권자가 임대차보증금을 가압류하였다는 말을 듣습니다.

이 때, 임대인은 임대차 기간이 끝난 뒤 임대차보증금을 누구에게 주어야 할지 고민합니다. 그래서 여기저기 물어본 후 공탁이라는 제도를 알게 되고, 법원에 공탁하기로 합니다.

공탁이란 '공탁법 등에 따른 일정한 원인에 의하여 금전·유가증권, 기타의 물품을 법원에 제출함으로써 일정한 법률상의 목적을 달성하는 제도'입니다. 공탁에는 '변제공탁, 집행공탁, 재판상 보증공탁, 몰취공탁' 등이 있습니다.

'임대차보증금을 가압류한다'는 법원의 결정문을 받았을 때, 임대인은 임대차보증금을 임차인에게 주어야 할지, 가압류 채권자에게 주어야 할지 고민합니다.

왜냐하면 법원의 가압류 결정문에 '채무자(임차인)의 제3채무자(임대인)에 대한 별지목록 기재의 채권을 가압류한다. 제3채무자는 채무자에게 위 채권에 관한 지급을 하여서는 아니된다'라고 적혀있기 때문입니다.

이 때, 임대인은 공탁을 선택하는 것입니다.

임대인이 법원에 공탁할 때, 피공탁자는 가압류 채무자인 임차인입니다. 즉 가압류 채권자가 아닙니다. 첨부서류는 가압류 결정문 사본입니다. 이에 덧붙여 임대인은 가압류 채권자에게 공탁사실을 우편으로 알리고, 공탁서를 첨부하여 이러저러해서 공탁한다는 공탁 사유를 집행법원에 신고해야 합니다(대법원 행정예규 제1018호).

주임대씨는 2021. 1. 30. 나채권씨가 '김차임씨의 주임대씨에 대한 임대차보증금 2억원을 가압류한다'는 법원의 결정문을 받았습니다.

그 다음 날인 1. 31. 주씨에 대한 임대차보증금 2억원을 오양수씨에게 양도하였다는 김차임씨의 내용증명을 받았습니다.

이 때, 주씨는 앞에서 말한 대로 피공탁자를 김씨로 하여 공탁한 후 가압류 채권자인 나씨에게 공탁사실을 우편으로 알리고, 공탁서를 첨부하여 집행법원에 공탁 사유신고를 할 수 있습니다.

그런데 김씨의 임대차보증금에 대한 나채권씨의 가압류 결정과 김차임씨의 채권양도 내용증명을 주임대씨가 받은 날에는 하루 차이가 있었습니다. 즉 가압류결정을 송달받은 날은 1. 30.이고, 채권양도 내용증명을 받은 날은 1. 31.이었습니다.

만일 주씨가 법원에 공탁을 하였다면 가압류채권자 나씨와 채권양수인 오씨 사이에 누가 임대차보증금인 공탁금 2억원을 법원으로부터 받을 수 있을까요?

이에 대하여 대법원은 "확정일자 있는 채권양도의 통지 이전에 채권가압류 결정이 송달된 경우에는 가압류 채권자만이 우선하므로 제3채무자는 그 후, 가압류에서 이전하는 압류명령 및 추심명령 또는 압류명령 및 전부명령을 얻은 가압류채권자에게만 변제의무를 부담한다."라고 하였습니다.

즉 나채권씨가 신청한 가압류에 대한 결정의 송달이 김차임씨의 오양수씨에 대한 채권양도 통지 내용증명보다 하루 앞섰으므로, 나씨가 김씨에 대한 본안소송에 승소하였다면 가압류에서 본압류로 이전한 후 압류결정문을 첨부하여 임대차보증금인 공탁금 2억원을 법원에서 받을 수 있고, 오양수씨는 이 공탁금을 받을 수 없다는 것입니다.

한편, 나채권씨가 위 가압류 채권에 관한 본안 소송에서 김씨에게 패소하였다면 오양수씨는 나채권씨가 패소해서 가압류의 효력이 없다는 사실을 증명하여 공탁금 2억원을 법원에서 받을 수 있습니다.

29. 내용증명을 받았는데 답장을 해야 할까?

내용증명은 우편물의 일종입니다. 내용증명에 함께 따라 붙는 것이 배달증명입니다.

내용증명은 보내는 사람이 받는 사람에게 어떤 내용의 문서를, 등기로 언제 발송하였다는 사실을 우체국이 증명하는 우편물의 특수한 취급제도이고, 배달증명은 등기로 보낸 우편물의 배달일자 및 수취인을 배달우체국에서 증명하여 발송인에게 통지하는 우편물의 특수한 취급제도입니다(우편법 시행규칙 제25조 제1항 제4호 가목, 나목).

발송인은 내용증명 우편물을 보내면서 우체국에 배달증명을 요청할 수 있습니다.

내용증명은 ㉠법에서 정한 결과를 발생시키기 위해 자신의 의사를 표시하거나 의사를 통지하면서 그 내용과 보낸 날짜를 증거로 남기기 위해 보내는 경우, ㉡소멸시효의 진행을 일시적으로 중단시키기 위한 방법으로써 상대방에게 독촉하는 경우, ㉢상대방을 심리적으로 압박하기 위한 경우에 주로 활용됩니다.

의사표시나 의사의 통지에는 ㉠갚는 날짜가 정해지지 않았던 빚의 갚는 날짜를 정하기 위한 통지, ㉡계약해제의 의사표시의 통지, ㉢채권을 다른 사람에게 넘겼다는 통지, ㉣상가임대차계약에서 계약을 다시 하자는 갱신청구권을 행사하겠다는 통지, ㉤임대차계약에서 계약을 더 이상 하지 않겠다는 갱신거절의 통지, ㉥채권에 담보를 설정한다는 통지 등이 있습니다.

내용증명으로 보낸, 위와 같은 6가지의 의사표시의 통지는 그 받을 사람, 즉 수취인이 수령하면 그 즉시 효력이 발생합니다.

따라서 수취인이 어떤 반대의 답변을 하더라도 내용증명으로 보낸 의사표시가 무효로 되지는 않습니다. 그 내용증명의 내용이 적법하고 타당해야 한다는 것은 물론입니다.

한편, 앞에서 든 바와 같이 내용증명은 소멸시효의 진행을 일시적으로 중단시켜 주는 '최고'의 효과도 있습니다. 이 경우 반드시 내용증명 발송 후 6개월 이내에 재판상 청구, 파산절차참가, 화해를 위한 소환, 임의출석, 압류 또는 가압류, 가처분을 하여야만 시효중단의 효과가 있고(민법 제174조), 만약 상대방이 이 내용증명을 받지 못하였다면 최고의 효과는 없습니다.

내용증명은 이 밖에도 상대방에 대한 심리적 압박 수단으로 활용되기도 하는데 법적으로 정해진 내용은 없습니다. 대체로 어떤 행위를 하라고 하면서 이를 하지 않을 때에는 어떠 어떠한 조치를 취하겠다고 하는 내용입니다.

내용증명을 받은 사람은 그에 대한 답장으로 자신도 내용증명을 보내야 할까요? 받은 내용증명의 내용에 따라 답장을 보내야 할지 않아야 할지 판단하여야 합니다.

받은 사람에게 강력한 반박자료가 있거나 반대의 증거가 있으면 답장을 하는 것이 좋습니다. 보낸 사람을 긴장시키고, 요구사항을 포기하게 할 수도 있기 때문입니다.

그러나 답장을 하지 않더라도 보낸 사람의 주장이나 요구가 그대로 인정되는 것은 아닙니다. 답장하지 않더라도 불리할 일은 없는 것입니다.

예컨대, '수취인은 발신인에게 지고 있는 빚이 얼마이고, 그 이자는 얼마인데 언제까지 갚으라'는 내용증명이 올 때가 있습니다. 이 때, 채무자인 수취인은 그 채무를 인정하든 하지 아니하든 답장을 하지 않는 것이 바람직합니다.

왜냐하면 자칫하다가는 '채무의 승인'이 되어 채권의 소멸시효가 중단되는 효과가 발생할 수도 있기 때문입니다. 소멸시효는 채권자의 재판상의 청구, 압류, 가압류, 채무자의 승인이 있으면 중단됩니다(민법 제168조).

따라서 빚을 갚으라는 내용증명을 보낼 때는 수취인인 채무자가 채무를 승인할 수 있도록 내용을 잘 꾸며서 보내는 것도 요령입니다.

한편, 내용증명을 보냈는데 수취인이, 발신인이 누구인지와 그 내용이 무엇인지를 알고 그 우편물 받기를 거부하는 경우가 있습니다.

이 때, 그 내용증명에 적힌 의사표시의 효력이 발생할까요?

이와 관련하여 대법원은 "상대방이 정당한 사유 없이 통지의 수령을 거절한 경우에는 상대방이 그 통지의 내용을 알 수 있는 객관적 상태에 놓여 있는 때에 의사표시의 효력이 생긴다."라고 판시한 바 있습니다.

자칫 내용증명을 받는 것을 거절하였다가 그 내용도 모르고 의사표시의 효력이 인정될 수도 있습니다. 가급적 내용증명이 오면 이것을 받아 읽어본 후 상황에 따라 대처하는 것이 바람직합니다.

한편, 대법원은 내용증명을 보냈는데 며칠이 지나도 반송되지 않았다면 이는 받는 사람이 우편물을 제대로 받았다고 추정하고 있습니다

30. 등기 우편물 받을 것인가? 말 것인가?

자신을 받는 사람으로 한 등기 우편물이 왔는데, "그런 사람 여기에 살지 않아요. 또는 받기를 거부합니다."라고 말하면서 이 우편물을 보낸 사람에게 반송하는 경우가 있습니다. 한편으로는 등기 우편물의 주소지에 받는 사람이 실제로 살지 않아 '수취인 불명 또는 이사불명' 등으로 반송되기도 합니다.

사실은 그 주소지에 살고 있고, 우편물 수취인 본인이 맞으면서도 살고 있지 않다고 말하고 반송시키거나 본인이 맞기는 하지만 등기 우편물 받기를 거부하였다가 원래 받았다면 쉽게 해결할 수 있는 일을 번잡한 절차를 거쳐 해결하거나 쓰지 않아도 되는 돈을 써야 하는 경우가 있곤 합니다.

김지급씨는 2019. 10. 경 자신을 수취인으로 한 법원의 등기 우편물이 왔다는 집배원의 말을 듣고서도 '나한테 법원에서 등기를 보낼 일이 뭐 있나?'라고 가볍게 생각하고 "그런 사람은 여기 살지고 있지 않는다."라고 하면서 그 우편물을 되돌려 보냈습니다.

그 후, 김씨는 강채권씨로부터 빌린 돈에 대해 원금만을 다 갚기로 합의하고 이자는 면제받기로 하였다는 사실을 깨달았습니다. 이에 따라 빚의 원금을 이미 빚을 다 갚았다고 생각하고 자신 앞으로 온 여러 차례의 법원 등기 우편물의 수령을 거부하였습니다.

몇 달이 지나, 김씨는 은행에 가서 예금을 출금하려다가 자신의 은행계좌가 압류된 사실을 알게 되었습니다. 그 후, 김씨는 법원에 가서 채권압류 및 추심명령 결정문을 수령하였는데 그 결정문에는 '채권자 : 강채권, 청구채권의 표시 : 서울남부지방법원 2019가단10697 지연이자 판결정본에 의한 금원'이라고 적혀 있었습니다.

이에 김씨는 서울남부지방법원에 가서 위 판결정본과 관련된 일체의 서류를 열람 복사하였습니다. 판결정본과 관련 서류의 내용은 '강씨가 2010. 1. 5. 5천만원을 김씨에게 빌려주었는데, 김씨는 원금 5천만원을 갚고 민법이 정한 이자를 지급하지 않았으므로 그 이자와 이에 대한 소송촉진 등에 관한 특례법에 따른 지연손해금을 지급하라'는 것이었습니다.

당초에 강씨는 김씨를 상대로 '지급명령(민사소송법 제462조)'을 신청하였습니다. 법원은 김씨에게, 강씨가 지급명령을 신청하면서 적은 돈을 지급하라는 결정을 하고, 그 결정문을 김씨에게 보내면서 그 결정문 끝에 이에 대해 불복하면 2주 이내에 법원에 이의신청을 하라고 적었습니다.

그런데 김씨가 이 법원이 보낸 등기 우편물의 수취를 거부하여 송달이 되지 않았고 이의신청 기간이 지나자 본안소송으로 진행[3]되었는데 이러한 소송 진행 과정에서 김씨가 계속해서 등기 우편물을 받지 않자 결국은 공시송달로 판결이 확정되었습니다.

소송 절차에서 당사자의 주소나 근무장소를 알 수 없는 경우에는 법원사무관 등의 직권 또는 당사자의 신청에 의하여 공시송달을 할 수 있습니다(민사소송법 제194조 제1항). 공시송달은 법원사무관 등이 송달할 서류를 보관하고 그 사유를 법원 게시판에 게시, 관보·공보 또는 신문에 게재, 전자통신매체를 이용한 방법으로 행해집니다(민사소송법 제195조). 그러나 통상적으로는 법원 게시판에 게시함으로써 공시송달이 이루어집니다. 공시송달은 법원 게시판에 게시 등을 한 날로부터 2주가 지나면 당사자가 법원의 송달을 직접 받는 것과 같은 효력이 발생합니다(민사소송법 제196조).

공시송달은 법원의 등기 우편물을 받을 사람이 그 주소지에 살거나 근무하고 있는데 문이 잠겼다는, 즉 폐문부재이거나 이곳에 없다는, 즉 수취인부재라는 사유로는 인정되지 않습니다. 이 경우에는 야간송달, 휴일 송달 등 집행관 특별송달 절차를 거쳐 어떻게든 우편물을 받게 합니다.

쉽게 말해, 수취인 불명이나 이사 불명으로 도저히 이 우편물을 당사자가 받을 수 없는 경우에 예외적으로 공시송달이 이루어집니다. 이는 이 우편물을 받지 못해 그 내용을 알지 못한 채 재판의 결과가 나타나는 것을 방지하

3) 민사소송법 제462조 단서의 규정에 따라 지급명령의 경우에는 공시송달을 할 수 없습니다. 공시송달 이외의 방법으로 송달을 할 수 없을 때에는 본안소송 절차로 진행됩니다. 다만, 소송촉진 등에 관한 특례법(이하 '소송촉진법') 제20조의 제1항에서는 은행법에 따른 은행 등이 지급명령을 신청하는 경우에 한하여 공시송달을 허용하고 있습니다.

기 위해서 입니다.

사례에서, 김지급씨는 "그런 사람 여기에 살지 않아요."라면서 법원의 등기 우편물을 받지 않았고, 결국 본안소송 절차가 종료된 후 김씨에 대한 판결문이 수취인 불명을 이유로 공시송달이 되었고, 그 후, 이 판결문은 확정된 것입니다.

이러한 공시송달에 대한 구제방법으로 추후보완 항소(이하 '추완항소')가 있습니다. 즉 '당사자가 책임질 수 없는 사유로 말미암아 불변기간을 지킬 수 없었던 경우에는 그 사유가 없어진 날로부터 2주 이내에 게을리한 소송행위를 보완할 수 있다(민사소송법 제173조 제1항)'라는 규정에 따라 당사자는 법원에 추완항소를 할 수 있습니다.

이는 김씨처럼 일부러 법원의 송달을 거부하는 경우가 아닌 병원에 장기간 입원 등 송달을 받을 수 없었던 것이 자신이 책임질 수 없는 사유가 있는 때에 인정되는 것으로 사례에서의 김씨에게는 해당되지 않습니다.

어쨌든 강씨는 빌린 돈의 원금을 받은 후 이자는 면제해준다고 한 후에 김씨를 상대로 그 이자와 소송촉진법에서 정한 지연손해금을 달라는 소를 제기하고 공시송달로 판결을 확정받은 후, 김씨의 예금채권을 압류하여 김씨는 자신의 예금을 찾을 수 없게 되었습니다.

김씨가 당초에 법원의 등기 우편물을 받고 강씨의 지급명령 신청이나 소 제기 사실을 파악한 후 이자 면제 등의 증거를 제출하여 항변하였다면 이런 일이 발생하지는 않았을 것입니다.

결국 김씨는 이자 면제 등의 사유를 들어 강씨를 상대로 '청구이의의 소'를 제기하고, 그 접수 증명서를 첨부하여 채권압류 및 추심명령 결정을 한 법원에 강제집행 정지 신청을 하여야 합니다(민사집행법 제46조 참조).

이에 법원은 현금으로 담보를 제공할 것을 명하고, 김씨는 현금을 공탁한 후 그 공탁서 사본과 강제집행정지 결정정본을 첨부해서 채권압류 및 추심명령 집행법원에 강제집행정지(중지) 신고서를 제출해야 합니다. 그 다음에 위 청구이의의 소에서 승소하면 확정판결문을 첨부해서 채권압류 및 집행취소

신청을 한 후 그 취소 결정이 있으면 예금을 찾을 수 있습니다.

그 세부 절차는 '㉠증거를 첨부하여 청구이의의 소를 제기하고 접수증명을 받는다. ㉡그 접수증명을 첨부하여 강제집행 정지 신청을 한다. ㉢현금담보제공명령이 있으면 즉시 공탁하고 공탁서 사본을 첨부하여 압류 집행법원에 강제집행 정지신고를 한다. ㉣청구이의의 소에서 승소한 후 집행법원에 확정판결문을 첨부하여 압류 및 집행취소를 한다' 입니다.

위 ㉣의 '청구이의의 소'는 통상의 소송이므로 시일이 꽤 걸립니다. 이 소송에서 김지급씨가 승소하기까지는 최소 3개월 이상이 걸린다는 것입니다. 그런데 위 ㉢의 강제집행 정지신고까지가 아주 빠른 시일 내에 이루어져야 합니다.

그 와중에 강씨가 채권압류 은행에 추심을 청구해서 김씨의 예금을 찾아가기라도 한다면 김씨가 청구이의의 소에서 나중에 승소한다고 하더라도 그 때는 또 다시 강씨를 상대로 '부당이득반환 청구의 소'를 제기해서 승소한 후 부당이득금으로 돈을 반환받을 수 밖에 없습니다.

그 동안 강씨가 이 돈을 다른 곳에 써버리고 강제집행을 할 수 없게 된다면 또 곤란한 상황에 처하게 됩니다.

법원에서 송달된 등기 우편물을 거부하지 않고 받아 본 후 적절히 대처하였다면 이런 일은 발생하지 않았을 것입니다. 그래서 법원에서 자신 앞으로 보낸 등기 우편물은 무조건 받아 보아야 합니다. 쉽게 말해, '호미로 막을 것을 가래로도 못 막는 상황'이 되어 버린다는 것입니다. 이러한 절차를 김지급씨 혼자서는 진행할 수 없으니 그 비용 또한 만만치 않을 것입니다.

꼭 법원에서 송달된 등기 우편물만을 말하는 것이 아닙니다. 자신 앞으로 배달된 등기 우편물은 무조건 받고 그 내용을 파악하여야 합니다. 수취 거부가 능사가 아니라는 것입니다.

어떤 사람과 다툼이 있었고 자신 앞으로 여러 차례 내용증명 등기 우편이 오자 그 내용을 어느 정도 알고 있었음에도 계속적으로 수취거부를 하고 반송하였을 경우 이 우편물이 수취인에게 도달한 것으로 볼 수 있다는 대법원 판례가 있다는 점을 유념하여야 할 것입니다.

31. 층간 소음, 무엇이 문제인가?

아파트 등 공동주택에서의 층간 소음으로 인한 다툼이 자주 발생합니다.

나평온씨 부부는 2018. 6. 12. '별처럼' 아파트 501호를 사서 이사하였는데, 그 아래층 401호에는 이소음씨 부부가 2014. 1. 1.부터 살고 있었습니다.

이씨 부부는 나씨 부부가 이사 온 다음 날인 2018. 6. 13. 부터 2020. 1. 10.까지 수차례에 걸쳐 이들 부부가 층간 소음을 일으킨다면서 경비실에 신고하였습니다. 이에 더하여 이씨 부부는 이에 대한 보복으로 '우퍼 스피커'를 설치하여 소음과 진동을 발생시킴으로써 나씨 부부의 평온한 삶을 방해하였습니다.

이에 나씨 부부가 항의하자, 이씨 부부는 이러한 행위를 한 사실이 없다고 발뺌하였습니다. 그러나 이웃들도 이러한 소음과 진동이 있었다는 사실을 매우 구체적으로 묘사한 사실확인서를 작성하였고, 출동한 경찰도 사건 내역에 대하여 기록하였다는 점을 보면 이씨 부부의 행위는 명백하였습니다.

특히 나평온씨 부부가 이 501호에 이사 오기 전의 세입자들도 이씨 부부의 계속된 소음 민원신고로 이사를 나갔고, 이씨 부부는 나씨 부부가 이사 온 다음 날부터 층간소음을 이유로 민원을 접수하였습니다.

이소음씨 부부는 2018. 7. 15.에도 나씨 부부가 층간 소음을 일으킨다고 두 차례 민원을 접수하였습니다.

그런데 이 때, 나씨 부부는 강화도에 있었고, 이씨 부부가 2018. 7. 26.과 28. 층간 소음을 이유로 민원을 제기하였을 때도 이 501호에 있지 않았습니다.

이씨 부부의 민원신고와 보복성 소음·진동을 견디지 못한 나씨 부부는 이사온지 반년 만에 501호를 비우고, 다른 아파트의 월세를 얻어 이사갔습니다. 이들이 이사를 간 후에도 이씨 부부는 수차례 층간 소음 민원을 접수하였습니다.

결국 나씨 부부는 이씨 부부를 상대로 불법행위에 따른 손해배상과 501호에 대한 관리비, 그리고 새로 이사 간 집의 월세를 지급하고, '우퍼스피커' 등을 통한 '소음이나 진동을 발생시키지 않도록 하라'는 소를 제기하였습니다.

이에 대하여 법원은 "이소음씨 부부는 나평온씨 부부에게 '위자료 1,000만원과 다른 곳으로 이사가면서 지불한 1년 치 월세 1,960만원을 지급하라' 함과 아울러 '이씨 부부가 거주하는 401호에 우퍼스피커나 유사 음향장치 등을 소음이나 진동을 발생시키기 위한 목적으로 설치, 작동하여 501호에 각종 음악소리, 공사장 소리, 사람 소리, 기계음 소리, 자동차 소리, 항공기 소리, 헤비메탈 음악 소리 등의 소음을 전달하는 행위와 진동을 울리게 해서는 안된다. 만일 이를 어길 경우 이씨 부부는 위반행위 1회당 각 50만원을 지급하라'."고 판결하였습니다.

다만, 나평온씨가 부부가 청구한 관리비는 "이씨 부부의 불법행위가 없어 나씨 부부가 생활하게 되더라도 부과되는 비용이고, 나씨 부부가 다른 곳에서 생활하는 비용을 이미 손해로 인정하는 이상 501호에 부과되는 관리비에 대한 배상은 받아들이지 않는다."고 하였습니다.

아파트 등 공동주택에서 층간 소음으로 분쟁이 일단 발생하면 이사를 가거나 민형사상 법적인 문제로 비화되어 좀체로 해결되기 어렵습니다.

아파트 등 공동주택에 거주하는 사람은 이웃집에서 발생하는 통상적인 수준의 소음은 어느 정도 감내, 즉 참아내야 할 의무가 있고, 그 이웃집 역시 공동주택에 거주하는 사람으로서 이웃을 배려하여 과다한 소음을 발생시키지 않아야 할 의무가 있습니다. 이는 민법 제217조에서 규정하고 있습니다.

그런데 이를 의무로 보기보다는 이웃에 대한 배려라고 생각하고, 이해하려고 노력해야 합니다. 어느 정도의 소음이 있더라도 이에 둔감해질 필요가 있습니다. 소음이 있다는 생각하는 순간을 잘 벗어나야 합니다. 일시적 소음은 무조건 참아야 합니다. 지속적인 소음이 있으면 정중하게 부탁해야 서로의 감정이 상하지 않습니다. 항의를 받더라도 애써 신경쓰지 않는 것이 바람직합니다. 소음을 일으킨다고 항의를 받는 순간 또는 소음이 발생한다고 항의하는 순간, 거기에 몰입되면 웬만해서는 빠져나오기 어렵습니다. 결국은 분쟁이 일어나고 크게 번질 수 있음을 생각하여야 합니다.

층간 소음으로 인한 갈등이 발생하여 좋게 풀리지 않으면 여러 가지 방법으로 보복이 일어납니다.

위층에서의 항의성 소음을 일으키는 방법은 발 찍기, 점프, 달리기, 의자 떨어뜨리기, 문 세게 닫기, 가구 끌기, 아령 굴리기 등이고, 아래층의 항의성 소음은 골프채로 천정 두드리기, 천정을 통해 스피커 틀기, 새벽에 라디오 크게 틀기, 인터폰 누르기 등 다양합니다.

제2장 임대차

제2장 임대차

1. 신탁자로부터의 주택임차인, 대항력 취득할 수 있을까?

주택임대차보호법 제3조 제1항은 '임대차는 그 등기가 없는 경우에도 임차인이 주택의 인도와 주민등록을 마친 때에는 그 다음 날부터 제3자에 대하여 효력이 생긴다. 이 경우 전입신고를 한 때에 주민등록이 된 것으로 본다'라고, '임차인의 대항력'에 관하여 규정하고 있습니다.

그런데 주택의 소유권을 신탁하여 신탁 등기함으로써 등기사항증명서에 소유자가 수탁자로 등기되어, 소유권자로 등기되지 않은 사람으로부터 그 주택을 임차한 임차인은 주택임대차법 제3조 제1항이 정한 대항력을 취득할 수 있는지, 즉 수탁자가 아닌 신탁자와 주택 임대차 계약을 체결하였을 때 '대항력'을 취득할 수 있는지, 취득한다면 그 시기는 언제인지가 문제 됩니다.

나임차씨는 주임대씨로부터 2021. 1. 30. 주씨가 '한국신탁 주식회사(이하 '한국신탁')'에 신탁하여 한국신탁의 명의로 소유권 이전등기가 마쳐진, 그러나 주씨가 '실질적인 소유자'인 고양시 덕양구 삼송동 100번지 소재 주택에 관하여, 한국신탁의 승낙이 없이 주씨와 임대차보증금을 3억원으로 한 임대차 계약을 체결하고 며칠 후 입주하였습니다.

나씨는 이 주택의 등기사항증명서에 소유자로 등기된 한국신탁, 즉 '수탁자'와 주택 임대차 계약을 체결했어야 함에도 불구하고 이 주택의 '실질적인 소유자'라는 주씨의 말을 믿고, 그와 이 주택에 관한 임대차계약을 체결하였던 것입니다.

그 후, 주씨는 한국신탁에 대하여 이 주택에 관한 신탁계약을 해지하고, 2021. 5. 6. 자신 앞으로 이 주택의 소유권이전등기를 마치고, 2021. 5. 7. 은행으로부터 대출을 받으면서 대출은행에 이 주택에 관한 근저당권 설정등기를 마쳐 주었습니다.

나씨의 임대차 기간이 만료될 즈음에, 주임대씨가 대출금을 갚지 못하게 되자, 근저당권자인 대출은행은 이 주택에 관하여 법원에 임의경매를 신청하였고 이 경매 절차에서 김매수씨가 이 주택을 매수하였습니다.

이 주택의 소유권자가 된 김씨가 나씨에게 주택의 인도를 요구하자, 나씨는 주택임대차법 제3조 제1항에서 정한 '대항력을 갖춘 임차인'이라 주장하면서 김씨를 상대로 '임대차보증금 반환 청구의 소'를 제기하였고, 김씨는 나씨를 상대로 나씨가 대항력 없는 임차인이라고 하면서 '주택 인도 청구의 반소'를 제기하였습니다.

이 소송에서는 ㉠이 주택의 소유권을 신탁한 주임대씨가 수탁자의 승낙없이 나임차씨에게 주택을 임대할 권한이 있는지, ㉡나임차씨가 주택임대차법상의 대항력을 갖추었는지, 갖추었다면 그 시기는 언제인지가 쟁점이었습니다.

이에 대한 재판에서 제1심과 제2심은 '나씨는 대항력을 갖춘 임차인이므로 김씨는 임대차보증금을 반환하라'고 판결하였습니다.

김씨의 상고에 따라 대법원은 "주택임대차법 제3조 제1항이 적용되는 임대차는 반드시 임차인과 주택의 소유자인 임대인 사이에 임대차 계약이 체결된 경우에 한정되지는 않고, 주택의 소유자는 아니지만 주택에 관하여 적법하게 임대차 계약을 체결할 수 있는 권한을 가진 임대인과 사이에 임대차 계약이 체결된 경우도 포함된다. 주택에 관한 부동산 담보신탁 계약을 체결한 경우 임대 권한은 특별한 약정이 없는 한 수탁자에게 있는 것이 일반적이지만, 위탁자가 수탁자의 동의 없이 임대차 계약을 체결한 후 수탁자로부터 소유권을 회복한 때에는 위 임대차 계약에 대하여 위 조항이 적용될 수 있음이 분명하다. 또한 주택임대차법 제3조 제1항에서 주택의 인도와 더불어 대항력의 요건으로 규정하고 있는 주민등록은 거래의 안전을 위하여 임차권의 존재를 제3자가 명백히 인식할 수 있게 하는 공시 방법으로 마련된 것이다. 주민등록이 어떤 임대차를 공시하는 효력이 있는지는 주민등록으로 제3자가 임차권의 존재를 인식할 수 있는지에 따라 결정된다. 주민등록이 대항력의 요건을 충족할 수 있는 공시 방법이 되려면, 단순히 형식적으로 주민등록이 되어 있는 것만으로 부족하고 주민등록에 따라 표상되는 점유 관계가 임차권을 매개로 하는 점유임을 제3자가 인식할 수 있는 정도는 되어야 한다. 나임차씨가 주임대씨와 한국신탁의 승낙없이 주택 임대차 계약을 체결하고 주민등록을 옮긴 시점에는 주택임대차법 제3조 제1항이 정한 대항력을 취득한 것으로 볼 수 없다. 즉 한국신탁의 승낙없이 주씨가 나씨와 주택 임대차 계약을 체결할 수 있는 권한이 없다. 그러나 주임대씨가 신탁계약을 해지하고 신탁회사로부터 자신 앞으로 주택 소유권이전등기를 마친 즉시 주씨는 이 주택에 관한 적법한 임대 권한을 취득하였다. 한편, 나씨가 이 주택을 인도받고 전입신고를 마친 날부터 위 주택에 관한 주민등록에는 소유자 주씨가 아닌 임차인 나씨가 거주하는 것으로 나타나 있어서 제3자가 보기에 나씨의 주민등록이 소유권이 아닌 임차권을 매개로 하는 점유임을 인식할 수 있었으므로, 나씨의 주민등록은 나씨가 전입신고를 마친 날부터 임대차를 공시하는 기능을 수행하고 있었다고 할 것이어서, 나씨는 주씨가 위 주택에 관하여 소유권이전등기를 마친 즉시 임차권의 대항력을 취득하였고, 근저당권자의 근저당권 설정등기는 나씨가 대항력을 취득한 다음에 이루어졌으므로 나씨는 이 주택의 매수인인 김씨에 대하여 대항할 수 있다."라고 판시하였습니다.

따라서 나씨는 김씨로부터 임대차 보증금을 반환받을 수 있다는 것입니다.

참고로, 대법원은 "임의경매 절차에서 최고가 매수신고인이 된 사람과 주택임대차 계약을 체결한 후 주택을 인도받아 전입신고를 마치고 임대차계약서에 확정일자를 받았는데, 다음날 최고가 매수인이 매각대금을 완납하고 대출은행에 근저당권 설정등기를 마쳐준 경우, 이 때의 임차인은 주택임대차법 제3조의2 제2항에서 정한 우선변제권을 취득할 수 없다. 즉 임의경매 절차에서 주택에 관한 최고가 매수인이 된 사람은 그 주택을 적법하게 임대차 계약을 체결할 권한을 가지고 있지 않기 때문에 그와 주택임대차 계약을 체결한 임차인은 주택임대차법 제3조의2 제2항에서 정한 우선변제권을 행사할 수 없다."고 판시한 바 있음을 유념하여야 할 것입니다.

2. 상가임대차 계약 10년 갱신, 언제부터 가능할까?

상가건물 임대차보호법(이하 '상가임대차법')이 2018. 10. 16. 일부 개정되었습니다.

그 주요 내용은 그 동안 5년간 인정되던 계약갱신 요구권이 10년으로 연장된 것입니다. 이 개정법은 부칙으로 '이 개정 규정은 이 법 시행 후 최초로 체결되거나 갱신되는 임대차부터 적용된다'라고 하였습니다.

이로써 2018. 10. 16. 상가임대차법 개정 전의 법에 따라 5년간 임대차 계약기간을 채워서 더 이상 갱신 요구권이 없는 임차인이 묵시적 갱신이나 합의에 의해 임대차 기간을 연장하여 계속 영업을 했는데 이 때,도 개정된 법에 따라 10년으로 계약갱신 요구를 할 수 있는지가 문제 됩니다.

계약 갱신을 통해 5년 또는 그 이상을 영업했는데 법 개정으로 이에 더해 10년으로 계약갱신을 요구할 수 있느냐는 것입니다.

상가임대차법 제10조 제1항은 '임대인은 임차인이 임대차기간이 만료되기 6개월 전부터 1개월 전까지 사이에 계약갱신을 요구하면 법에 정한 사유가 없는 한 갱신을 거절하지 못하고, 전 임대차와 같은 조건으로 다시 계약한 것으로 본다'라고 규정하고 있습니다.

주임대씨는 나임차씨에게 2012. 7. 20. 월세 250만원에 상가를 임대하였습니다. 그 후, 두 사람은 2014. 7. 30. 월세를 300만원으로 올리고 임대기간을 2019. 7. 20.까지로 연장하는 임대차 갱신계약을 하였습니다.

그 후, 주씨는 2019. 4. 6.에 나씨에게 더 이상 계약갱신을 할 생각이 없다고 내용증명을 보냈습니다. 즉 의무 임대기간 5년이 지났다는 것입니다. 이에 나임차씨는 2018. 10. 16. 개정된 상가임대차법에 따라 자신에게 임대차 계약 갱신요구권이 있다면서 계약 갱신을 요구하는 내용증명을 보냈습니다.

주씨는 이를 거절하면서 나씨를 상대로 '건물인도 청구의 소'를 제기하였습니다.

이에 대하여 제1심은 나씨의 손을 들어주었으나 항소심은 달랐습니다. '개정법은 원칙적으로 공포한 날부터 시행되고, 개정법 시행 후에 체결되는 상가건물 임대차 계약에 관하여 총 임대차 기간 10년이 보장된다는 점은 분명하다. 반대로 개정법 시행 당시 이미 종료한 임대차계약에 대하여는 10년 보장에 관한 조항이 적용될 여지가 없다는 점도 분명하다. 10년 보장 조항은 개정법 시행 후 최초로 체결되는 임대차 계약에만 적용된다'고 판결하였습니다.

이에 대한 상고심에서 대법원도 "나씨의 임대차계약 체결 당시 임차인의 갱신요구권이 인정되는 의무 임대차 기간은 5년인데, 나씨가 주씨에게 임대차 갱신을 요구한 때는 이미 5년을 경과하였다. 개정 상가임대차법은 나씨의 임대차계약에 적용되지 않아 계약 갱신을 요구할 수 없다."고 판결하였습니다.

즉 2018. 10. 16. 개정되어 시행된 상가임대차법에 따라 도입된 '의무 임대차 기간 10년 보장' 규정은 이 법이 시행된 후 새롭게 체결된 상가 임대차 계약에만 적용된다는 것입니다.

3. 월세 3개월분 연체했는데 계약갱신 가능할까?

상가건물 임차인은 상가임대차법에 따라 최초의 임대차 기간을 포함한 10년 동안은 임대차 기간 만료 6개월 전부터 1개월 전까지 계약갱신, 즉 임대차 기간 연장을 요구할 수 있고, 이에 따라 영업을 계속할 수 있습니다.

이 경우 임대인은 '임차인이 3기의 차임액에 해당하는 금액에 이르도록 차임을 연체한 사실 이 있는 경우' 등 상가임대차법 제10조 제1항 1호 내지 8호의 사유가 있는 때 외에는 임차인의 계약갱신 요구를 거절할 수 없습니다.

나임차씨는 서울시 은평구 구파발 소재 상가건물 2층을 임차하여 고깃집을 운영하고 있었습니다.

시설비 1억원을 투자해 영업하던 나씨는 당초 예상과는 달리 매출이 적어 월세를 일부만 지급하거나 한 두달 지급하지 못하곤 하였습니다. 그러다 보니 밀린 월세의 총액이 3개월분의 합계액을 넘게 되었고, 임대차 기간 2년이 다가오고 있었습니다.

이에 나씨는 급전을 구하여 밀린 월세를 다 갚고, 임대차기간 만료 1개월 전에 건물주 주임대씨에게 임대차기간 연장, 즉 계약갱신을 요구한다는 내용증명을 보냈습니다. 밀린 월세를 다 갚았으니 상가임대차법에서 정한 대로 계약기간을 연장해 달라는 것이었습니다.

그러자 주씨는 나씨의 차임 연체액이 3기의 차임액에 해당하므로 임대차계약 연장, 즉 월세 3개월분 이상을 밀린 적이 있으므로 '계약갱신을 거부한다'면서 나씨에게 이 상가 점포를 비워줄 것을 요구하였습니다. 이에 나씨는 이를 거부하고 영업을 계속하였습니다.

결국 주씨는 나씨를 상대로 '건물인도 청구의 소'를 제기하였습니다.

이 소송의 쟁점은 3기의 차임, 즉 3개월분의 월세를 연체하였더라도 임대차계약 갱신 요구 당시에 밀린 월세를 다 갚아서 월세가 밀리지 않았다면 나씨의 계약갱신 요구, 즉 계약기간 연장 요구가 받아들여질 수 있느냐는 것이었습니다.

이에 대하여 제1심과 제2심은 '임차인이 임대차 기간의 어느 시점에 3기 이상의 차임을 연체한 사실이 있었다면 그 후, 연체하였던 차임을 지급하였다 하더라도 임대인은 임차인과의 계약갱신을 거절할 수 있다'라고 하면서 나씨의 주장을 배척하였습니다.

나씨의 상고에 따라 대법원은 "임대인이 임대차기간 만료를 앞두고 임차인의 계약갱신 요구를 거부할 수 있는 사유 중 하나인 상가임대차법 제10조 제1항 제1호는 '3기의 차임액에 해당하는 금액에 이르도록 차임을 연체한 사실이 있는 경우'라고 규정하고 있다. 그 규정의 취지는, 임대차 계약관계는 당사자 사이의 신뢰를 기초로 하므로, 종전 임대차 기간에 차임을 3기분에 달하도록 연체한 사실이 있는 경우에까지 임차인의 일방적 의사에 의하여 계약관계가 연장되는 것을 허용해서는 안 된다. 즉 임대차 기간 중 어느 때라도 차임이 3기분에 달하도록 연체된 사실이 있다면 서로의 신뢰 관계가 깨어졌으므로 임대인은 계약갱신 요구를 거절할 수 있고, 반드시 임차인이 계약 갱신요구권을 행사할 당시에 3기분에 이르는 차임이 연체되어 있어야 하는 것은 아니다."라고 판결하였습니다.

즉 나임차씨가 3개월분 이상 밀린 월세를 한꺼번에 다 갚아서 차임 3개월분의 연체상태가 해소되었더라도 주임대씨는 나씨의 계약갱신 요구를 거절할 수 있고, 임대기간이 만료되었으므로 나씨는 이 상가점포를 비워주어야 한다는 것입니다.

임차인의 차임 연체를 이유로 한 임대인의 임대차 계약 해지 요건을 '차임 연체액이 3기의 차임액에 달하는 때'라고 규정한 상가임대차법 제10조의8과 임대인의 계약갱신 거부 사유 중 하나인 '임차인이 3기의 차임액에 해당하는 금액에 이르도록 차임을 연체한 사실이 있는 경우'라는 상가임대차법 제10조 제1항 1호는 그 문언이 다르다는 것입니다.

4. 주택을 샀는데, 임차인이 전 주인에게 계약갱신 요구했다며 안 비워주네요!

주택임대차법은 제6조는 '임대인의 계약 갱신거절권과 임차인의 계약 갱신요구권'을 규정하고 있습니다.

즉 임대인은 임대차 기간이 끝나기 6개월 전부터 2개월 전까지 임대차계약 갱신 거절을 임차인에게 통지할 수 있고, 임차인은 이 기간 내에 임대인에게 임대차 계약 갱신을 요구할 수 있습니다. 다만, 임차인이 2기의 차임액을 연체하거나 임차인으로서의 의무를 현저히 위반한 경우에는 임대인이 이 기간 내에 계약 갱신 거절을 통지하지 않았더라고 임대차 계약은 종료됩니다.

한편, 임차인의 계약갱신 요구권은 2기의 차임 연체, 부정임차, 임대인의 상당한 보상제공, 임차인의 고의 또는 중과실로 인한 주택 파손, 주택 전부나 일부의 멸실로 임대차 목적 달성 불능, 주택의 전부나 일부 철거 또는 재건축, 임대인의 직계존속 또는 직계비속을 포함한 임대인의 실제 거주 목적, 임차인의 의무 위반 또는 임대차 계속 유지가 어려운 중대한 사유가 있을 때에는 인정되지 않습니다.

임차인의 계약갱신 요구권 행사가 인정되지 않는 9개 사유 중 하나인 '임대인의 직계존속이나 직계비속을 포함하여 임대인이 목적 주택에 실제 거주하려는 경우'에 관한 주목할 만한 판결을 소개합니다. 수원지방법원 2020가단569230 판결입니다.

나임차씨는 2019. 2. 10. 주임대씨와 수원의 한 주택에 관하여 임대차기간을 2년으로 하여 주택 임대차계약을 체결하였습니다. 이 임대차 종료일은 2021. 2. 9. 이었습니다. 한편, 주씨는 임대차계약 기간 중인 2020. 9. 10. 김매수씨와 이 주택에 관한 매매 계약을 체결하였습니다.

그런데 이러한 매매 계약 사실을 모르고 있던 나씨는 주택임대차법이 정한 기한인 6개월 전에 주씨에게 전세 계약 연장 요구, 즉 임대차계약 갱신

요구권을 행사하였습니다.

그 후, 김매수씨는 '이 주택에 들어가 실제로 거주할 계획이므로 주씨와의 임대차 계약 기간이 끝나면 나가 달라'며 나씨를 상대로 '건물인도 청구의 소'를 제기하였습니다.

이 재판은 김씨가 나씨의 계약 갱신 요구를 거절할 수 있는지가 쟁점이었습니다.

임대한 주택의 매수인은 전 임대인의 지위를 승계(주택임대차법 제3조 제4항)하므로 김씨가 실제 거주할 목적으로 주택을 샀기 때문에 나씨의 계약갱신 요구를 거절할 수 있는 것이 아니냐는 것입니다.

이에 대하여 위 법원은 "임차인이 기존 집주인인 임대인에게 임대차계약 갱신 의사를 밝혔다면 그 후, 이 주택을 매수한 사람은 실거주를 하겠다는 이유를 들어 임차인의 계약갱신요구권을 거부할 수 없다."고 판결하였습니다.

새 주인이 실제로 거주할 목적으로 임차인에게 집을 비워달라고 수 있느냐에 대하여 '할 수 없다'는 것입니다. 즉 임대차계약 갱신요구를 거절할 권리는 임대차 계약이 유지되고 있던 임대인만의 권리이고, 새로 집을 산 사람은 실거주 목적이 있다고 하더라도 그 동안 살고 있던 임차인에게 집을 비워달라고 할 수 없다는 것입니다.

즉 임차인이 계약갱신 요구권을 행사할 당시 매수인은 이 주택에 관한 소유권이전등기를 마치지 않았으므로 자신의 실거주를 이유로 계약갱신 요구를 거절할 수 있는 '임대인의 지위'에 있지 않았고, 소유권이전등기를 마친 후에는 '임차주택의 양수인은 임대인의 지위를 승계한 것으로 본다'라는 주택임대차법 제3조 제4항 규정에 따라 임차인이 이미 행사한 계약갱신요구권은 유지된다는 것입니다.

위 법원은 임차인의 주거권 강화가 주택임대차법 개정 취지이므로 비록 새 집주인이 실제 거주할 목적이라고 하더라도, "개정 법의 도입 취지, 계약갱신요구권의 법적 성질, 실제 거주 사유라는 거절 사유의 특성 등을 볼 때 실제 거주를 이유로 한 갱신거절 가능 여부는 임차인이 계약갱신을 요구할 당시의 임대인을 기준으로 보는 것이 타당하다. 나임차씨는 김매수씨가 이 부동산의 소유권 이전등기를 마치기 전에 계약갱신요구권을 행사하였고, 종전 임대인이었던 주임대씨가 실제로 거주하는 것이 아니므로 김씨의 실제 거주를 이유로 나씨의 계약갱신요구권을 거절할 수 없다."고 판결하였습니다.

김씨가 항소할 수도 있겠으나, 이 판결에 따르면 나씨는 임차기간이 2년 연장되어 계속 거주할 수 있다고 할 것입니다.

전세보증금이 급등한 최근의 시세에 따라 김매수씨는 나씨의 임대차 기간이 종료된 후 새로운 임차인을 구해 전세를 놓을 목적을 숨긴 채 계약갱신거절권을 주장하지 않았나 추측해 봅니다. 이를 재판부에서 간과하지 않고 나씨의 손을 들어주었다고 생각합니다.

한편, 기존의 임대인이 실제로 거주하겠다는 이유로 임대차기간 만료 6개월 전부터 2개월 전까지 기간에 임차인에게 임대차 계약 갱신 거절을 통지하였고, 이에 임차인은 집을 비워주고 다른 곳으로 이사를 갔는데 임대인이 실제로 거주하지 않고 다른 사람에게 임대를 주었음을 알게 된 경우가 있습니다.

이에 관하여 주택임대차법 제6조의3 제5항은 '임대인이 목적 주택에 실제 거주한다는 사유로 갱신을 거절하였음에도 불구하고 갱신요구가 거절되지 아니하였더라면 갱신되었을 기간이 만료되기 전에 정당한 사유 없이 제3자에게 목적 주택을 임대한 경우 임대인은 갱신거절로 인하여 임차인이 입은 손해를 배상하여야 한다'고 규정하면서 손해배상액 예정에 관하여 합의가 이루어지 않았을 때의 손해액 기준에 관하여는 같은 조 제6항에서 규정하고 있습니다.

그런데 이미 집을 비워주고 다른 곳으로 이사를 간 임차인이, 집 주인이 실제 거주하지 않고 다른 사람에게 임대를 주었음을 알게 되더라도 임대인을 상대로 손해배상을 청구하기가 쉬울까요? 임대인의 행태가 너무나 괘씸하다고 생각하고 단단히 마음먹지 않는 한 쉽지는 않을 것이라 생각합니다.

5. 개정된 임대차법 시행 전에 매매계약한 임대인, 계약갱신 거절 가능할까?

주택임대차법은 2020. 7. 31. 기존의 묵시적 갱신 조항에 추가하여 제6조의3, 즉 임차인의 계약갱신 요구권 조항이 신설되어 시행되었습니다.

이로써 임차인의 계약갱신요구권을 보장하여 현행 임대차 보장기간을 2년에서 4년으로 연장되었습니다. 이 신설규정에 대하여 주택임대차법 부칙 제2조 제1항은 '제6조의3 및 제7조의 개정 규정은 이 법 시행 당시 존속 중인 임대차에 대하여도 적용한다'라고 규정하였습니다.

임차인의 계약갱신 요구에 대하여 주택임대차법 제6조의3 제1항은 임대인의 거절 사유로 제1호부터 9호까지를 한정적으로 열거하고 있습니다. 이 중 제8호는 '임대인(임대인의 직계존속·직계비속을 포함한다)이 목적 주택에 실제 거주하려는 경우', 제9호는 '그 밖에 임차인이 임차인으로서의 의무를 현저히 위반하거나 임대차를 계속하기 어려운 중대한 사유가 있는 경우'라고 규정하고 있습니다.

나임차씨는 2018. 8. 1. 주임대씨와 주씨 소유의 강남 아파트를 임대 기간 2년, 임대차 보증금 8억원으로 하여 임대차 계약을 체결하고, 2018. 10. 1. 이 아파트에 입주하였습니다.

그 후, 김매수씨는 2020. 7. 10. 실제 거주를 목적으로 이 아파트를 13억원에 매수하는 계약을 체결하였고, 2020. 10. 1. 잔금을 치른 후 소유권이전 등기를 마쳤습니다.

이 사이에 임차인의 계약갱신 요구권을 보장하는 개정 임대차보호법이 2020. 7. 31. 시행되었습니다.

주씨와 김씨 사이에 이 아파트에 관한 매매계약 체결 사실을 알게 된 나임차씨는 개정 임대차법이 시행되고, 임대차 기간 만료일이 2개월여 남게 되자 주씨에게 임대차 계약 갱신을 요구하는 내용증명을 보냈습니다.

그러자 주씨는 김씨와 매매계약 체결을 이유로 이를 거절하였습니다.

그 후, 매수인 김씨는 "주씨가 이미 나씨의 계약갱신요구를 거절하였는데, 이는 개정 법률상 '그 밖의 임대차를 계속하기 어려운 중대한 사유가 있는 경우'에 해당하여 정당하므로 나씨는 임대차계약 기간 만료 시 아파트를 인도하라."며 나씨를 상대로 '건물인도 청구의 소'를 제기하였습니다.

이에 대한 재판에서 제1심은 '임차인의 계약갱신요구권을 도입한 개정 주택임대차법 시행 이전에 임대인이 제3자와 매매계약을 체결하고 계약금까지 받았다면 갱신요구를 거절할 정당한 사유가 인정된다'고 하면서 김매수씨의 손을 들어 주었습니다.

이에 대하여 항소심 법원은 "김씨는 나씨의 임대차계약에 대한 계약갱신요구권을 행사할 당시 이 아파트에 관한 소유권이전등기를 마치지 않아 자신이 실제 거주하려는 이유로 해당 계약갱신 요구를 거절할 수 있는 임대인의 지위에 있지 않았다. 임대인 주씨는 이 아파트의 매도자로 자신이 아파트에 실제 거주할 예정이 아니므로 임대차보호법 제6조의3 제1항 제8호에 따른 계약갱신 요구를 거절할 수도 없다."라고 판결하였습니다.

즉 김매수씨는 나임차씨가 계약갱신 요구권을 행사할 당시 아파트 소유자가 아니었으므로 나씨의 계약갱신 요구를 거절할 권리가 없고, 주임대씨는 이 아파트에 관한 매매계약을 체결하여 실제 거주할 의사가 없었으므로 나씨의 계약갱신 요구를 거절할 수 없고, 나씨의 임대차계약은 적법하게 갱신되었다는 것입니다.

결국 실거주를 이유로 한 임대차 계약 갱신거절 가능 여부는 임차인이 계약갱신을 요구할 당시의 '임대인'만을 기준으로 판단하여야 한다는 것입니다.

6. 상가임차인이 가게 문 닫고 떠났어요!

코로나19 사태의 장기화로 상가에 세들어 영업을 하시는 분들의 고통이 매우 큽니다. 손님이 줄어들어 매출이 적어지니 한 두 달도 아니고 월세를 도저히 감당할 수 없게 되었습니다. 이에 따라 가게를 계약할 때 임대인에게 맡긴 보증금으로 월세를 차감하게 되었고, 급기야 이 임대차 보증금마저 소진된 분들이 많습니다.

자신의 상가에 세든 임차인의 처지를 이해하고 월세를 감하여 주거나 낮춰주는 임대인도 상당수 있습니다. 그런데 상가 임대인 중에는 노후 대비로 상가를 분양받아 그 월세로 근근히 생활하고 달리 다른 소득이 없는 분들도 있습니다. 상가를 임대할 당시 받은 보증금은 이미 대출을 갚는 데 썼다거나 하여 현금으로 가지고 있지도 않습니다. 그러니 월세가 나오지 않으면 당장의 삶에 곤란을 겪을 수 밖에 없습니다.

결국에는 임대인은 임차인에게 하소연하게 되고, 임차인은 미안해서 영업을 계속하겠다는 말을 도저히 하지 못하고, 가게 문을 닫고 기구나 비품을 그대로 나둔 채 떠나기도 합니다.

이 때, 임차인이 가게에 기구나 비품을 다 가지고 떠났다면 임대인은 월세를 낮추어서라도 다른 임차인을 구할 수 있습니다. 그런데 이 기구나 비품을 그대로 놔둔 채 떠나버려서 임대인은 이것을 맘대로 꺼내 다른 곳에 보관하거나 치워도 되는지가 문제되는 것입니다.

임차인이 가게 문을 닫고 그냥 떠났다고 하여 이것이 이른바 '건물 인도'가 아니기 때문입니다. 이 때의 인도는 가게 내에 있는 기구나 비품을 다 치우는 것입니다.

임차인이 가게 문을 닫고 떠났더라도 임대차 계약이 해지되지 않은 이상 임대인은 이 가게에 함부로 출입할 수 없고, 임차인이 가게의 기구나 비품을 자진해서 철거하지 않으면 이것을 밖으로 꺼내 다른 곳에 보관하거나 치울 수도 없습니다. 만일 그렇게 한다면 임대인은 건조물 침입죄와 재물손괴죄 등의 형사 책임을 질 수도 있고 민사적으로 손해배상을 하여야 할 수도 있습니다. 이는 나쁜 마음을 먹은 임차인일 경우에 발생할 일일 수도 있으나 사람은 다 마음이 같을 수 없으므로 함부로 행동할 수도 없습니다.

결국 임대인은 떠나간 임차인을 상대로 '건물 인도 청구의 소'를 제기하고 그 확정 판결문을 받아, 이 판결문을 집행권원으로 하여 집행관을 통해 인도집행을 할 수 밖에 없습니다.

즉 임대인 자신이 기구나 집기를 꺼내서 마음대로 보관할 수 없고, 집행관을 통해서 기구나 집기를 꺼내 창고 등에 보관해야 한다는 것입니다. 이 때, 창고료는 임대인이 부담해야 합니다. 이 창고료도 만만치 않습니다. 임대인으로서는 소송비용, 집행비용, 창고료를 부담하여야 하는 것입니다. 안 그래도 상황이 어려운데 임대인으로서는 난감할 수 밖에 없습니다.

물론 월세가 3차례 이상 밀렸을 때 제소전 화해를 하거나 인도집행 공정증서를 미리 받아 놨다가 집행관을 통해 집행하는 방법도 있기는 합니다. 그러나 이는 현실적으로 자주 쓰이는 방식이 아닙니다. 임대인이 너무 야박하다는 비난을 받기도 하기 때문입니다.

코로나19 이전에는 월세가 3차례 이상 밀리면 임대인은 상가임대차법에 따라 계약을 해지하고 '건물 인도 청구의 소'를 제기하곤 하였습니다. 소송기간이 오래 걸리더라도 보증금에서 밀린 월세를 공제할 수 있을 것을 예상하고 미리 소 제기를 하는 것입니다. 그리고는 건물 인도 집행비용이나 창고료도 이 보증금에서 공제합니다. 코로나19 이전의 경우에는 월세가 3차례 이상 밀리면 이 가게는 희망이 없다고 보기 때문에 임대인으로서는 취할 수 있는 필요한 조치인 것입니다.

그러나 코로나19 상황에서는 월세가 밀려 보증금이 월세로 차감되어 다 소진될 때까지도 임대인은 '건물 인도 청구의 소' 제기를 망설이게 됩니다. 그렇지 않아도 사정이 어려운 임차인을 더욱 궁지로 모는 것으로 도리가 아니라고 생각하기 때문입니다.

코로나19 사태에도 불구하고 영업이 잘 되고 돈을 많이 버는 가게도 있습니다.

임대인도 상가 하나가 아닌 여러 개를 임대하여 한두 곳에서 임대료가 나오지 않아도 생활이 넉넉한 사람도 있습니다. 특히 이런 임대인은 부자이기까지도 합니다.

결국 영세 임차인과 특별한 소득없이 상가 하나를 임대한 임대인, 또는 미래를 잘못 예측하여 무리하게 상가 갭투자를 한 임대인들이 피해를 보는 상황입니다. 안타까운 현실과 상황입니다.

7. 스스로 영업하겠다면서 권리금 회수를 방해한 건물주!

상가임대차법이 개정되어 2018. 10. 부터는 임차인의 계약갱신요구권 행사 기간이 최초의 임대차 기간을 포함한 전체 임대차 기간의 5년에서 10년으로 늘었났습니다. 이러한 임대차계약 갱신요구권은 임차인이 임대차 기간이 만료되기 6개월 전부터 1개월 전까지 사이에 임대인에게 행사하여야 합니다(상가임대차법 제10조 제2항 및 제1항).

상가임대차법에 따라 최초의 임대차 기간을 포함한 전체 임대차 기간이 5년(현재는 10년)을 초과하여 임차인이 계약갱신요구권을 행사할 수 없는 경우에도 임대인은 임차인에게 상가임대차법이 정한 권리금 회수 기회 보호의무를 부담하는지와 임대인이 스스로 영업할 계획이라는 이유로 임차인이 주선한 신규 임차인이 되려는 사람과의 임대차 계약 체결을 거절하면 임차인은 임대인에게 권리금 회수 기회 보호의무 위반을 이유로 손해배상을 청구할 수 있는지가 문제 됩니다.

나임차씨는 2012. 10. 1. 주임대씨와 보증금 7천만원, 월세 220만원, 임대기간 2년의 상가 임대차계약을 체결하였습니다. 나씨는 이 상가에서 음식점을 운영하였고, 2014. 10. 1. 월세를 250만원으로 올리는 외에는 이전의 계약과 동일한 조건으로 계약을 갱신하였고, 2016. 10. 1. 동일한 조건으로 하되, 계약기간은 1년으로 하는 구두 계약갱신을 하였습니다.

나씨는 이 임대차 계약 기간이 끝나기 전인 2017. 7. 16. 이중임씨와 권리금 1억 4천만원을 받고, 이씨에게 이 상가의 영업시설과 비품일체를 넘기기로 하는 권리금 계약을 체결한 후, 주씨에게 이씨와 새로운 임대차 계약을 체결하여 줄 것을 요청하였습니다.

그러나 주씨는 자신이 이 상가에서 음식점 영업을 할 계획이라는 이유를 대면서 나씨가 주선한 새로운 임차 예정자인 이씨와의 임대차계약 체결을 거절하였습니다. 주씨가 실제로 음식점 영업을 하려는 의도인지 아니면 새로운 임차인을 구해 그로부터 권리금을 받으려는 의도인지는 알 수 없었습니다.

그러자 나씨는 자신의 권리금 회수를 방해하였다는 이유로 주씨를 상대로 '손해배상 청구의 소'를 제기하였습니다.

이에 대하여 제1심과 제2심은 '전체 임대차기간이 5년이 지나 임차인이 임대인에게 계약갱신요구를 할 수 없는 경우에는 상가임대차법 제10조의4 제1항에 따른 권리금 회수 기회가 보장되지 않는다'고 하면서 나씨의 청구를 기각하였습니다.

나씨의 상고에 따라 대법원은 "임대인의 계약갱신 거절 사유는 임차인의 차임 연체, 부정한 방법에 의한 임차, 무단 전대, 고의·중과실에 의한 임차 목적물 파손, 현저한 의무 위반 등 전형적인 임차인의 채무불이행 또는 신뢰 파괴 사유에 관한 것이거나 임대인이 임차인에게 상당한 보상을 제공하여 권리금 회수를 보장할 필요가 없는 경우와 임차 건물의 멸실로 임대차 목적 달성이 불가능하거나 임대인이 임대차 계약 시 미리 임차인에게 철거·재건축계획을 고지하였거나 안전사고의 우려나 다른 법령에 따라 철거·재건축이 이루어지는 경우로서 상가건물의 멸실 등(상가임대차법 제10조 제1항 각호)으로 임차인이 형성한 영업의 재산적 가치가 사라지게 되어 임차인이 권리금 회수를 기대하기 어려운 경우 등이다. 따라서 최초의 임대차기간을 포함한 전체 임대차기간이 5년을 초과하여 임차인이 계약갱신요구권을 행사할 수 없는 경우에도 임대인은 권리금 회수 기회 보호의무를 부담한다."고 판결하였습니다.

즉 최초의 임대차 기간을 포함한 전체 임대차 기간이 5년을 넘었기 때문에 임차인이 임대인에게 계약갱신을 요구할 수 없다는 것은 임대인의 계약갱신 거절 사유가 아니라 임차인의 권리행사 제한 사유일 뿐이므로 임대인의 권리금 회수 기회 보호의무와는 관련이 없다는 것입니다.

한편, 대법원은 "임대인이 스스로 영업할 계획이라면서 임차인이 주선한 새로운 임차 예정자와의 임대차 계약 체결을 거절하는 것은 임차인의 권리금 회수 기회를 빼앗는 행위로서 임차인에게 손해배상을 해야 한다."라고 판시한 바 있습니다.

임대인은 위에서 든 계약갱신 거절 사유가 없는 한, ㉠임차인이 주선한 신규 임차인이 되려는 사람이 보증금 또는 차임을 지급할 자력이 없는 경우, ⓒ임차인이 주선한 신규 임차인이 되려는 사람이 임차인으로서의 의무를 위반할 우려가 있거나 그 밖에 임대차를 유지하기 어려운 상당한 사유가 있는 경우, ⓒ임대차 목적물인 상가건물을 1년 6개월 이상 영리 목적으로 사용하지 아니한 경우, ⓔ임대인이 선택한 신규 임차인이 임차인과 권리금 계약을 체결하고 그 권리금을 지급한 경우가 아닌 때에는 임차인의 권리금 회수 기회를 보장해야 합니다(상가임대차법 제10조의4 제1항).

즉 임대인이 스스로 영업할 계획이라면서 임차인이 주선한 신규 임차인이 되려는 사람과 임대차 계약 체결을 거절하는 행위는 임차인의 권리금 회수를 보장하지 않아도 되는 사유에 해당하지 않는다는 것입니다. 자가 영업을 이유로 임차인의 권리금 회수를 방해해서는 안 된다는 것입니다.

여기에서 문제되는 것이 임차인의 계약갱신 요구권 행사 기간이, 상가임대차법 개정으로 5년에서 10년으로 늘어났다는 것입니다.

최초 임대차 기간을 포함한 전체 임대차 기간이 5년을 초과할 경우에는 임대인에게 계약갱신 요구를 할 수 없기 때문에 계약갱신을 할 수 없게 된 임차인에게 권리금 회수 기회를 보장해야 한다는 것이 기존의 대법원 판례였습니다.

영업을 시작하여 2년이나 3년이 지나야 고객이 안정적으로 확보되고, 고정된 영업점으로 인식이 되어 그 때부터 그 전에 투여한 자금을 회수하기 시작하고 수익이 오르는 것이 영업 현실입니다.

가게가 안정화 단계에 진입하여 수익을 한창 올릴 즈음인 5년이라는 기간은 너무 짧기조차 합니다. 즉 5년이라는 기간은 가게에 투입한 자본과 영업 이익을 회수하기에는 너무 짧다는 것입니다.

그리하여 계약갱신 요구 기간인 5년이 지난 임차인에게, 임대인의 자유로운 사용·수익 권한을 제한하면서, 권리금 회수 기회를 보호 또는 보장하는 권리를 인정한 것입니다.

그렇다면 이 계약갱신 요구권 행사 기간이 10년으로 늘어난 현재에, 임차

기간 10년 초과로 계약갱신 요구권이 없게 된 임차인에게 기존과 같이 권리금 회수 기회를 보장해야 할지는 임대인의 소유권자로서의 사용·수익권 등 권리 보장을 고려하여 공평의 원리에 따라 판단하여야 할 것입니다.

한편, 대법원은 상가 임대인이 임대차기간 만료 전 임차인에게 계약갱신 의사가 없으며 자신이 상가를 직접 이용할 계획이므로 신규임차인과 임대차 계약을 체결하지 않겠다고 하였고, 이에 임차인이 임대인을 상대로 권리금 회수 방해로 인한 손해배상을 구한 사례에서, "임대인이 임차인의 신규임차인 주선을 거절하는 의사를 명백히 표시하였으므로 임차인이 신규임차인을 주선하지 않았더라도 임대인은 권리금 회수기회 보호의무를 위반하였으므로 임차인에게 그 손해를 배상해야 하고, 이는 전체 임대차기간이 5년을 경과하였더라도 마찬가지이다."라고 판시한 바 있습니다.

8. 한 상가에 같은 사람끼리 임대차 계약서를 3번 작성했어요!

하나의 법률관계에 관한 여러 개의 계약서가 순차로 작성되었는데 각 계약서의 법률관계나 우열관계가 명확히 정해지지 않았을 경우, 각 계약서에서 정해진 내용 중 서로 모순된 부분을 어떻게 해석해야 하는지 알아 봅니다.

나임차씨는 2009. 4. 22. 주임대씨로부터 인천시 남구 소재 상가건물 1층 200㎡를 임차 보증금 1억원, 월차임 600만원, 임대차 기간 2009. 4. 22.부터 5년(60개월)으로 정하여 임차하고, '다파라' 라는 상호의 커피 전문점을 운영하기 시작하였습니다.

그 후, 나씨와 주씨는 2010. 12. 경 이 상가의 임대차 계약 내용을 변경하면서 임차 면적, 임대차 기간, 월 차임, 특약 사항에 관하여 내용이 조금씩 다른 3개의 임대차 계약서를 차례로 작성하였습니다.

나씨는 2015. 10. 2. 임대차 계약 종료일이 다가왔다고 판단하고 주씨에게 재계약 의사가 없다는 내용증명을 보냈습니다. 이에 주씨는 2015. 11. 19. 나씨에게 이 상가의 임대차 기간은 2010. 12. 25.부터 8년(96개월)이므로 아직 임대차기간이 종료되지 않았다면서 2015. 12. 26. 부터 임차보증금을 2억원으로, 월차임을 1,400만원으로 올리겠다는 내용증명을 보냈습니다.

그러자 나씨는 이 상가의 집기와 인테리어를 철거하고 원상회복한 후 2016. 1. 26. 상가 열쇠를 주씨에게 보냈고, 주씨는 2016. 2. 4. 임대차기간이 만료되지 않았다면서 나씨에게 열쇠를 되돌려 보냈습니다.

그 후, 나씨는 이 상가를 비워두고 주씨를 상대로 '임대차보증금 반환 청구의 소'를 제기하였습니다.

이 소송의 쟁점은 '여러 개의 임대차 계약서가 있는 경우 어느 계약서에 따라 계약내용을 정할 것인가'였습니다.

이에 대하여 제1심과 제2심은 '위 새로운 3개의 임대차계약서 중 가장 마지막으로 작성된 임대차계약서에 기재된 문언에 따라 나씨와 주씨 사이의 임대차계약 기간은 2011. 1. 1.부터 5년(60개월)이고, 따라서 이 임대차계약은 2015. 12. 31. 기간만료로 종료되었다'고 하면서 주씨에게 임대차보증금을 반환하라고 판결하였습니다.

주씨의 상고에 따라 대법원은 "나씨와 주씨 사이에 작성된 3개의 임대차 계약서는 임차 보증금이 모두 1억원으로 같지만 임차 면적, 임대차 기간, 월 차임이나 특약사항이 다르다. 그런데 주씨는 제3의 임대차 계약서가 허위로 작성된 이면계약서라고 주장하고 있다. 주씨가 제출한 8년의 임대차기간에 부합하는 취지의 사실확인서는 이 상가 임대차 계약 당시 직접 중개행위를 하거나 현장에서 직접 목격한 내용에 대한 진술이 아니다. 그 작성자들과 주씨의 관계 등에 비추어 볼 때 이 사실확인서만으로는 제3의 임대차계약서가 허위로 작성된 이면계약서라고 단정할 수 없다. 제3의 임대차계약서의 특약사항으로 임대 시작일이 2011. 1. 1.로 명시된 점을 비추어 볼 때 나씨와 주씨는 2010. 12. 경, 임차면적을 확대하면서 임대차기간을 8년(96개월)으로 연장하기로 하고 앞서 2개의 임대차계약서를 작성하였다가 다시 임대차기간을 5년(60개월)로 단축하기로 하면서 제3의 임대차계약서를 새로 작성한 것으로 보인다."라고 판결하면서 하급심 판결을 유지하였습니다.

즉 위 3개의 임대차계약서 중 가장 마지막으로 작성된 임대차계약서에 기재된 문언에 따라 임대차 계약기간은 2011. 1. 1. 부터 5년(60개월)이라고 보아야하므로 이 상가의 임대차계약은 2015. 12. 31. 종료되었고, 주씨는 나씨에게 임대차보증금을 반환해야 한다는 것입니다.

그러면서 대법원은 "하나의 법률관계를 둘러싸고 각기 다른 내용을 정한 여러 개의 계약서가 순차로 작성되어 있는 경우 당사자가 그러한 계약서에 따른 법률관계나 우열관계를 명확하게 정하고 있다면 그와 같은 내용대로 효력이 발생한다. 그러나 여러 개의 계약서에 따른 법률관계 등이 명확히 정해져 있지 않다면 각각의 계약서에 정해져 있는 내용 중 서로 양립할 수 없는 부분에 관하여는 원칙적으로 나중에 작성된 계약서에서 정한 대로 계약 내용이 변경되었다고 해석하는 것이 합리적이다."라고 하였습니다.

9. 매수인과 전세 계약했는데, 매도인이 계약 해제됐다며 집을 비우라네요!

주택임대차법의 보호를 받기 위해서는 반드시 주택의 소유자와 임대차 계약을 체결하여야만 되는 것은 아닙니다. 주택 임대에 관하여 적법하게 임대차 계약을 체결할 수 있는 권한을 가진 사람과 임대차 계약을 체결한 경우에도 주택임대차법의 보호를 받을 수 있기 때문입니다.

따라서 주택 소유자가 아닌 사람이나 계약을 체결할 권한이 없는 사람과 임대차 계약을 체결한 경우 이러한 임대차 계약은 무효이므로, 임차인은 주택임대차법의 보호를 받을 수 없습니다.

매도인이 주택에 관한 매매계약을 체결하면서 잔금을 지급받기 전에 매수인에게 임차인을 구해 임대차 계약을 체결할 수 있도록 허용하는 경우가 있습니다.

즉 매도인이 매수인에게 매매 대상인 자신의 주택에 대한 임대 권한을 주는 것입니다. 이는 매수인이 임차인으로부터 임대차 보증금을 받아 매매 잔금을 치르겠다고 하면서 이를 매도인에게 요청하는 경우에 허용되곤 합니다.

나임차씨는 김매수씨와 2021. 6. 15. 경기도 고양시 삼송동 소재 84㎡ 아파트에 관하여 보증금 5억원, 임차기간 2년의 주택임대차 계약을 체결하였습니다.

그 당시, 이 아파트의 소유자는 오매도씨로, 김매수씨와 매매계약이 체결된 상태였고, 잔금은 아직 치러지지 않았습니다.

오씨는 김씨로부터 이 아파트를 전세놓고, 그 전세보증금으로 매매 잔금을 치르겠다는 말을 듣고, 김씨에게 이 아파트에 대한 임대 권한을 주었습니다. 이는 김씨가 나임차씨에게 보여준 아파트 매매계약서에 명백히 적혀 있었습니다.

나씨는 김씨가 이 아파트의 새로운 소유자가 된다고 믿으면서 임대차계약, 즉 전세계약을 체결하고 잔금을 치른 후 2021. 8. 5. 입주하였고, 당일에 주민등록 전입신고를 하고, 임대차계약서에 확정일자를 받았습니다.

그런데 이 아파트에 입주한 후, 두 달 여가 지난 2021. 10. 5. 오매도씨가 나임차씨에게 찾아와서, 자신이 김매수씨와 체결한 위 아파트 매매계약은 해제되었으니 집을 비워 달라고 하였습니다. 만일 집을 비워주지 않으면 법원에 '건물 인도 청구의 소'를 제기하겠다고 하였습니다.

나임차씨는 오매도씨에게 이 아파트를 비워줘야 할까요? 결론적으로 나씨는 오씨의 건물인도 청구에 대항할 수 없으므로, 이 아파트를 비워줘야 합니다

대법원은 주택 매매계약에 부수하여 매매대금 수령 이전에 매도인이 매수인에게 임대 권한을 부여한 경우, 이는 매매계약의 해제를 '해제조건'으로 한 것으로 보고 있습니다.

즉, 매매계약이 해제되면 매매의 효력은 소멸하고, 이로써 매매계약에서 정한 해제조건이 성취되었으므로 그 때부터 매수인은 주택을 전세 놓을 권한을 상실하게 된다는 것입니다.

결국 나씨는 임대차계약인 전세계약을 체결할 권한이 없는 김씨와 전세계약을 체결한 것이 되어 오씨의 인도청구에 대항할 수 없습니다. 비록 나씨가 이 아파트에 입주하고 주민등록 전입신고까지 마쳐 주택임대차법상의 대항요건을 구비하고, 전세계약서에 확정일자를 부여받았다고 하더라도 마찬가지라는 것입니다.

만일 나씨가 이 아파트를 비워주지 않는다면 오씨는 법원에 '건물 인도 청구의 소'를 제기할 것이고 나씨는 이 소송에서 패소할 수밖에 없습니다. 결국 나씨는 김씨에게 임대차계약 해지를 통보하고 임대차 보증금 반환을 청구하는 수 밖에 없습니다.

이러한 사례는 흔한 일은 아닙니다.

이는 소유권이전등기 전에, 즉 매수인이 소유권자가 되기 전에 매수인의

귀책사유로 인하여 매매계약이 해제된 경우나 합의로 해제된 경우인 것입니다.

위 사례와는 달리, 매매 잔금 지급 전에 오씨로부터 임대 권한을 부여받은 김씨가 잔금을 지급하고 소유권이전등기를 마친 후 매매계약이 해제되었다면 나씨는 이 매매계약 해제와 관계없이 자신의 임차권으로 김씨에게 대항할 수 있습니다.

이 경우에는 계약해제로 소유권을 회복한 김씨가 주택임대차법 제3조 제4항, 즉 '임차주택의 양수인(그 밖에 임대할 권리를 승계한 자를 포함한다)은 임대인의 지위를 승계한 것으로 본다'는 규정에 따라 임대인의 지위를 승계하기 때문입니다.

한편, 경매절차에서의 최고가매수인, 즉 낙찰자와 주택임대차 계약을 체결한 후 주택을 인도받아 주민등록 전입신고를 마치고, 임대차 계약서에 확정일자를 받았는데 다음날 낙찰자가 매각대금을 완납하고 은행에 근저당권설정등기를 마쳐 주었다면 임차인은 주택임대차법 제3조 제1항에서 정한 대항력과 같은 법 제3조의2 제2항에서 정한 우선변제권을 인정받을 수 없습니다.

주택임대차법의 대항력은 주택인도와 주민등록을 마친 그 다음 날 효력이 발생하기 때문에 매각대금 완납일에 근저당권을 설정하였다면 근저당권자보다 후순위이기 때문입니다.

왜냐하면 낙찰자는 매각대금을 완납해야 소유권자가 되는데, 대각대금을 완납하기 전에는 적법한 임대 권한이 없기 때문입니다.

10. 아파트 분양 후 중도금 대출을 안 갚아 계약 해제했다며 집 비우라네요!

남시행 주식회사(이하 '남시행')는 김분양씨와 2015. 3. 5. 신축 중인 서울시 은평구 응암동 소재 은평 아파트 902호 84㎡에 관한 분양계약을 체결하였습니다. 분양대금은 5억 9천만원, 계약금은 5,900만원, 중도금은 7회에 분할하여 합계 4억 1,300만원, 잔금은 1억 1,800만원으로 하되, 중도금은 매수인 김씨가 대출을 원할 경우, 매도인 남시행이 대출은행을 알선하며 그 이자는 매도인이 부담하며 대출금 변제에 대하여 연대보증 하기로 하였습니다.

다만, 매수인은 입주 전까지 대출금을 담보대출로 전환할 수 있고, 대출금을 담보로 전환하고자 하는 경우에는 소유권 이전등기와 근저당권 설정등기에 필요한 서류와 비용을 대출은행 또는 입주를 안내한 사람에게 제출하면서 동시에 분양 잔금을 납부하여야 이 아파트에 입주할 수 있다고 약정하였습니다.

한편, 중도금 무이자 약정을 통해 중도금을 납부한 매수인이 소유권보존등기 후 2개월이 지나도 소유권 이전등기와 근저당권 설정등기를 하지 않거나 대출은행이 매도인에게 대위변제를 요구할 경우, 매도인은 분양계약을 해제할 수 있다고 약정하였습니다.

김분양씨는 계약금을 치른 후 중도금은 은행 대출을 받아 납부하였고, 남시행은 2018. 3. 5. 이 902호에 대한 소유권보존등기를 마쳤습니다. 그 후, 김씨는 2018. 5. 5. 나임차씨와 이 아파트에 관하여 임대차 보증금을 3억 8천만원으로 하는 임대차 계약을 체결하였습니다. 김씨는 임대차 계약 당일 계약금 4,500만원과 자신의 돈을 합해 잔금 1억 1,800만원을 치르고 남시행으로부터 이 아파트의 열쇠를 받았습니다.

그 후, 나씨는 2018. 5. 15. 임대차 중도금 2억 5,000만원을 김씨에게 주었고, 잔금 1억 3천만원은 김씨 앞으로 소유권이전등기가 마쳐지면 그 때 지급하기로 하면서 주민등록 전입신고를 마치고, 확정일자도 받았습니다.

그런데 김분양씨는 이 902호에 관한 남시행 명의의 소유권보존등기가 마쳐진 후 2개월이 지날 때까지 중도금 대출금을 갚거나 소유권을 이전등기하면서 담보대출로 전환하지 않았습니다. 이에 대출은행으로부터 대출금 상환을 요구받는 연대보증인 남시행은 김씨의 대출금을 대위변제하면서 분양계약에서 약정한 바대로 이 아파트 902호에 대한 분양계약을 해제하였습니다.

그 후, 남시행은 이 분양계약이 해제되었음을 이유로 902호를 임차하여 입주 후, 거주하고 있던 나임차씨를 상대로 이 아파트를 넘겨 달라면서 '건물 인도 청구의 소'를 제기하였습니다.

이 소송에서 '김분양씨가 남시행으로부터 열쇠를 교부받아 나임차씨를 입주하게 하고 나씨가 주택임대차법상 대항력을 갖춘 후, 분양계약이 해제되어 김씨가 이 아파트의 소유권을 취득하지 못하였는데 이 때, 임차인 나씨는 소유자인 남시행에 대하여 임차권으로 대항할 수 있는지'가 문제 되었습니다.

대법원 판례에 따르면, 적법하게 취득하였던 소유권을 계약해제로 인하여 상실하게 된 임대인으로부터 그 계약이 해제되기 전에 주택을 임차하여 주택의 인도와 주민등록을 마침으로써 주택임대차법 소정의 대항요건을 갖춘 임차인은 임대인의 임대 권원의 바탕이 되는 계약 해제에도 불구하고 해제로 인하여 소유권을 회복하게 된 소유자에게 대항할 수 있습니다.

그런데 이 사례와 같이 임대인이 아직 완전한 소유권을 취득하지 못한 상태에서 목적물을 임차하였다가 임대인의 소유권 취득에 관한 계약이 해제된 경우에도 임차인이 주택임대차법 소정의 대항력을 갖추었다면 위와 같게 볼 수 있는가가 쟁점인 것입니다.

이에 대하여 제1심과 제2심은 '나씨는 남시행의 건물 인도 청구에 대항할 수 없다'고 하면서 남시행 승소 판결을 하였습니다.

그 동안 대법원은 일관되게 "주택임대차법이 적용되는 임대차로서는 반드시 임차인과 주택의 소유자인 임대인 사이에 임대차계약이 체결된 경우에 한정된다고 할 수는 없고, 주택의 소유자는 아니지만 주택에 관하여 적법하게 임대차 계약을 체결할 수 있는 권한(적법한 임대 권한)을 가진 임대인과 사이에 임대차계약이 체결된 경우도 포함되고 매매계약의 이행으로 매매목적물을 인도받은 매수인은 그 물건을 사용·수익할 수 있는 지위에서 그 물건을 타인에게 적법하게 임대할 수 있다."라고 하였습니다.

이에 대법원은 "김분양씨가 이 아파트의 소유자는 아니지만 이 아파트 분양 계약이 해제되기 전에 이에 관한 임대차계약을 체결할 적법한 권한을 가지고 있었으므로 나씨에게는 대항력이 인정되며, 남시행에게 이 아파트를 인도하지 않아도 된다."고 하면서 항소심 판결을 파기, 환송하였습니다.

원칙적으로 주택 매매계약에 부수하여 매매대금 수령 이전에 매도인이 매수인에게 임대 권한을 부여한 경우, 이는 매매계약의 해제를 '해제조건'으로 한 것으로서 매매계약이 해제되면 매매의 효력은 소멸하고, 이로써 매매계약에서 정한 해제조건이 성취되었으므로 그 때부터 매수인은 주택을 임대할 권한을 상실하게 됩니다.

그러나 매매 잔금을 치르고 매매목적물을 인도받은 후 소유권이전등기를 마치지 않은 상태에서는 비록 소유권자는 아니더라도 매수인은 주택을 임대할 수 있는 권한을 가지며, 그 후, 매매계약이 해제된다고 하더라고 이 권한은 상실되지 않는다는 것입니다.

아파트 등 분양 현장에서는 비록 잔금을 납입하였더라도 중도금 대출이 있는 경우 그 상환이나 담보대출 전환이 확인되지 않으면 시행사는 열쇠를 교부하지 않고 있습니다.

이 사례에서, 남시행은 김씨의 대출금 상환 여부나 담보대출 전환 절차 이행 여부를 확인하지 않은 채 잔금이 입금된 사실만 확인하고 이 아파트의 열쇠를 김씨에게 주고 입주를 허용한 잘못이 있다고 판단됩니다.

11. 대출은행에 무상거주확인서를 작성해준 임차인에게 대항력 인정될까?

주택임대차법 제3조 제1항은 '임대차는 그 등기가 없는 경우에도 임차인이 주택의 인도와 주민등록을 마친 때에는 그 다음 날부터 제3자에 대하여 효력이 생긴다. 이 경우 전입신고를 한 때에 주민등록이 된 것으로 본다'라고, 같은 법 제3조의2 제2항은 '임대차 계약서에 확정일자를 갖춘 임차인은 경매나 공매의 매각대금에서 후순위 권리자나 그 밖의 권리자보다 우선하여 보증금을 변제받을 권리가 있다'라고 규정하고 있습니다.

그런데 임차인이 주택을 인도받고, 주민등록 전입신고와 확정일자를 갖춘 후, 주택 소유자의 부탁을 받아 대출은행에 무상거주 확인서를 작성해 줄 경우, 임차인에게 대항력이 인정되는지 문제 됩니다.

나임차씨는 2015. 6. 19. 주임대씨와 경기도 수원시 영통구 내자동 소재 동산아파트 105동 1005호 84㎡에 관하여 임대차보증금을 4억원으로 정한 임대차 계약을 체결하고 주씨에게 이 보증금을 지급한 다음, 2015. 8. 8. 이 아파트에 입주한 후, 주민등록 전입신고를 하고 임대차계약서에 확정일자를 받았습니다.

한편, 한미은행은 2017. 6. 1. 주씨에게 대출을 해주고 이 아파트에 채권최고액을 6억원으로 한 근저당권설정등기를 마쳤습니다.

그 무렵, 나씨는 아파트 소유자 주씨의 부탁을 받고 한미은행에게 '주씨와 사이에 임대차계약으로 인한 채권 채무 관계가 없음을 확인하고 한미은행에 대하여 임대차 계약에 따른 일체의 권리를 주장하지 않겠다'는 내용의 '무상거주확인서'를 작성하여 주었습니다.

그 후, 주씨가 이 대출금을 갚지 않자, 한미은행은 2018. 10. 10. 법원에 이 아파트에 관한 임의경매를 신청하였습니다. 그러자 나씨는 2018. 11. 11. 주택임차인으로서 집행법원에 권리신고 및 배당요구를 하였습니다.

이에 따라 나씨의 임차권에 관한 권리신고 및 배당요구 사실과 그 임대차 보증금, 점유기간, 전입일자, 임대차계약서상 확정일자가 매각기일마다 매각물건명세서에 기재되어 공시되었습니다.

이 아파트에 관한 경매는 수차례 유찰되었다가 김매수씨가 5억원으로 매수하여 2019. 5. 8. 매각대금을 지급하고 소유권이전등기를 마쳤습니다.

집행법원은 2019. 6. 13. 배당기일에 1순위로 임차인인 나씨에게 4억원, 2순위로 근저당권자인 한미은행에 9천만원을 배당하는 내용의 배당표를 작성하였습니다. 이에 대하여 한미은행은 나씨에 대한 배당액 전부에 관하여 이의를 신청한 후 '배당이의의 소'를 제기하였습니다.

이 소송에서 '나씨의 배당액은 0원으로 하고, 한미은행의 배당액은 4억9천만원으로 경정한다'는 법원의 화해권고 결정이 있었고, 당사자의 이의 없이 이는 확정되었습니다.

그 후, 이 아파트를 매수하여 소유권자가 된 김매수씨는 나임차씨에게 아파트에서 나갈 것을 요구하였으나 나씨는 주택임대차법상의 대항력을 갖추었다면서 임대차보증금을 받아야만 아파트에서 나가겠다고 버텼습니다.

이에 김씨는 나씨를 상대로 '아파트 인도 및 임대료 상당의 부당이득 반환 청구의 소'를 제기하였습니다.

이 사건 재판에서의 쟁점은 '무상거주 확인서'를 작성하여 주었다가 배당금을 받지 못한 임차인이 주택임대차법상의 대항력을 주장할 수 있느냐는 것이었습니다.

이에 대하여 제1심부터 상고심 법원인 대법원은 일관하여 "주택임차인이 주택에 관하여 개시된 경매절차에서 임대차보증금 액수, 주택인도일, 주민등록일(전입신고일), 임대차계약서상 확정일자 등 대항력 및 우선변제권 관련 사항을 밝히고 권리신고 및 배당요구를 한 경우 그 내용은 매각물건명세서에 기재되어 공시되므로, 매수희망자는 보통 이를 기초로 매각기일에서 신고할 매수가격을 정하게 된다. 따라서 주택 경매절차의 매수인이 권리신고 및 배당요구를 한 주택임차인의 배당순위가 1순위 근저당권자보다 우선한다고 신뢰하여 임대차보증금 전액이 매각대금에서 배당되어 임대차보증금 반환채무를 인수하지 않는다는 전제 아래 매수가격을 정하여 낙찰을 받아 주택에 관한 소유권을 취득하였다면, 설령 주택임차인이 1순위 근저당권자에게 무상거주확인서를 작성해 준 사실이 있어서 임대차보증금을 배당받지 못하게 되었다고 하더라도, 그러한 사정을 들어 주택의 인도를 구하는 매수인에게 주택임대차법상 대항력을 주장하는 것은 신의칙에 위반되어 허용될 수 없다."고 판결하였습니다.

아파트 소유자의 부탁을 받고, 어쩌면 짜고? 또는 막연히 무상거주 확인서를 작성해준 나임차씨는 임대차보증금을 받지 못한 채 이 아파트를 비워줘야 할 상황이 된 것입니다.

짜고 그랬다면 억울하지는 않겠으나 아무 생각없이 그랬다면 임대차보증금을 받지 못하고 아파트를 비워줘야 하게 된 나임차씨는 경매로 아파트를 잃게 된 주씨를 상대로 '임대차보증금 반환청구의 소'를 제기할 수 밖에 없는 상황이 된 것입니다.

12. 우선변제권있는 임차인은 배당요구 안해도 될까?

부동산 경매절차에서 낙찰자인 매수인이 매각대금을 내면 법원은 배당절차를 진행합니다. 배당절차는 법원이 채권자들에게 그들의 권리에 맞게 돈을 나눠주는 절차입니다.

그런데 이 배당절차에서는, 경매절차에서의 채권자라고 해서 누구나에게 돈을 배당해주지는 않습니다. 배당요구를 하지 않아도 당연히 배당해주는 채권자와 배당요구를 하여야만 배당해주는 채권자가 구분됩니다.

배당요구를 하지 않아도 배당을 해주는 채권자는 ㉠배당요구의 종기까지 경매신청을 한 압류채권자, ㉡배당요구의 종기까지 배당요구를 한 채권자, ㉢첫 경매개시결정등기 전에 등기된 가압류채권자, ㉣저당권·전세권, 그 밖의 우선변제청구권으로서 첫 경매개시결정등기 전에 등기되었고 매각으로 소멸하는 것을 가진 채권자를 말합니다(민사집행법 제148조).

배당요구 종기까지 배당요구를 하여야만 배당을 해주는 권리자는 ㉠집행력있는 정본을 가진 채권자, ㉡경매개시결정이 등기된 뒤에 가압류한 채권자, ㉢민법·상법 그 밖의 법률에 의하여 우선변제권이 있는 채권자입니다(민사집행법 제88조 제1항). 이들 외에는 배당요구를 하였다고 하더라도 배당을 받을 수 없습니다.

배당요구는 채권자가 법원에 배당요구 신청서를 제출함으로써 이루어집니다. 배당요구 신청서에는 채권의 원인과 액수를 적어야 하고, 배당요구의 자격을 소명하는 서면을 첨부해야 합니다(민사집행규칙 제48조 제1항).

그런데 이러한 배당요구는 법원이 정한 배당요구 종기일까지 해야 합니다. 이를 놓치면 배당요구의 효력은 없습니다. 배당요구 종기는 경매개시결정등기가 있은 후 첫 매각기일, 즉 첫 입찰기일 이전으로 정해집니다(민사집행법 제84조 제1항).

그런데 주택임대차법에서 정한 바에 따라 대항력과 확정일자를 갖춘, 즉 우선변제권이 있는 주택임차인이 법원으로부터 경매절차 진행 사실을 통지받지 않아서 배당요구를 하지 못하였을 때가 문제 됩니다. 우선변제권이 있는 주택임차인도 배당요구를 해야만 배당을 받을 수 있기 때문입니다.

이 경우 주택임차인은 매각허가결정에 대해 불복할 수 있는지, 배당절차에서 배당이의 신청을 할 수 있는지, 배당받은 후순위 권리자에게 '부당이득 반환 청구의 소'를 제기할 수 있는지가 문제 되는 것입니다.

이에 대하여 대법원은 "민사집행법에 의한 배당요구가 필요한 채권자가 실체법상 우선변제 청구권이 있다고 하더라도 적법한 배당요구를 하지 아니하여 배당에서 제외된 경우, 매각허가결정에 대한 불복이나 배당이의 신청 그리고 배당받은 후순위 권리자에 대한 '부당이득 반환 청구의 소'를 제기할 수 없다."라고 판결하였습니다.

특히 "경매절차 진행 사실을 법원이 임차인에게 통지하는 것은 법률상 규정된 의무가 아니고 당사자의 편의를 위해 법원이 안내할 뿐, 이 진행사실을 통지받지 못한 임차인은 법원에 대해 과실책임을 물을 수도 없다."라고 하였습니다.

가끔 주택 임차인이 필자를 찾아와서 묻곤 합니다.

"거주하는 집이 경매에 넘어갈 것 같다. 그런데 언제 넘어갈지는 알 수 없다. 대항력과 확정일자를 갖추었으면 우선변제를 받을 수 있다고 하는데 그 다음을 어떻게 해야 하는지 모르겠다."고 말합니다.

필자는, 보통은 "경매절차가 진행되면 법원에서 통지를 해주니 그 때 그 통지문을 가져오시면 배당요구 등 대응을 해 드리겠다."고 말씀드립니다.

그런데 임차인이 이사를 가거나 해서 경매개시결정 통지문을 받지 못하거나 앞에서처럼 법원이 실수로 통지문을 안 보냈을 때가 걱정되는 것입니다.

이 때,는 "조금은 불편하지만 매달 한 번씩은 거주하는 집의 등기사항증명서를 열람해 볼 수 밖에 없다. 열람이 곤란하면 그 때마다 전화 주시면 제가 열람해 보겠다."고 설명드립니다.

번거롭고 귀찮지만 임대차보증금을 배당받지 못하게 되는 상황을 방지하기 위해서는 반드시 필요한 일이기 때문입니다

13. 우선변제권있는 임차인이 배당요구를 안하거나 못한 경우 어떻게 될까?

우선변제권이 있는 주택임차인이란 '주택을 인도받고 주민등록을 마친 다음 날에 갖게 되는 대항력과 임대차계약서상의 확정일자를 모두 갖춘 임차인'을 말합니다(주택임대차법 제3조 제1항 및 제3조의2 제2항).

우선변제권이 있는 임차인이 임차 주택에 관한 경매가 진행 중인 사실과 배당을 요구하라는 통지를 받았음에도 경매 법원에 배당요구를 하지 않거나 배당요구 종기일을 놓치는 경우가 있습니다.

나임차씨는 주임대씨 소유의 시세 4억원짜리 아파트에 임대차보증금을 3억 5천만원으로 하여 2018. 8. 20. 임대차계약을 체결한 후 이 아파트에 입주하면서 대항력과 확정일자를 갖추었습니다. 그 당시 이 아파트 등기사항증명서에는 근저당권 설정등기가 마쳐져 있지 않았습니다.

그런데 집주인 주씨의 다른 빚으로 인해 이 아파트에 관한 강제경매 절차가 진행되었고, 나씨는 경매진행 사실을 법원으로부터 통지받았습니다. 이 아파트의 감정평가액은 4억원이었습니다.

나씨는 대항력과 우선변제권을 갖추고 있었습니다. 이 때, 나씨는 고민합니다.

집주인 주씨가 세금 등 우선변제권있는 채무를 부담하고 있을 수 있고, 또 이 아파트 경매가 유찰된 후 낮은 가격으로 매각된다면 자신의 임대차보증금 전액인 3억 5천만원을 배당받을 수 없게 되지 않을까 걱정하는 것입니다.

그리하여 대항력을 유지하고 있으므로 배당요구를 하지 않아 버립니다. 이는 나씨가 주택임대차법상 대항력을 갖추었고, 이 아파트에 저당권 등 선순위 권리가 등기되어 있지 않았기 때문입니다.

이 경우 제3자에게 대항할 수 있고, 무엇보다 이 아파트를 매수한 낙찰자에게 임대인의 지위가 승계되고, 배당요구를 하지 않으면 낙찰자인 매수인으로부터 임대차보증금을 반환받을 수 있기 때문입니다.

쉽게 말해, 이 아파트를 낙찰받은 매수인은 나씨에게 임대차보증금 3억 5천만원 전액을 반환하여야만 나씨로부터 이 아파트를 인도받을 수 있다는 것입니다. 물론 나씨가 배당요구하지 않은 사실을 알게 된 입찰자는 나씨의 임대차보증금 3억 5천만원을 고려하고 입찰에 응할 것입니다.

한편, 배당요구를 하지 않는 또 다른 경우로는, 대항력은 갖추었으나 확정일자를 받지 않았거나 확정일자를 받았더라도 순위에서 밀린 경우입니다. 이 경우에도 임차인은 매수인으로부터 임대차보증금을 반환받을 수 있으므로 배당요구를 할 필요가 없습니다.

다른 예를 들어 봅니다.

무임차씨는 시세 4억원이고, 선순위로 1억원의 근저당권 설정등기가 되어 있는 주임대씨 소유의 아파트에 보증금 2억원에 전세를 들었습니다. 물론 무씨는 대항력과 확정일자를 갖추었습니다.

이 아파트에 입주한 무씨는 동사무소에 전입신고를 할 때, 등기사항증명서에 적힌 바대로 이 아파트의 주소를 '1동 2호'로 적어 주민등록 전입신고를 하였습니다.

그 후, 주임대씨가 은행 대출금을 갚지 않자, 근저당권자인 은행은 법원에 임의경매를 신청하였습니다. 그런데 집행관이 현황조사를 하면서 동사무소에 전입세대 열람을 하였는데 그 때 신청서에 이 아파트 주소를 '1동 102호'로 적어냈습니다. 그러니 전입세대 열람 기록에는 당연히 무씨의 전입사실이 나타나지 않았습니다.

이에 법원은 집행관의 현황조사 보고서를 보고 무씨에게 경매진행 사실을 통지할 수 없었고, 이 사실을 모르게 된 무씨는 결국 배당요구를 하지 못하였습니다.

경매절차가 다 끝난 후 매수인이라는 사람이 나타나 집을 비우라고 하니,

무씨는 그 때서야 다급해지기 시작했습니다.

그러나 무씨가 매각허가결정에 대한 이의와 배당이의를 다 하였음에도 불구하고 이는 인정되지 않았습니다. 결국 무씨는 매각허가결정에 대한 불복이나 배당이의 신청, 그리고 후순위 권리자에 대한 '부당이득 반환 청구의 소'를 제기하는 한편, 국가의 과실책임을 묻는 소를 제기하기에 이릅니다.

그러나 이 모든 것이 인정되지 않았습니다. 결국 무씨는 전세보증금 2억원을 받지 못한 채 낙찰자로부터 고작 이사 비용 정도의 배려를 받고 집을 비워주게 된 것입니다.

세상에 이런 억울한 일이 있을까요? 집행관이 현황조사를 하면서 이 아파트에 방문해서 집 주인이 살고 있는지, 아니면 세입자가 살고 있는지 묻고 조사라도 하였다면 이런 일은 발생하지 않았을 것인데도 말입니다.

집행관의 중과실 책임을 묻지는 않더라도 후견적 지위에 있는 국가가 집행관의 과실로 인한 손해를 배상해야 하지 않을까요? 저당권 설정등기가 되어 있는 집에 대항력과 우선변제권을 갖추고 살고 있는 임차인이 그 집에 경매가 진행되고 있다는 사실을 알고도 배당요구를 안할리는 만무할 것입니다.

결국 국가도 못 믿을 상황이 될 수 있으니, 선순위 근저당권 설정 등기가 되어 있는 집에 전세를 들어 살 경우 늘 긴장을 멈추지 않고 열람료 고작 700원에 불과하니, 한 달에 한 번씩은 등기사항증명서를 열람해야 한다는 것입니다.

물론 선순위 근저당권 설정등기 등이 되어 있는 집에는 무조건 전세를 들어가지 않는 것이 최선입니다. 그러나 세상일이 모두 자기 뜻대로 되지 않는다는 것이 문제 입니다.

14. 주택 임대차 신고제! (줄간격이 앞과 다름)

최근 부동산거래신고 등에 관한 법률(이하 '부동산거래신고법') 제6조의2가 신설되었습니다. 그 주요 내용은 '일정한 금액을 초과하는 전월세 주택의 임대차 계약에 관하여는 계약당사자가 관할 관청에 신고하여야 한다'는 것입니다.

이에 따라 2021. 6. 1.부터 주택 임대차 신고제, 즉 주택 전월세 신고제가 시행되었습니다.

주택 임대차 신고제를 부동산거래신고법에 도입하는 이유는 '주택의 임대차 계약은 신고 의무가 없어 확정일자 신고 등을 통해 파악된 일부에 대해서만 임대차 계약 정보를 공개하고 있음으로 인해 정확한 임대차 시세정보의 부재로 임차인이 임대인과 대등한 위치에서 임대조건 협상이 어렵고, 분쟁 발생 시 해결 기준이 없어 신속한 해결이 어려워지는 등 문제가 발생하고 있기 때문에 현행 제도의 운영상 나타난 일부 미비점을 개선·보완하기 위해서'라는 것입니다.

신고 대상은 신고제 시행일인 2021. 6. 1.부터 신규 또는 갱신되는 보증금 6천만원 또는 월세 30만원 초과 임대차 계약입니다. 여기에서 묵시적 갱신이나 금액변동이 없는 갱신 계약은 제외됩니다. 그리고 2021. 6. 1. 이전에 체결된 계약도 신고 대상이 아닙니다. 신고 기한은 2021. 6. 1. 이후에 최초로 계약 체결하거나 갱신된 계약에 대해 계약 체결일로부터 30일 이내입니다.

신고 지역은 서울, 경기, 인천 등 수도권과 대전, 대구, 부산, 광주, 울산 등 광역시, 세종시, 제주도와 지방 시 지역입니다. 경기도를 제외한 전라남도 등 도의 군 지역은 해당하지 않습니다.

신고 내용은 계약 당사자의 인적사항, 주택 유형과 주소 등 임대목적물 정보, 임대료 및 계약기간 등 임대차 계약 내용입니다.

신고서는 당사자들이 작성하여 공동으로 제출하는 것이 원칙입니다. 다만, 임대차 계약서를 첨부한 경우 임대인이나 임차인 중 한 사람이 신고할 수 있습니다. 임대차 계약당사자 중 일방이 신고를 거부한 경우 다른 일방 당사자는 임대차 신고서에 서명 또는 날인한 후 임대차 계약서, 입금증 등 서류와 단독신고 사유서를 첨부해 단독 신청할 수 있습니다.

대리인이 위임장과 위임인의 신분증 사본을 첨부하여 신고할 수도 있습니다.

신고서 양식은 인터넷 사이트 '국가법령정보센터의 부동산거래신고법 시행규칙 별지 제1호의4 서식'을 다운받으면 됩니다.

신고 방법은 임차주택 소재지 관할 주민센터를 방문하거나 온라인 '부동산거래관리시스템'을 통해 신고할 수 있습니다.

주택임대차 계약, 변경, 해제 신고를 하지 않거나 공동신고를 거부한 사람, 그리고 그 신고를 거짓으로 한 사람에게는 100만원 이하의 과태료가 부과됩니다.

다만, 2021. 6. 1.부터 2022. 5. 31.까지 1년 동안은 계도기간으로서 과태료가 부과되지 않습니다.

정부는 임대차 신고정보가 임대소득 과세정보로 활용될 수도 있다는 일부의 우려에 대해 '임대차 신고제는 임대차 시장의 동향 파악과 임차인 보호를 목적으로 도입하는 제도로 과세자료로 활용하지 않습니다'라고 밝히고 있습니다.

제3장 가사·상속 및 증여

제3장 가사·상속 및 증여

1. 사귀던 남자 말고 다른 남자의 아이를 가진 여자!

사람으로서 살아가면서 있어서는 안 되는 일이 발생하곤 합니다.

남아범씨와 여나분씨는 결혼을 전제로 사귀었습니다. 이들은 자연스럽게 성 관계를 가졌습니다. 그 후, 여씨는 남씨에게 임신 사실을 밝혔고, 둘은 서둘러 결혼하고 혼인신고를 하였습니다. 이런 경우는 '혼수품'이라는 우스갯소리를 할 만큼 흔한 일입니다.

얼마 지나지 않아 이들 부부 사이에는 아들 남버국이 태어났습니다. 이들 부부는 사정상 주말부부로 생활하였는데, 결혼 생활 중 남씨는 여씨가 잦은 음주를 하고 가정생활과 양육을 이유로 금전적 요구만 한다고 불만이 컸습니다.

여씨 또한 남씨가 가장으로서 책임감 없이 가사와 자녀 양육에 소홀할 뿐 아니라 2015년 경부터 다른 여자를 만나는 등 부정행위를 하였다고 의심하였습니다.

결국 이들은 가정불화로 협의 이혼하였습니다. 그러면서 남버국에 대한 친권자와 양육자는 여씨로 하되, 남씨는 양육비로 매월 65만원을 지급하기로 하였습니다. 그 후, 남씨는 아들을 자주 만났고, 매월 65만원씩 13회 동안 총 845만원을 여씨에게 송금하였습니다.

그 후, 남씨는 아들이 자신과 전혀 닮지 않았다고 평소 생각하고 있던 중, 자신과 아들의 머리카락을 이용하여 유전자 검사를 하였습니다.

그 결과, 두 사람 사이에는 친생자관계가 성립하지 않는다는 것이 밝혀졌습니다. 이에 남씨는 '친생자관계부존재 확인의 소'를 제기하였고, 법원은 유전자감정 촉탁을 진행하였습니다. 그 후, 법원은 '남아범씨와 남버국 사이에 친생자관계가 존재하지 아니한다'고 판결하였고, 이는 확정되었습니다.

이에 남씨는 여씨를 상대로 위자료 3,850만원을 지급하라는 소를 제기하였습니다. 나씨는 이에 대한 재판에서 '남씨와 사귀는 사이에 다른 남자와 성 관계를 한 것은 맞다. 그러나 남버국의 친아버지가 남씨라고 믿었고, 그 과정에서 어떠한 잘못을 한 일이 없다. 따라서 남씨에게 위자료를 줄 이유가 없다'고 항변하였습니다.

이에 대하여 제1심은 "여씨는 남버국을 임신할 무렵 남씨 외에 다른 남자와 성 관계를 맺은 사실이 있고, 이러한 성관계로 임신을 하였을 개연성이 있다는 것을 충분히 인식하고 있었음에도 남씨에게 이러한 사실을 알리지 않고 결혼하였음을 알 수 있다. 남씨가 여씨와 협의이혼을 하는 과정에서도 남버국을 자신의 친아들로 믿고 양육비 지급의무를 이행하고 면접교섭도 하여왔던 사정을 감안하면 여씨의 이러한 행위로 인하여 남씨가 정신적 손해를 입었을 것임은 경험칙상 분명하다. 따라서 여씨는 남씨에게 위자료로 3,000만원을 지급하라."고 판결하였고, 여씨가 항소하지 않아 이는 확정되었습니다.

정신적 위자료는 구체적 산정 근거를 필요로 하지 않는 것이 재판 실무이지만 그래도 이번 판결은 남씨의 청구액 대부분이 인정된 점을 볼 때 얼마나 심각한 사례인지 알 수 있습니다.

그런데 남버국이 당연히 자신의 아들이라 믿고 그동안 쏟은 애정이나 키운 정, 양육비 등을 생각해 보면 남씨의 여씨에 대한 배신감은 위와 같은 위자료로 치유될 수 있을지 의문입니다.

2. 오랫동안 각방 쓴 부부 중 한쪽이 바람 피면 불법일까?

원통애씨와 마뻔뻔씨는 20년 전에 결혼하였습니다. 이들 부부는 아들 딸 낳고 잘 살다가 양가 가족 문제와 성격 차이로 자주 다투게 되면서 마침내 각방을 쓰게 되었고, 그 기간이 10년을 넘었습니다.

'무늬만 부부 또는 쇼윈도 부부'로서 한 집에서 생활하기는 하였으나 사실상 별거 상태에 이른 것입니다.

이렇게 생활하던 중 남편 마씨는 향우회 모임에서 알게 된 나순애씨와 사귀게 되었고, 음란한 문자를 교환하다가 아내 원씨에게 발각되거나 차 안에서 껴안고 있는 모습을 들키게 됩니다.

격분한 원씨는 부부 공동생활을 방해하고 배우자로서 자신의 권리를 침해하여 정신적 고통을 가하였다는 이유로 나순애씨를 상대로 불법행위에 의한 '손해배상 청구의 소'를 제기합니다.

그러나 남편인 마씨를 상대로는, 부정행위로 자신에게 정신적 고통을 주었음에도 불구하고 손해배상 청구의 소를 제기하지는 않았습니다.

비록 각방을 쓰는 등 사실상 별거 상태이기는 하지만 자녀들이 성인이 될 때까지는 이혼을 미루고 있고, 마씨도 이를 알고 있었기 때문입니다.

원통애씨로부터 소송을 당한 나순애씨는 이에 대해 '원씨와 마씨는 10년 이상 각방을 쓰는 무늬만 부부로 사실상 별거한 상태이다. 두 사람은 서류상 이혼만 안했을 뿐 남남이라고 알고 있었다. 서류상 이혼하지 않은 마씨와의 성적 행위는 비난을 받을지언정 불법행위는 아니다. 따라서 손해배상을 할 이유가 없다'라고 항변하였습니다.

민법과 판례에 따르면, 부부는 부부공동생활로서의 혼인이 유지되도록 상호간 포괄적으로 협력할 의무를 부담하고 그에 관한 권리를 가지며, 부부공동생활 유지의 내용으로서 부부는 부정행위를 하지 않아야 하는 성적 성실의무를 부담합니다. 이에 따라 부부 중 한쪽이 부정행위를 한 경우 이는 재판상 이혼 사유가 될 뿐만 아니라 다른 한쪽이 입게 된 정신적 고통에 대하여 불법행위에 의한 손해배상 의무를 부담합니다.

한편, 불륜이나 부정행위의 상대방도 타인의 부부공동생활에 개입하여 그 부부공동생활이 파탄에 이르게 함으로써 피해자에게 배우자로서의 권리를 침해당하는 정신적 고통을 가했으므로 손해를 배상하여야 합니다.

그런데 부부가 서류상 이혼하지는 않았으나 장기간 각방을 쓴다든가 별거를 함으로써 실질적으로 부부공동생활이 파탄된 경우, 즉 성적 관계가 불가능하게 된 상황에서, 부부 한쪽이 배우자 아닌 다른 사람과 부정행위를 저질렀을 때, 피해 배우자는 부정행위를 저지른 배우자와 부정행위 상대방에 대하여 손해배상을 청구할 수 있느냐가 문제 됩니다.

여기에서 부정행위란 간통을 포함하는 보다 넓은 개념으로 간통에까지는 이르지 않았으나 부부의 정조의무를 위반한 일체의 행위를 말합니다.

예컨대, SNS에서 음란한 문자를 교환한다거나 호텔에 갔으나 성 행위까지에는 이르지 않은 경우가 부정행위에 해당합니다.

이에 대하여 대법원은 "장기간 별거 등으로 인해 법률상 이혼은 아니나 부부 공동생활이 실질적으로 파탄되어 회복할 수 없는 상황에서 부부 한쪽이 배우자 아닌 제3자와 한 성적인 행위는 부부 공동생활을 침해하거나 방해하는 것이라 할 수 없고, 그로 인해 배우자의 부부공동생활에 관한 권리가 침해되었다고 할 수도 없으므로 불법행위가 성립하지 않는다."고 판결하였습니다.

따라서 부정행위를 한 두 사람은 피해자인 배우자에게 손해를 배상할 의무가 없다는 것입니다. 이는 부부공동생활이 파탄되어 부부 상호간에 성적 관계를 요구하거나 기대할 수 없는 상황에서, 법률상 이혼이 될 때까지 부부 상호간에 성적 성실의무를 지켜야 한다는 것은 개인의 성적 자기결정권을 과도하게 제한하여 부당하다는 것입니다.

결론적으로, 나순애씨는 원통애씨에 대한 손해배상 책임이 없습니다.

한편, 부부간에 불화도 없고 사이도 원만하나 다만, 성적 관계에서는 원만하지 못하는 경우가 있습니다. 이 때, 배우자의 성적 불만을 달래기 위해 상대방에게 부정행위를 명시적 혹은 묵시적으로 허용하기도 합니다. 이를 빌미로 대놓고 부정행위를 저지른다면 이에 대해 손해배상을 청구할 수 있을까요?

민법 제841조는 '배우자가 부정행위를 하였을 때, 다른 한쪽이 사전에 동의하거나 부정행위 후에 용서를 한 때에는 이를 안 날로부터 6개월, 그 사유가 있는 날로부터 2년이 지난 뒤에는 이혼을 청구하지 못한다'라고 규정하고 있습니다.

이를 사전동의와 사후용서라 하고, 종용(慫慂)과 유서(宥恕)라고 하는데요. 이러한 종용과 유서가 있을 때 부정행위를 저지른 배우자와 그 상대방에 대해 손해배상을 청구할 수 있느냐가 문제 됩니다.

위 사례를 유추 적용하여 사전동의, 즉 종용의 경우에는 부정행위를 저지른 배우자와 그 상대방에 대해 손해배상을 청구하기는 어렵다고 봅니다. 그러나 사후용서, 즉 유서의 경우에는 부정행위의 상대방에 대해서는 용서하였다고 볼 수 없으므로 그 상대방에 대하여는 손해배상 청구가 가능하다고 판단 합니다.

3. 한국인 남편과 이혼한 외국인 아내, 체류 연장 가능한가?

출입국관리법 시행령은 결혼이민(F-6) 체류자격의 요건을 ㉠국민의 배우자, ㉡국민과 사실상의 혼인관계를 포함한 혼인관계에서 출생한 자녀를 양육하고 있는 부 또는 모로서 법무부 장관이 인정한 사람, ㉢국민인 배우자와 혼인한 상태로 국내에 체류하던 중 그 배우자의 사망이나 실종, 그 밖에 자신에게 책임이 없는 사유로 정상적인 혼인관계를 유지할 수 없는 사람으로서 법무부장관이 인정하는 사람이라고 규정하고 있습니다(출입국관리법 시행령 별표1의2). 위 ㉢의 요건을 [F-6 (다)목]이라고 합니다.

위 [F-6 (다)목] 요건인 '그 밖에 자신에게 책임없는 사유로 정상적인 혼인관계를 유지할 수 없는 사람'에서 '자신에게 책임없는 사유'의 의미가 무엇인지 문제 됩니다.

베트남 국적의 나아내씨는 국제결혼 중매업체를 통해 이남편씨와 맞선을 보고 결혼식을 올린 다음 2015. 7. 1. 혼인신고를 마친 후, 2015. 12. 4. 결혼이민 체류자격으로 국내에 입국하여 이씨와 혼인 생활을 시작하였습니다.

이들의 혼인 생활 중 나씨는 시어머니가 경영하는 편의점에서 무급으로 일하였고, 임신 중에도 별다른 돌봄을 받지 못하여 유산을 하였습니다. 그러다 나씨가 편의점 아닌 다른 직장에 다니려 하자, 시어머니는 이를 막으면서 편의점에서 일할 것을 종용하였습니다. 나씨가 이에 응하지 않자 이혼하라며 나씨를 집에서 내쫓았습니다. 이 때, 남편 이씨는 나씨를 친척 언니 집에 가 있으라며 데려다 준 후, 나씨가 '소재불명'이라며 허위로 가출신고를 하고 신원보증 철회서를 작성하여 출입국 사무소에 제출하였습니다.

이에 나씨는 이씨를 상대로 '이혼 등 청구의 소'를 제기하였습니다.

이 소송에서 제1심은 '나씨가 이씨와 시어머니의 부당대우로 유산한 사실, 시어머니가 쫓아내서 집을 나온 사실, 이씨가 그 후,로 나씨를 보살피지 않은 사실이 인정되고, 남편 이씨의 주된 귀책사유로 혼인관계가 파탄되었다'면서 '나씨와 이씨는 이혼하라'고 판결하였고, 이는 확정되었습니다.

그 후, 나씨는 '자신에게 책임없는 사유로 이혼을 했음을 근거'로 하여 출입국 사무소에 결혼이민([F-6 (다)목]) 체류자격 연장을 신청하였습니다.

그러자 출입국 사무소는 '나씨와 이씨의 이혼 확정판결에 의하더라도 남편 이씨에게 이혼의 주된 귀책사유가 있다는 것일 뿐 전적인 귀책사유가 있는 것이 아니다'라며 나씨의 체류자격 연장 신청에 대하여 거부처분을 하였습니다.

이에 나씨는 출입국 사무소장을 상대로 '체류자격 연장불허가 처분 취소 청구의 소'를 제기하였습니다. 이에 대하여 1심과 2심은 '출입국 사무소장의 처분이 적법하였다'고 판단하고, 나씨의 청구를 기각하였습니다.

나씨의 상고에 따라 대법원은 "결혼이민[F-6 (다)목] 체류자격에 관한 규정의 입법 취지는, 대한민국 국민과 혼인하여 결혼이민 체류자격을 부여받아 국내에서 체류하던 중 국민인 배우자의 귀책사유로 정상적인 혼인관계를 유지할 수 없게 된 외국인에 대하여는 인도주의적 측면에서 결혼이민 체류자격을 부여하여 국내에서 계속 체류할 수 있도록 허용하기 위한 것이다.

한편, 부부 사이의 혼인파탄이 어느 일방의 전적인 귀책사유에서 비롯되었다고 평가할 수 있는 경우는 현실적으로 드물거나 많지 않을 것으로 보이는데, 결혼이민[F-6 (다)목] 체류자격에 관한 위 규정을 엄격하게 해석하여 '정상적인 혼인관계를 유지할 수 없어 이혼에 이르게 된 것이 오로지 국민인 배우자의 귀책사유 탓이고 외국인 배우자에게는 전혀 귀책사유가 없는 경우'에 한하여 적용할 수 있다고 한다면 외국인 배우자로서는 재판상 이혼 등 우리 민법에서 정한 절차에 따라 혼인관계를 적법하게 해소할 권리를 행사하는 것에 소극적일 수밖에 없게 되고, 국민인 배우자가 이를 악용하여 외국인 배우자를 부당하게 대우할 가능성도 생길 수 있다. 결혼이민[F-6 (다)목] 체류자격의 요건인 자신에게 책임이 없는 사유로 정상적인 혼인관계를 유지할 수 없는 사람이란 '자신에게 주된 책임이 없는 사유로 정상적인 혼인관계를 유지할 수 없는 사람', 즉 '혼인파탄의 주된 귀책사유가 국민인 배우자에게 있는 경우'를 의미한다고 봄이 타당하다."고 하면서 "그런데 하급심 법원은 나아내씨에게도 혼인파탄에 관하여 일정한 부분 책임이 있으므로 결혼이민[F-6 (다)목] 체류자격의 요건을 충족하지 못하였다고 판단하였는 바 이는 위법하다."고 하였습니다.

즉 '체류기간 연장 불허가 처분을 취소하라'는 취지로 항소심 판결을 파기, 환송하였습니다.

4. 이혼 소송 중 재산분할 협의의 효력!

부부가 살다 보면 이혼할 수 있습니다. 이혼을 할 때, 미성년 자녀가 있는 경우 친권자과 양육자 지정이 문제 되나, 부부가 혼인 생활 중에 형성한 재산의 분할도 첨예한 문제가 됩니다.

이혼에는 '협의상 이혼'과 '재판상 이혼'이 있음을 누구나 알고 있습니다. 통상 '합의 이혼'이라고 하는데 법률상으로는 '협의 이혼'이 정확한 용어 입니다.

민법은 '협의상 이혼한 자의 일방은 다른 일방에 대하여 재산분할을 청구할 수 있고, 협의상 이혼시 재산분할에 관하여 협의가 되지 아니하거나 협의할 수 없는 때에는 가정법원은 당사자의 청구에 의하여 당사자 쌍방의 협력으로 이룩한 재산의 액수 기타 사정을 참작하여 분할의 액수와 방법을 정한다. 재산분할청구권은 이혼한 날부터 2년을 경과한 때에는 소멸한다'고 규정하고 있습니다(민법 제839조의2). 이는 재판상 이혼에도 준용됩니다(민법 제843조).

부부가 이혼하려고 할 때, 협의가 되지 않으면 재판상 이혼 청구 절차를 진행합니다. 이 때, 통상 이혼 청구, 친권 및 양육자 지정, 재산분할, 위자료 청구를 한꺼번에 하곤 합니다. 단지 이혼만을 원할 경우, 친권과 양육자 지정 청구는 하되, 재산분할이나 위자료 청구를 하지 않기도 합니다.

나아내씨는 2018. 2. 15. 김남편씨를 상대로 '이혼 및 위자료 청구의 소'를 제기하였습니다. 이 재판의 항소심 변론기일에서 작성된 변론조서에는 '시가 1억 7천만원 상당의 아파트를 나아내씨 소유로 분할하는데 두 사람이 모두 동의하였다'라고 기재되어 있었습니다.

그런데 담당 재판부는 '김남편씨가 이 아파트를 소유하는 형태로 재산을 분할하라'고 판결하였습니다.

나씨의 상고에 따른 재판에서 대법원은 "일방 당사자가 특정한 방법으로 재산분할을 청구하더라도 법원은 이에 구속되지 않고 타당하다고 인정되는 방법에 따라 재산분할을 명할 수 있다. 그러나 재산분할 심판은 재산분할에 관하여 당사자 사이에 협의가 되지 아니하거나 협의할 수 없는 때에 한하여 하는 것이므로, 쌍방 당사자가 일부 재산에 관하여 분할방법에 관한 합의를 하였고, 그것이 그 일부 재산과 나머지 재산을 적정하게 분할하는데 지장을 가져오는 것이 아니라면 법원으로서는 이를 최대한 존중하여 재산분할을 명하는 것이 타당하다. 그 경우 법원이 아무런 합리적인 이유를 제시하지 아니한 채 그 합의에 반하는 방법으로 재산분할을 하는 것은 재산분할 사건이 가사비송 사건이고, 그에 관하여 법원의 후견적 입장이 강조된다는 측면을 고려하더라도 정당화되기 어렵다."고 판시하면서 "그런데 항소심은 재산분할에 관한 법리를 오해하여 판결에 영향을 미친 잘못이 있다."며 파기, 환송하였습니다.

이러한 대법원 판결은 이혼 소송 당사자가 원하는 바대로 재산분할을 청구하였다 하더라도 가정법원은 그대로 인정할 의무는 없지만 당사자 쌍방이 재산분할에 관하여 적정한 합의를 이루었다면 이를 존중해 주어야 한다는 것을 분명히 하였다는 점에서 의의가 있다고 할 것입니다.

5. 이혼 재산분할, 아파트 분양대금인가? 아파트 그 자체인가?

'재산분할 청구권'은 협의 또는 재판으로 이혼을 하면서 부부 한쪽이 다른 쪽에게 혼인 중에 취득한 재산의 일부를 나누어 달라고 요구할 수 있는 권리(민법 제839조의2 및 제843조)입니다. 이는 이혼할 때, 혼인 중에 이룬 재산을 남녀평등 원칙에 따라 나누고, 이혼의 자유를 실질적으로 보장하고자 우리 민법이 정한 제도입니다. 빚도 나눠서 분할합니다.

재산분할 청구는 혼인 중에 부정행위 등 잘못을 저지른, 이른바 유책배우자도 할 수 있으며, 사실혼 배우자도 할 수 있습니다. 만일 협의 이혼을 하면서 어떠 어떠한 방법으로 재산을 분할하겠다고 약속을 하였더라도 재판상 이혼을 할 때는 이 약속은 무효입니다. 분할 대상은 혼인 중에 부부가 같이 이룩한 재산입니다.

문제는 혼인 생활을 하면서 부부 중 어느 한쪽 이름으로 부동산등기를 하였을 경우 입니다. 이 때는 원칙적으로 자기 이름으로 되어 있는 사람의 재산으로 보기 때문에 재산분할 대상이 아닙니다.

그러나 그 사람 이름으로 되어 있는 재산을 이루고, 유지하고, 감소를 방지하는 것에 자기 이름으로 되어 있지 않은 배우자가 협력하였다면 분할 대상이 됩니다. 이러한 협력 여부는 재산 형성 과정에서의 한 통장 거래내역이나 생활비 지출 내역을 통해 파악될 수 있습니다. 재산분할 청구권은 이혼 위자료 청구권과는 별개의 권리이며, 이혼한 날로부터 2년이 지나면 행사할 수 없습니다.

김남편씨는 결혼 전에 주택청약예금에 가입하여 청약 1순위 자격이 되었습니다. 그 후, 김씨는 나분할씨와 혼인신고를 하고 부부가 되었고, 거주하고 있던 지역의 아파트 분양에서 당첨되었습니다.

김씨는 분양가 2억 5,000만원에 분양계약을 체결한 후 혼인 관계가 파탄되기 직전까지 계약금과 중도금으로 2억원을 시행사에 납부하였습니다.

두 사람간의 혼인관계가 파탄된 후 김씨는 잔금 5,000만원을 치르고, 자기 이름으로 이 아파트의 소유권이전 등기를 마쳤습니다.

그 후, 나씨는 김씨를 상대로 이 아파트의 현재의 시세의 절반인 1억 2,500백만원(분양대금 2억 5,000만원 x 50%)을 달라고 하면서 '이혼 및 재산분할 청구의 소'를 제기하였습니다.

즉 혼인 관계가 깨진 후 낸 잔금 5,000만원을 포함해서 재산 분할을 하여 달라는 것이었습니다. 참고로, 결혼 생활 부부가 낳은 아이는 나씨와 그의 친정어머니가 돌보았고, 나씨는 직장생활을 하며 재산형성에 보탬을 하였습니다.

이에 대해 제1심과 제2심은 '재산분할 대상은 이 아파트 분양대금 전부가 아니라 혼인이 깨지기 전까지 낸 계약금과 중도금의 합계'라고 하면서 분할 대상 재산 금액을 분양대금의 계약금과 중도금 합계의 50%로 정하였습니다.

이 사례의 쟁점은 이혼에 따른 재산분할을 할 때 분할 대상 재산과 재산의 액수를 계산하는 시기는 언제이고, 이혼 재판 중에 취득한 재산을 분할 대상에 포함시켜야 하느냐 였습니다.

나씨의 상고에 따라 대법원은 "재판상 이혼에 따른 재산분할을 할 때 분할 대상 재산과 그 액수는 사실심 변론 종결일을 기준으로 정하는 것이 원칙이다. 따라서 부부 한쪽이 혼인관계 파탄 이후 이혼 재판의 사실심 변론 종결일 전에 취득한 재산이라고 하더라로 그것이 혼인관계 파탄 이전에 부부 쌍방의 협력에 의해 형성된 유무형의 자원으로부터 비롯되었다면 재산분할의 대상이 된다."고 하면서 "김씨는 이 아파트 분양대금의 50%를 나씨에게 재산분할하여 주어야 한다."고 판결하였습니다. 즉 김씨는 1억 2,500만원을 나씨에게 지급하라는 것입니다.

여기서 사실심 변론 종결일이란 '법률심인 대법원에 이르기 전의 재판에서 변론이 끝나는 날'을 의미합니다. 쉽게 말해, 대법원에 오기 전의 재판에서, 법정 다툼이 종료한 날을 기준으로 재산분할 대상과 액수를 정해야 한다는 것입니다. 그런데 하급심은 혼인이 실질적으로 파탄된 때를 기준으로 이를 정했으므로 다시 재판하라는 것입니다.

나분할씨가 이 아파트의 분양대금에 여러가지로 기여를 하였음에도 불구하고 분양 잔금을 포함하지 않고 분할하는 것은 불합리하다는 것입니다. 즉 김씨가 취하는 재산의 액수가 나씨보다 많아 공평하지 않다는 것입니다.

이와 반대로. 이 아파트의 계약금과 중도금만을 분할 액수로 하면 김씨의 재산분할 액수는 그만큼 줄어들 것입니다.

여기서 의문입니다. 나씨는 왜 재산분할로 김씨에게 이 아파트의 지분 2분의 1을 이전등기하여 달라고 하지 않았나 입니다. 그랬다면 재산분할 액수에 관한 다툼은 발생하지 않았을 수도 있을 것이기 때문입니다. 추측컨대, 이혼하는 마당에 김남편씨와 공동명의로 등기되는 것이 싫었을 것이라고 생각해 봅니다.

6. 유족연금, 법률상 배우자와 사실상 배우자 중 누가 받을까?

공무원인 나공무씨는 아내가 두 명이었습니다. 법률상 아내인 조강지씨와 사실혼 관계의 김내연씨가 그들입니다. 축첩은 첩이 호적에 입적되는 것을 금지함으로써 우리나라에서 불법이 되었습니다. 특히 공무원의 '축첩'은 품위유지 의무 위반으로 징계사유에 해당합니다.

나공무씨는 '축첩'을 이유로 파면의 징계를 받을 수도 있었는데 이를 국가에서 묵인한 것인지, 모르고 있었는지 확인된 바는 없습니다. 하여튼, 나씨는 재직 중에 사망하였습니다. 그러자 내연녀인 김씨는 공무원 연금공단을 상대로 유족급여 지급을 청구했으나 거절당하자, 법원에 '유족급여 부지급결정 처분 취소 청구의 소'를 제기하였습니다.

사실관계를 2개로 나누어 알아 봅니다.

공무원연금법에 따르면 유족은 배우자(재직당시 혼인관계에 있던 사람으로 한정하되 사실상 혼인관계에 있던 사람도 포함됩니다), 그리고 자녀, 부모, 손자녀, 조부모입니다(공무원연금법 제3조 제2호). 따라서 사실혼 관계인 김씨에게 연금수급권이 인정되면 수급 순위가 같은 자녀의 유족급여가 줄어들고, 인정이 되지 않고 법률혼 배우자가 없으면 자녀가 유족급여 전액을 받게 됩니다.

나공무씨는 조강지씨와 10년간은 부부로서 동거하다가 사망 전까지 12년 동안은 별거 상태였습니다. 나씨와 조씨 부부는 법원에서 협의이혼 절차를 진행 중이었는데 그러던 중 나씨가 사망하였습니다. 한편, 나씨는 조씨와 별거 중에 김내연씨와 사실혼 관계가 되었습니다. 김씨는 얼마 전에 법원에서 '나씨와 자신 사이에는 사실혼 관계임을 확인한다'는 판결까지 받았습니다. 김씨는 조강지씨가 법률상의 배우자로서 유족연금을 받게 되자, 자신이 배우자로서 유족연금 수급권자라고 주장하면서 위와 같은 소를 제기한 것입니다.

이에 대하여 법원은 "나공무씨는 법률상 배우자인 조강지씨와 이혼의사의 합치 하에 협의이혼 절차를 진행하던 중 사망해 법률혼을 해소하지 못했을 뿐 실질적으로 혼인관계가 해소되었고, 나씨 사망 당시, 나씨와 김씨 사이에는 사실상 혼인 관계가 있었던 이상, 김씨는 공무원연금법이 정한 '유족'에 해당하여 연금수급권을 가진다."라고 판결하였습니다.

한편, 나공무씨는 아내 조강지씨를 둔 채, 김내연씨와 46년간 동거하면서 3명의 자녀를 두었습니다. 그런데 나씨는 생전에 조씨와 이혼할 생각이 없었습니다. 전형적인 두 집 살림을 한 것입니다. 나씨가 사망한 5년 후 조씨도 사망하였습니다. 그러자 김씨는 자신이 배우자로서 유족연금 수급권자라고 주장하면서 공무원 연금공단을 상대로 유족급여 지급을 청구했으나 거절당하자, 법원에 '유족급여 부지급결정 처분 취소 청구의 소'를 제기하였습니다.

이에 대하여 법원은 "사실상 혼인관계에 있던 자를 유족연금을 받을 수 있는 배우자에 포함하는 취지는 사실상 혼인생활을 하여 혼인의 실체를 갖추고 있으면서도 단지 혼인신고를 하지 않았기 때문에 법률상 혼인으로 인정되지 않은 경우 그 사실상의 배우자를 보호하려는 것이므로 만약 사실상 배우자 외에 법률상 배우자가 따로 있는 경우라면 이혼 의사가 합치되었는데도 형식상의 절차 미비 등으로 법률혼이 남아 있는 등 예외적인 경우를 제외하고는 그 사실상 배우자와의 관계는 연금법상 '사실혼'에 해당한다고 볼 수 없다. 따라서 사실상 배우자인 김내연씨는 유족연금 수급권 대상에 포함되지 않는다."고 판결하였습니다.

결국 법률상 배우자와 사실상 배우자 중 누가 유족연금 수급권자인지는 '법률상의 배우자와 이혼의사가 합치되어 이혼절차가 진행되는 등 법률상 혼인관계가 실질적으로 해소되었는지 여부'에 따라 그 결론이 달라진다는 것입니다.

사실혼 관계에 있는 배우자에게도 유족 연금을 받을 수 있는 자격을 주는 것은 물론 입법적 결단이고, 현실을 반영한 것이지만, 어떻게 보면 법률혼 상태를 유지한 상태에서의 사실혼, 즉 축첩을 허용하는 것 아니냐는 비판도 가능하다 할 것입니다.

사례와는 관련이 없지만 간혹, 언론지상에 '아무개' 회장의 둘째 부인이라는 용어가 등장하곤 합니다. 사별이나 이혼 후, 재혼한 부인이라는 뜻이 아니라, 법률상 부인이 아닌 이른바, 첩 또는 내연녀를 이렇게 둘째 부인이라고 호칭합니다.

'첩'이라고 하기에는 언론에서의 표현상 그렇다 치더라도 '내연녀'라고는 해야 하지 않나 생각해 본 적이 있습니다. 이런 것에까지 재벌의 힘이 느껴지는 씁쓸함이었습니다.

7. 키우지도 않는 부모가 상속을 받는다?

상속이란 '어떤 사람이 사망하거나 실종선고를 받은 경우, 법에서 정한 사람이 사망하거나 실종선고를 받은 사람의 재산을 가지게 되는 것'을 말합니다.

이 재산에는 부동산이나 현금, 물건, 채권, 그 밖의 권리뿐만 아니라 빚과 세금도 포함됩니다.

그러면 누가 상속인이 될 수 있을까요? 상속인은 민법이 정한 경우와 판례가 인정하는 경우로 나눌 수 있는데요.

민법 제1000조에서 규정한 상속 순위는 '㉠피상속인의 직계비속, ㉡피상속인의 직계존속, ㉢피상속인의 형제자매, ㉣피상속인의 4촌 이내의 방계혈족'의 순서대로 정해지고, '동순위의 상속인이 수인인 때에는 최근친을 선순위로 하고 동친 등의 상속인이 수인인 때에는 공동상속인이 되며', '태아는 상속 순위에 관하여는 이미 출생'한 것으로 간주합니다.

한편, 피상속인의 배우자는 피상속인의 직계비속과 피상속인의 직계존속이 있는 경우에는 그 상속인과 동순위로 공동상속인이 되고 그 상속인이 없는 때에는 단독상속인이 됩니다(민법 제1003조).

판례에서 인정하고 있는 상속인의 예를 들어 봅니다.

임신 중인 태아입니다. 예컨대, 아버지가 돌아가시기 전에 어머니가 임신을 하고 있었는데, 아버지가 돌아가신 후에 태어난 아이는 상속인이 됩니다. 즉, 태아는 상속 개시 시점에는 출생하지 않았더라도 상속 후에 출생하면 아버지가 돌아가실 당시에 상속인이 된 것으로 봅니다.

아버지가 다르나 어머니가 같은 형제, 즉 이성동복(異姓同腹)의 형제도 상속인이 될 수 있습니다. 쉽게 말해, 어머니가 아버지와 혼인 생활을 하면서 낳은 사람과, 어머니가 재혼한 후 낳은 사람 간에도 상속인이 될 수 있다는 것입니다.

예컨대, 아버지가 다른 형제가 있는데 그 중 한 사람이 사망했고, 그 사람에게 배우자, 그리고 자녀나 손자가 없고, 게다가 부모나 할아버지 할머니도 없을 때, 아버지가 다른 형제도 상속인이 될 수 있는 것입니다.

이것은 우리 민법이 아버지가 같고, 어머니도 같은 형제자매나 아버지는 같으나 어머니가 다른 형제자매에 차별을 두지 않고, 상속 순위나 상속지분에 대해서도 남녀 간, 또는 아버지 계통과 어머니 계통에 차별을 두지 않기 때문입니다.

이 밖에도 이혼 소송 중인 배우자, 인지된 혼외자, 양자, 친양자, 양부모, 친양부모, 양자를 보낸 친생부모, 북한에 있는 상속인, 외국 국적을 가진 상속인이 해당합니다.

그러면 상속인이 될 수 없는 사람은 누구일까요?

적모서자(嫡母庶子)는 상속인이 될 수 없습니다. 적모서자가 무엇일까요?

결혼하여 아내가 있는 남자가 다른 여자를 만나고, 그들 사이에 낳은 자녀를 서자라고 하는데요. 이 때, 결혼한 아내와 다른 여자가 낳은 자녀 사이에는 상속이 이루질 수 없다는 것입니다.

사실혼 관계에 있는 아내나 남편, 이혼한 아내나 남편도 상속인이 될 수 없고, 친양자를 보낸 친생부모도 상속인이 될 수 없습니다.

그런데 앞에서는 '양자'를 보낸 친생부모가 상속인이 될 수 있다고 하고, 뒤에서는 '친양자'를 보낸 친생부모는 상속인이 될 수 없다고 하였습니다.

양자를 보낸 친생부모와 친양자를 보낸 친생부모는 차이가 있습니다. 언듯 보기에는 단순히 양자와 친양자라는 용어의 차이이지만 법률상으로는 명확히 구분됩니다.

낳아준 부모가 자녀를 양자로 보내면, 양부모의 가족으로 들어가더라도 낳아준 부모와 자녀 사이에는 부모 자식 관계가 그대로 유지됩니다. 그래서 양자로 간 자녀를 낳아준 부모는 상속인이 될 수 있습니다.

그러나 낳아준 부모가 자녀를 친양자로 보내면, 그 때부터는 친양자로 입양된 자녀는 양부모가 혼인 중에 낳은 것으로 봅니다.

쉽게 말해, 낳아준 부모와는 부모 자식간이라는 관계가 끊어지게 되는 것입니다. 낳아준 부모와 부모 자식간의 관계가 끊어졌으므로 친양자로 간 자녀가 사망하면 낳아준 부모는 상속인이 될 수 없습니다. 이와 반대의 경우도 마찬가지입니다.

그리고 상속 결격 사유가 있는 사람은 상속인이 될 수 없습니다.

이를 '상속 결격자'라고 하는데요. 상속 결격자는 상속 순위에는 들어가지만 법에서 정한 일정한 이유 때문에 상속을 받지 못하는 사람을 말합니다.

여기서 법이 정한 일정한 이유는 무엇이고, 그에 해당하는 사람은 누구일까요?

민법은 이를 5가지 유형으로 정하고 있습니다(민법 제1004조).

첫째, 고의로 직계존속, 피상속인, 그 배우자 또는 상속의 선순위나 동순위에 있는 사람을 살해하거나 살해하려는 자입니다. 살인죄의 기수 또는 미수뿐만 아니라 살인의 예비·음모 또는 자살교사나 방조도 이에 해당합니다. 특히 낙태도 상속 결격 사유에 해당합니다.

둘째, 고의로 직계존속, 피상속인과 그 배우자에게 상해를 가해서 사망에 이르게 한 자입니다. 직계존속, 피상속인과 그 배우자에 대한 상해치사이므로 상속의 선순위자나 같은 순위자를 상해치사하더라도 상속결격자가 되지는 않습니다.

한편, 직계존속, 피상속인과 그 배우자를 다치게만 했을 뿐 죽음에 이르게 하지 않았으면 상속결격자가 되지는 않습니다. 물론 존속상해죄나 상해죄 등으로 형사 처벌은 받을 것입니다. 그런데 상해까지는 아니나 존속을 폭행하였는데 피해자가 처벌을 원하지 않으면 형사 처벌도 받지 않습니다.

셋째, 사기나 강박으로 피상속인에게 상속과 관련한 유언을 하지 못하게 하거나 이미 했던 유언을 철회하지 못하게 한 경우입니다.,

넷째, 사기나 강박으로 피상속인에게 유언을 하게 한 경우입니다.

다섯째, 피상속인이 상속과 관련하여 작성한 유언서를 위조, 변조, 파기 또는 은닉한 경우에는 상속인이 될 수 없습니다.

그러면 상속결격자가 되면 어떤 일이 발생할까요?

재산을 상속해줄 분이 사망하면 상속인인 될 수 없습니다. 돌아가신 분이 생전에 유언으로 재산을 물려준다고 했어도 이를 받을 수 없습니다. 상속결격자는 유언으로 재산을 물려받을 자격도 없어지기 때문입니다.

그런데, 상속결격자가 상속을 받을 자격을 잃는다면 그 사람의 자손이나 배우자도 상속을 받을 수 없을까요? 그것은 아닙니다. 이것을 대습상속이라고 하는데요. 상속 결격자를 몫을 대신 상속을 받을 수 있다는 것입니다(민법 제1001조).

여기에서 피해를 입은 피상속인이 상속인의 순위에 속하지만 가해행위를 한 사람을 용서하면 어떻게 될까 하는 의문이 생길 수 있습니다. 독일이나 프랑스 등 일부 국가에서는 피해자가 용서를 하면 가해자는 상속인이 될 수 있다고 정하고 있습니다

그러나 우리나라와 일본은 피해자가 용서를 하였더라도 가해자는 상속결격자에서 상속인으로 되돌아 올 수는 없습니다.

일상에서 흔히 있는 일은 아니나 상속 결격 사유나 상속 결격자가 뉴스거리가 되곤 합니다.

현행 민법에서 정하고 있는 상속 결격 사유나 상속 결격자에 대한 사항에서 미비한 점이 발견되고, 이는 사회적 이슈가 되는 것입니다.

민법에 따르면 이혼한 어머니가 미성년 자녀를 둔 전 남편을 살해하였을지라도 그 어머니는 살인죄를 저지른 범죄자임에도 불구하고 자신이 낳은 미성년자에 대해 친권을 행사하게 됩니다(민법 제99조).

이혼한 아버지가 어머니를 살해하여, 그 자녀가 사망한 어머지의 상속인

이 되었는데 아버지의 친권을 상실시키지 않는 한, 이 경우에도 아버지는 그 자녀에 대한 친권을 행사함으로써 재산을 관리할 수 있어 살해된 전 아내로부터 사실상 상속을 받는 것과 유사한 결과가 된다는 점입니다. 이와 반대의 경우도 마찬가지입니다.

한편, 자녀가 사고 등으로 인해 사망하였는데, 이혼 후 양육비는커녕 연락도 하지 않고 지내던 아버지나 어머니가 단지 친권자라는 이유만으로 사망한 자녀의 보험금을 달라거나 재산 상속을 주장하는 일이 발생하곤 합니다.

이와 같은 일은 국민정서상 납득될 수 없고, 사회적 논란거리입니다. 이런 문제점 해결하기 위해, 최근 국회에서 민법 개정안이 발의되었는데요. 공소시효가 없는 중대한 반인륜범죄를 저지른 자에 대해서는 친권 상실을 선고할 수 있도록 하고, 중대한 반인륜범죄를 저지른 경우나 양육 의무를 다하지 않는 경우를 상속 결격사유에 포함시키자는 내용입니다.

위와 같은 문제점에 대해서는 국민들의 공감대가 이미 형성된 것으로 보입니다.

8. 시아버지를 봉양한 며느리, 상속 기여분을 받을 수 있을까?

민법 제1008조의2는 '기여분'에 관하여 규정하고 있습니다. 즉 공동상속인 중에서 어느 사람이 상당한 기간 동안 동거·간호. 그 밖의 방법으로 피상속인을 특별히 부양하거나 피상속인의 재산의 유지 또는 증가에 특별히 기여하였을 경우, 그 기여한 만큼의 재산을 더해서 그 사람의 상속분으로 인정하는 '기여분 제도'를 규정하고 있습니다.

예컨대, 특별히 부양한 상속인의 상속액이 1억원인데, 기여분으로 5천만원이 인정되면 이 사람의 상속액은 1억 5천만원이 됩니다. 이에 따라 나머지 상속인들의 상속액은 그 5천만원 만큼 줄어드는 것입니다.

기여분의 인정은 공동 상속인들의 협의에 의할 수도 있고, 협의가 이루어지지 않을 경우, 기여분을 주장하는 사람이 가정법원에 기여분을 청구할 수 있습니다(민법 제1008조의2 제2항). 다만, 상속인이 아닌 사람은 기여분을 주장하거나 청구할 수 없습니다.

우리 사회에서 부모와 함께 살거나 근거리에 거주하면서 부양하는 부부 중 남편은 사회 경제적 활동을 하면서 소득을 얻고, 아내는 전업주부로서 시부모를 지극 정성으로 모시고 온갖 궂은 일을 도맡아 하는 경우가 있습니다.

그런데 다른 자녀들은 평소에는 간혹, 얼굴을 디밀며 효도하는 시늉만 하고, 늙고 병든 부모에 대한 병원비마저도 분담하지 않는 경우가 있습니다.

이런 자녀들도 부모가 돌아가신 후 남긴 재산에 대해서는 '법대로 하자'고 하면서 상속지분을 말하며, 한 푼도 양보하지 않으려고 하기도 합니다.

김아들씨와 나며늘씨는 부부입니다. 김아들씨는 장남으로 여동생 2명이 있고, 김씨 부부는 노부모와 함께 거주하고 있었습니다.

김씨는 사업체를 운영하였기 때문에 좀처럼 부모 봉양에 신경을 쓸 수 없었습니다. 그리하여 전업주부인 나씨가 시부모를 25년간 봉양하였는데 근래에 몇 달 간격으로 지병이 있으시던 시부모가 돌아가셨습니다.

그 동안 나씨는 시부모의 식사부터 병원치료, 간호 등 모든 면에서 봉양하였고, 특히 시아버지 소유재산을 직접 관리하여 상가 및 주택 등의 임대차계약 및 이와 관련된 문제 해결까지 직접 하였습니다. 특히, 몇 년 전부터는 시어머니에게 치매가 와서 병원을 오가며 간호를 하기도 하였습니다.

시아버지가 돌아가신 후 상속 재산 정리과정에서 상속액이 20억원 정도임을 알게 된 시누이들은 각자의 상속지분대로, 한푼도 예외없이 공평하게 분할하자고 하였습니다. 이들은 부모님이 살아 계실 때는 어쩌다 한 번 들릴 뿐 연락도 자주 하지 않았습니다.

그러자 며느리인 나씨는 자신이 실질적으로 시부모를 봉양하고, 시아버지의 재산을 유지 관리해 왔으므로, 자신도 이 상속재산에서 일정액을 받아야 한다고 주장하였습니다.

즉 민법에서 정하고 있는 기여분을 주장하였습니다.

나씨는 기여분을 받을 수 있을까요? 결론적으로, 며느리는 공동상속인이 아니므로 기여분을 주장하거나 청구할 수 없습니다.

왜냐하면 민법 제1008조의2 제1항은 기여분권자로 '공동상속인 중에 상당한 기간 동거、간호 그 밖의 방법으로 피상속인을 특별히 부양하거나 피상속인의 재산의 유지 또는 증가에 특별히 기여한 자'로 규정하고 있기 때문입니다.

다만, 며느리가 시부모를 부양한 것은 남편의 아내로서 남편을 대신하여 부양한 것이기 때문에 남편이 상속인으로서 자신의 기여분을 주장할 수는 있을 것입니다.

대법원은 "기여분 제도는 공동상속인 사이의 실질적 공평을 도모하려는 데에 그 목적이 있으므로, 성년인 자녀가 부양의무의 존부나 그 순위에 구애됨이 없이 스스로 장기간 그 부모와 동거하면서 생계유지의 수준을 넘는 부양자 자신과 같은 생활수준을 유지하는 부양을 한 경우에는 부양의 시기·방법 및 정도의 면에서 각기 특별한 부양이 된다고 보아 각 공동 상속인간의 공평을 도모한다는 측면에서 그 부모의 상속재산에 대하여 기여분을 인정함이 상당하다."고 판시한 바 있습니다.

한편, 상속인이 없는 경우에는 피상속인과 생계를 같이 하였거나 피상속인을 요양·간호한 사람 기타 피상속인과 특별한 연고가 있던 사람은 가정법원에 상속재산의 전부 또는 일부를 분여해 달라고 청구할 수 있습니다. 이를 '특별연고자에 대한 분여'라고 합니다(민법 제157조의2).

9. 선순위와 후순위 상속인이 동시에 한정승인할 수 있을까?

민법 제1028조는 '상속인은 상속으로 인하여 취득할 재산의 한도에서 피상속인의 채무와 유증을 변제할 것을 조건으로 상속을 승인할 수 있다'라고 규정하고 있습니다.

황미남씨는 혼인하지 않고 홀로 지내다가 사망하였습니다. 황씨는 예금이나 부동산 등 적극 재산은 없이 소극재산인 빚만 남겼습니다.

황씨의 부모님은 그전에 이미 돌아가셨고, 황씨에게는 결혼한 남동생 황상속씨와 그의 미성년 자녀 황이순이 있습니다.

피상속인 황씨에게 직계비속이나 배우자, 직계존속이 없으므로 민법상 상속 순위에 따라 형제자매 관계인 황상속씨가 1순위 상속인이 되고, 황상속씨의 자녀인 조카 황이순이 2순위 상속인이 되었습니다.

이에 황상속씨는 관할 법원에 자신의 상속 한정승인을 신고함과 동시에 2순위인 황이순도 상속 한정승인을 신고하였습니다.

여기에서 문제는 선순위 상속인과 후순위 상속인이 동시에 상속 한정승인 신고를 할 수 있는지 입니다.

이에 대하여 법원은 "1순위 상속인이 상속 한정승인을 하면 2순위 상속인은 피상속인의 재산 상속인이 아니어서 청구인 적격이 없으므로 상속 한정승인 신고 심판 청구는 부적법하여 각하하여야 한다."고 판단하였습니다. 즉 상속 선순위자만 상속 한정승인 신고를 하면 된다는 것입니다.

한편, 상속인은 상속을 포기할 수 있는데요. 상속포기 신고인이 미성년자 등 무능력자일 때에는 그 법정대리인이 이러한 신고를 대리합니다.

미성년자 등 무능력자와 그 법정대리인이 공동으로 상속인이 되는 경우에 미성년자 등 무능력자가 상속포기 신고를 하기 위해서는 민법이 정한 특별대리인을 선임하여 그 대리인이 미성년자 등 무능력자의 상속포기 신고를 대리해야 합니다.

다만, 미성년자 등 무능력자와 그 법정대리인을 포함하여 공동상속인 전원이 함께 상속포기 신고를 하는 경우에는 특별대리인을 선임할 필요없이 그 법정대리인이 미성년자 등 무능력자를 대리하여 상속포기를 신고할 수 있습니다.

아울러, 피상속인의 상속인이 될 자격이 있는 사람, 즉, 배우자, 직계비속, 직계존속, 형제자매, 4촌 이내의 방계혈족은 상속이 개시된 이후에는 선순위 상속인이 상속포기 신고를 하지 않은 경우라도 선순위 상속인보다 먼저 또는 선순위 상속인과 동시에 상속포기 신고를 할 수 있습니다.

이는 상속포기 신고 수리심판에는 확정적 효력이 없기 때문에 가령 선순위 상속인의 상속포기 신고를 수리한 심판이 있었다고 하더라도 후순위 상속인이 법률적으로 피상속인의 상속인으로 확정되었다고 단정할 수 없기 때문에 후순위 상속인은 선순위 상속인의 포기 여부와 무관하게 상속포기를 할 수 있다는 것입니다.

10. 한정승인 후 소장받고 대응 안했더니 경매 들어왔어요!

상속 한정승인이나 상속포기 심판 수리 결정을 받은 후, 간혹, 상속인을 상대로 피상속인의 채무를 갚으라는 소송이 제기되곤 합니다.

아버지 나부친씨가 2017. 10. 5. 돌아가신 후 아들 나상속씨는 관할 동사무소에 '안심상속 원스톱 서비스'를 신청하여 아버지의 재산 관계를 파악하였습니다.

그 결과, 아버지 나씨가 많은 빚을 남겼음을 알게 되었고, 이에 나씨는 법원에 상속 한정승인 심판청구를 하였으며, 이는 수리되었습니다.

그 후, 5년여가 지난 뒤 나씨는 아버지에게 돈을 빌려주었다는 김채권씨로부터 대여금 청구의 소장을 받았습니다.

보통 상속 한정승인 심판이 수리되면 상속인은 각 채권자들에게 "20**년 *월 *일자 한정승인 신고가 수리되었으므로 위 망인에 대하여 채권이 있으신 분은 20**년 *월 *일자 **일보 상속재산 한정승인 공고 게시일로부터 2개월 이내에 그 채권액을 신고하여 주시기 바랍니다."라는 내용증명을 보냅니다.

이 기간 내에 채권자들이 채권신고를 하면 상속인은 상속재산의 범위 내에서 상속채무를 정리합니다.

나상속씨가 상속 한정승인 심판청구를 할 때, 상속재산 목록에는 김채권씨의 채권액이 포함되어 있었습니다. 상속 한정승인이 수리된 후 채권신고 최고 기한 내 김씨가 채권액 신고를 하지 않았으므로 나씨는 모든 절차가 종료되었다고 생각하였습니다.

그래서 나씨는 김씨의 대여금 청구의 소장을 받고서도 이에 대하여 답변서 제출이나 변론기일 출석 등 어떠한 대응도 하지 않았습니다.

김씨는 무변론 승소 판결을 받은 후, 이 판결문을 집행권원으로 하여 나씨 소유 아파트에 강제 경매를 신청하였습니다.

이에 대하여 나씨가 취할 수 있는 방법은 무엇일까요?

여기에서 문제되는 것이 ㉠이미 한정승인 수리 심판이 있었음에도 상속채무의 이행을 구하는 재판에서 이에 관하여 주장하지 아니함으로써 책임재산에 관한 유보 없는 판결이 선고, 확정된 후 동 확정판결을 집행권원으로 하는 강제집행 단계에서 다시 한정승인 사실을 주장할 수 있느냐, ㉡강제집행 단계에서 한정승인 사실을 주장할 수 있다면 한정승인 수리 심판을 이의사유로 삼아 채권자의 강제 집행력을 배제할 수 있느냐는 것입니다.

이에 관하여 대법원은 "채권자가 피상속인의 금전채무를 상속한 상속인을 상대로 그 상속채무의 이행을 구하여 제기한 소송에서 채무자가 한정승인을 하고도 이 소송의 사실심 변론종결시까지 그 사실을 주장하지 아니하는 바람에 책임의 범위에 관하여 아무런 유보가 없는 판결이 선고되어 확정되었다고 하더라도, 채무자는 그 후, 위 한정승인 사실을 내세워 청구에 관한 이의의 소를 제기하는 것이 허용된다."고 판결하였습니다.

즉 나씨가 이 대여금 청구 소송에서 한정승인 사실을 주장하지 않았더라도 김씨를 상대로 청구이의의 소를 제기하여 한정승인 심판청구 당시 상속재산 목록에 포함되지 않은, 나씨의 고유재산인 아파트에 대한 강제집행, 즉 경매신청은 불허가 되어야 한다는 것입니다.

이러한 청구이의의 소의 청구취지는 '피고 김채권씨의 원고 나상속씨에 대한 **지방법원 20**가합**호 대여금 청구사건의 집행력 있는 판결정본에 기한 강제집행은 이를 불허한다'라고 적으면 됩니다.

나상속씨가 김채권씨의 소 제기 당시 법정에 출석하여 한정승인 사실을 진술하였다면 더 이상 소송이 진행되지 않고 종결될 수도 있었습니다. 그러나 그렇게 하지 않았으므로 김씨를 상대로 한정상속 심판 결정을 이유로 한 청구이의의 소를 제기하고, 소제기 증명서를 첨부하여 경매진행 중인 법원에 강제집행 정지를 신청해야 합니다.

한편, 채무자가 상속을 포기한 경우에 관하여 대법원은 "채무자가 상속을 포기하였으나 채권자가 제기한 소송에서 사실심 변론종결시까지 이를 주장하지 않은 경우 청구이의의 소를 제기할 수 없다."고 판결하였습니다. 따라서 상속인이 상속포기를 하였다면 반드시 사실심 변론종결시까지는 상속포기 사실을 주장하고 입증해야 합니다.

11. 상속 한정승인과 상속파산, 그리고 세금!

김상속씨는 아버지가 돌아 가신지 3개월 이내인 2021. 1. 25. 관할 법원에 상속재산 한정승인을 신고한 후, 한정승인 심판 수리 결정을 받았습니다.

법원의 한정승인 심판이 수리되면, 민법 제1028조의 규정에 따라 상속으로 인하여 취득한 재산의 한도에서 피상속인의 채무와 유증을 변제하면 됩니다.

예컨대, 아버지가 남긴 부동산이 10억원이고 빚이 15억원이면 상속인이 상속받은 적극재산인 부동산의 10억원의 범위 내에서 빚을 갚으면 되고 나머지 빚 5억원은 갚으지 않아도 됩니다. 반대로 아버지가 남긴 부동산이 10억원이고 빚이 5억원이면 적극재산 10억원에서 빚 5억원을 갚으면 되므로 김씨는 5억원을 가질 수 있습니다.

한정승인 심판이 수리되었으나 피상속인이 남긴 재산으로는 그가 지고 있던 빚을 다 갚을 수 없다는 것을 발견한 때에는 상속인은 지체없이 법원에 상속재산 파산신청을 하여야 합니다.

한편, 한정승인 심판을 청구했으나 이것이 수리되지 않은 상속인도 상속포기를 하지 않은 경우에는 상속재산 파산신청을 할 수 있습니다.

상속재산 파산제도는 피상속인의 재산을 조사해보니 빚이 상속재산보다 넘칠 때 상속인이 법원에 파산신청을 하여 법원이 선임한 파산관재인으로 하여금 이른바 '빚 잔치'를 하게 하는 제도입니다.

상속재산 파산제도는 ㉠상속인은 스스로 상속채권자를 파악하고 상속재산을 현금으로 바꿔서 상속받은 빚을 갚을 곤란을 피할 수 있고, ㉡상속으로 생긴 여러 법률관계를 한꺼번에 정리하여 상속채권자들이 개별적으로 청구하거나 집행하는데에 따른 불안과 불편을 최소화할 수 있는 제도입니다.

이 제도는 피상속인의 상속재산과 상속채무를 정리하는 절차이므로 상속인의 경제적 신용도에는 아무런 영향을 미치지 않습니다.

상속재산 파산제도는 자신의 채무초과를 이유로 하는 개인 파산제도와는 다른 제도입니다.

여기서 문제되는 것이 세금입니다. 한정승인을 하면 적극재산, 앞에서 예를 들어서 말한 부동산 10억원은 그대로 상속되므로 이는 재산의 취득이 됩니다.

누구나 부동산 등 일정한 재산을 취득하면 취득세를 내야 합니다. 부동산을 사고 팔 때 취득세를 내듯이 상속도 '취득'에 해당하므로 한정 상속인이라고 하더라도 취득세를 내야 합니다.

한정승인 신청을 하지 않고 상속재산 파산신청을 하여 파산선고를 받은 상속인도 취득세를 내야 합니다. 왜냐하면 상속재산 파산 선고가 있으면 그 상속인은 한정승인을 한 것으로 보기 때문입니다.

상속으로 인한 취득세(지방교육세등 포함)는 농지는 과세표준액의 2.56%, 농지 그 밖의 부동산은 3.16%입니다. 즉 상속받은 부동산이 10억원이라면 취득세는 31,600,000원입니다. 상속인에게 매우 큰 부담이 되는 금액입니다.

법무사가 이러한 설명을 하지 않고 기계적으로 한정승인 절차를 대행하였다가 나중에 취득세를 부과받은 상속인으로부터 큰 불만을 살 수도 있습니다. 그래서 상속재산 중 적극재산, 부동산이나 자동차 등이 있으면 특별한 주의를 기울여야 합니다.

한정상속을 한 상속인이라도 상속 재산인 부동산이 경매나 매매 등을 통해 정리되면 양도소득세를 부담해야 함을 주의하여야 합니다. 상속세도 물론입니다.

참고로, 피상속인이 상속인을 수익자로 하여 보험을 들었을 경우, 보험금은 상속인의 고유재산이므로 상속재산에 해당하지 않습니다. 따라서 이 보험금으로 피상속인의 채무를 변제할 필요가 없습니다.

결국 상속재산 한정승인을 신청하고자 할 때, 부동산 등의 적극재산이 있을 경우, 상속세, 취득세, 양도소득세 등을 세밀히 고려해야 합니다.

만일 상속받은 재산이나 자신의 재산으로 세금을 감당하기 어렵다고 판단하면 상속포기를 하는 것이 바람직하다고 할 것입니다. 즉 상속포기를 하면 채무와 마찬가지로 세금도 상속되지 않기 때문입니다.

12. 한정승인할 때 양도소득세 따져 봐야 해요!

직계존속 등 재산을 상속해 줄 분이 돌아가셨을 때, 상속인들은 돌아가신 분의 재산 상황을 살펴 봅니다.

간혹, 겉으로는 재산이 많아 보였으나 상속 원스톱 서비스나 은행연합회 등을 통해 조회해 보니 빚이 많아서 피상속인이 남긴 재산으로는 빚을 감당할 수 없다는 것을 알게 됩니다.

이 때, 상속인들은 상속개시가 있음을 안 날로부터 3개월 이내 관할 가정법원에 상속 한정승인 신청(민법 제119조 제1항)을 하기도 합니다.

법원의 한정승인 심판 수리 결정이 있으면 상속인은 상속으로 인해 취득할 재산의 범위에서만 돌아가신 분의 채무와 유증을 변제하면 되므로 대개는 상속으로 인한 불이익이 없습니다.

그런데 한정승인 신청을 하기 전에 상속재산 중 부동산 등 양도소득세 과세대상 재산이 있는 경우에는 '양도소득세'를 반드시 살펴 보아야 합니다.

남상속씨는 자녀 남한정씨에게 상속재산으로 4억원 상당의 아파트와 부채로 은행 대출금 등 6억원을 남겼습니다. 그리하여 상속인 남씨가 상속받을 재산은 적극재산 4억원, 소극재산 6억원으로, 그대로 상속을 받는다면 빚 2억원을 갚아야 할 상황이었습니다.

이에 상속인 남씨는 상속채무가 상속재산보다 더 많은 경우 상속세를 내지 않아도 된다는 주위의 말을 듣고 관할 가정법원에 상속 한정승인 심판을 청구하고 그 수리 결정을 받았습니다.

그런데 남상속씨의 채권자인 은행은 대출금 채권 6억원을 받기 위해 상속 재산인 아파트를 상속인인 남한정씨의 명의로 '대위등기'를 한 후 법원에 임의경매를 신청하였습니다.

경매 결과, 남씨의 아파트는 5억원에 매각되었고, 그 돈은 채권자인 은행에 전액 배당되었습니다.

그 후, 관할 세무서는 상속 적극재산보다 소극재산인 채무가 더 많으므로 상속세는 과세하지 않았습니다.

그러나 관할 세무서는 상속인 남씨에게 경매로 매각된 아파트에 대한 '양도차익', 즉 이 아파트의 경매 매각 대금 5억원에서 아파트 구입 당시의 가격 4억원을 뺀 1억원의 양도차익이 발생하였다며 가산세를 포함해 2,000만원의 납세 고지서를 발부하였습니다.

이에 상속인 남씨는 상속으로 한 푼도 손에 쥔 게 없는데 양도소득세 과세는 부당하다며 불복하여 '양도소득세 부과처분 취소 청구의 소'를 제기하였습니다.

이에 대해 대법원은 "한정승인 상속인이 상속받은 부동산이 임의경매 절차에 따라 매각된 후 매각대금이 상속채권자에게 배당되어 상속인에게 전혀 배당되지 않았다 하더라도 상속채무의 소멸이라는 경제적 효과를 얻었으므로 임의경매에 의한 부동산의 매각에 대해 상속인에게 양도소득세를 부과한 것은 적법하다."라고 판결하였습니다.

만일 남씨가 법원에 상속포기 신청을 하여 상속포기 결정을 받았다면, 상속포기에 의하여 세금도 상속되지 않으므로 양도소득세 등 세금 문제는 발생하지 않았을 것이라 할 것입니다.

13. 효도각서 꼭 받아야 하나?

현금이나 부동산 등 재산을 가진 일부 연로하신 분들은 “죽을 때까지 재산은 꼭 쥐고 있어야 한다.”는 말을 주고 받곤 합니다.

87세의 김건무씨는 2018. 10. 1. 아들 김충실씨에게 전 재산인 20억원짜리 건물을 증여하면서 소유권이전등기를 마쳐 주었습니다. 그러면서 김씨로부터 ‘부모님을 충실히 부양한다’는 내용의 각서를 받았습니다.

하지만 재산을 증여받은 아들 김씨는 태도를 돌변하였습니다. 부모님과 함께 살기는 하였지만 식사도 같이 하지 않았고, 허리디스크를 앓고 있는 어머니에 대한 간병도 가사도우미에게 맡겼습니다. 어머니가 거동을 할 수 없게 되자 김씨는 “요양원으로 가시는 게 어떻겠느냐.”고 권유하기도 하였습니다.

이에 실망한 아버지 김씨가 따로 나가 살겠다며 이 건물을 팔아 남은 돈으로 아파트를 마련하겠다며 아들 김씨에게 이 건물의 소유권을 다시 이전해 달라고 하였습니다.

그러자 아들 김씨는 “천년 만년 살 것도 아닌데 아파트가 왜 필요하냐, 맘대로 한번 해보시지."라며 막말을 퍼부었습니다. 결국 아버지 김씨 부부는 딸의 집으로 이사한 뒤 아들 김씨를 상대로 ‘부동산 소유권이전등기 말소 청구의 소’를 제기하였습니다.

이에 대한 재판에서 대법원은 "아버지 김씨가 아들 김씨에게 부동산 소유권을 넘긴 행위는 단순 증여가 아니라 효도라는 의무 이행을 전제로 한 ‘부담부 증여'로, 조건을 불이행하면 계약을 해제할 수 있다. 아들 김씨가 쓴 각서에 ‘부모님을 충실히 부양한다’는 문구가 들어 있는데, 이는 부모 자식간의 일반적 수준의 부양을 넘어선 의무가 계약상 내용으로 정해진 것으로 재산을 증여받은 자녀가 그와 같은 충실한 부양의무를 다하지 못하면 부모가 증여계약을 해제하고 증여한 부동산을 다시 찾아올 수 있다. 따라서 아들 김씨는 자신 명의의 소유권이전등기를 말소하여야 한다.”라고 판결하였습니다.

그런데 위와 같은 판결과는 달리 증여자가 어느 때든 증여한 물건을 되돌려 받을 수는 없습니다.

왜냐하면 민법 제555조는 '증여의 의사가 서면으로 표시되지 아니한 경우에는 각 당사자는 이를 해제할 수 있다'라고, 같은 법 제556조는 '수증자가 ㉠증여자 또는 그 배우자나 직계혈족에 대한 범죄행위가 있는 때, ㉡증여자에 대하여 부양의무있는 경우에 이를 이행하지 아니하는 때에는 증여자는 그 증여를 해제할 수 있고, 이러한 해제권은 해제원인 있음을 안 날로부터 6월을 경과하거나 증여자가 수증자에 대하여 용서의 의사를 표시한 때에는 소멸한다'라고, 같은 법 제557조는 '증여계약 후에 증여자의 재산상태가 현저히 변경되고 그 이행으로 인하여 생계에 중대한 영향을 미칠 경우에는 증여자는 증여를 해제할 수 있다' 라고 규정하고 있는 한편, 같은 법 제558조는 '전3조의 규정에 의한 계약의 해제는 이미 이행한 부분에 대하여는 영향을 미치지 아니한다'라고 규정하고 있기 때문입니다. 즉 이미 증여가 이루어진 재산에 대해서는 해제의 효력이 미치지 않도록 하고 있기 때문입니다.

이 때문에 자식에게 재산 증여를 마친 부모는 김씨처럼 별도의 각서를 통해 효도 등의 조건을 명시해놓지 않으면 자식이 패륜행위를 하더라도 재산을 되찾을 길이 없고 부양료 지급 청구소송 정도만 제기할 수 밖에 없습니다.

사례와 같이, 아버지 김씨가 아들 김씨로부터 '부모님을 충실히 부양하겠다는 각서'를 받고 건물을 증여하기로 한 계약을 '부담부 증여'라고 합니다.

부담부 증여의 경우에는 "민법 제561조[4]에 의하여 쌍무계약에 관한 규정이 준용되어 부담의무 있는 상대방이 자신의 의무를 이행하지 아니할 때에는 비록 증여계약이 이미 이행되어 있다 하더라도 증여자는 계약을 해제할 수 있고, 그 경우 민법 제555조[5]와 제558조[6]는 적용되지 아니한다."는 것이 대

---

4) 제561조(부담부증여) 상대 부담있는 증여에 대하여는 본절의 규정 외에 쌍무계약에 관한 규정을 적용한다.
5) 제555조(서면에 의하지 아니한 증여와 해제) 증여의 의사가 서면으로 표시되지 아니한 경우에는 각 당사자는 이를 해제할 수 있다.
6) 제558조(해제와 이행완료부분) 전3조의 규정에 의한 계약의 해제는 이미 이행한 부분에 대하여는 영향을 미치지 아니한다.

법원의 판례입니다.

즉 조건이나 부담을 정한 부담부 증여의 경우에는 비록 서면으로 증여의 의사가 표시되었거나 소유권이전등기 등으로 이미 이행이 완료되었다 하더라도 채무불이행을 이유로 증여계약을 해제할 수 있고, 부동산 소유권을 되찾아 올 수 있다는 것입니다.

부모가 자식에게 재산을 증여하면서 이른바 '효도 각서'를 받기란 쉽지 않습니다. 막연히 자식들의 '충실히 잘 모시겠다'는 호언장담을 믿을 수 밖에 없습니다.

그런데 부모의 재산은 당연히 자식들 자신의 몫이라고 생각하는 것이 세태입니다. 재산을 증여받은 자식들에게 막연히 효도를 기대하기 보다는 효도가 강제되도록 재산을 넘겨주면서 충분한 대비를 하여야 합니다.

이를 위해서는 반드시 이른바 '효도 각서'를 받아야 합니다. 즉 부담부 증여계약을 해야 한다는 것입니다.

효도각서는 따로 문서로도 할 수 있지만 증여계약서에 '생활비로 매달 얼마씩을 드리겠다, 매달 몇 번 이상은 부모님 댁에 방문한다는 등의 내용을 구체적으로 적고, 이를 어길 경우 이 증여계약을 해제할 수 있다'라고 명시하는 것도 하나의 방법이 될 수 있습니다. 이 증여계약서를 잘 보관하고 있으면 됩니다.

14. 재산을 증여받은 후, 배신하면 되찾아 올 수 있을까?

슬하에 아들 한 명을 둔 72세의 김갑출씨는 아내와 사별하고 10여 년을 홀로 지냈습니다. 평소 성실하고 재산 또한 넉넉하나, 아들 부부를 분가시키고 외롭게 지내는 김씨를 눈여겨 본 지인이 김씨에게 56세의 황여분씨를 소개하였습니다.

두 사람은 만남을 잠시 가지다 곧 결혼하였습니다. 결혼 후 8개월 여가 지나자 아내 황씨는 '젊은 여자가 늙은 남편과 결혼하였으니 믿고 살 수 있도록 지금 살고 있는 주택을 내 명의로 해 달라'고 말하였습니다.

이에 김씨는 자신 소유의 5억원 상당의 주택을 증여를 원인으로 하여 황씨에게 소유권이전등기를 마쳐 주었습니다.

황씨는 이 주택의 소유권 이전등기를 받으면서, 남편 김씨에게 이러한 사실을 분가하여 따로 살고 있는 아들 부부에게는 알리지 말 것을 부탁하였고, 김씨는 이에 따랐습니다.

결혼 후 3년여가 지나서 김씨는 건강검진을 받게 되었는데 그 검사 결과 폐기종이 의심된다는 진단을 받았습니다.

그런데 아내 황씨는 남편 김씨를 간병하기는커녕 재혼 전 낳은 딸이 살고 있는 캐나다로 전 남편과 16일간 여행을 다녀오고, 여행을 다녀온 후에는 아예 가출을 하였습니다.

황씨의 이러한 행동에 격분한 김씨는 황씨를 상대로 이혼 청구와 아울러 이 주택을 황씨에게 명의 신탁하였거나 조건부로 증여한 것이니 명의 신탁을 해지하였거나 증여계약을 해제하였으므로, 주위적으로는 '소유권이전등기 절차 이행'을, 예비적으로는 '소유권이전등기 말소 절차 이행'을 구하는 소를 제기하였습니다.

이에 대한 재판에서 황씨는 '김씨가 주택을 자신에게 명의신탁한 것이 아니고, 부부간의 정표로서 증여한 것'이므로 이를 이행할 수 없다고 항변하였습니다.

이에 대하여 제1심은 '김씨가 황씨에게 이 주택을 명의신탁한 것은 아니라 증여한 것이며, 증여가 이미 이행되었으므로 증여계약을 해제할 수 없으므로 황씨는 소유권이전등기를 말소할 의무가 없다'고 하면서 김씨의 청구를 기각했습니다.

김씨의 항소에 따라 항소심은 "김씨와 황씨의 결혼 당시의 나이, 결혼 전후의 황씨의 김씨에 대한 부양관계, 결혼 경위 등을 볼 때 김씨와 황씨의 혼인은 통상적인 결혼의 의미로서보다 김씨가 노년에 자식으로부터 동거 부양을 받지 아니하고, 황씨로부터 부양을 받음과 동시에 인생 말년의 쓸쓸함을 달랠 목적도 고려되었다는 점, 통상 부부 사이에 정표로 물건을 준다는 것은 두 사람 사이의 관계를 돈독히 하기 위한 목적 등으로 이루어지는 것인데, 김씨와 황씨의 혼인 동기나 경위에 비추어 볼 때 김씨가 황씨의 요구에 따라 정표로 주택의 명의를 이전해 주었다는 것은 명의신탁보다는 위와 같은 황씨의 역할을 기대하고 결정한 증여로 보는 것이 더 자연스러운 점, 황씨 명의의 소유권 이전등기가 마쳐질 당시 김씨가 이 주택을 소유 명의를 황씨에게 신탁하여야 할 별다른 사정도 엿보이지 않는 점 등을 종합해 보면 김씨가 황씨와 혼인한지 8개월 남짓 만에 이 주택을 황씨에게 이전해 준 것은 김씨의 얼마 남지 않은 여생 동안 황씨가 배우자로서, 또한 보호자로서 김씨가 외롭지 않게 애정을 가지고 혼인 생활을 유지하고 김씨를 부양해 줄 것을 조건으로 증여한 것이다."라고 하면서 "황씨는 김씨에 대한 동거, 부양, 협조, 정조의무 등 자신이 부담하는 의무를 이행하지 아니하였고, 김씨가 소송의 제기로서 이 주택에 대한 증여계약을 해제한다는 의사를 표시하고, 이 주택의 반환을 요청하였으므로 이 부담부 증여계약은 적법하게 해제되었고, 따라서 황씨는 이 증여계약 해제를 원인으로 한 소유권이전 등기 말소 절차를 이행할 의무가 있다."라고 판결하였습니다.

이 판결에 따라 김씨는 이 주택의 소유권을 황씨로부터 되찾아 올 수는 있습니다. 그러나 김씨가 이 주택의 소유권을 되찾아 오더라도 병들고 상처입은 김씨의 마음은 어떻게 치유할 수 있으며, 자식 몰래 재산을 증여하였다고 하여 자식으로부터 외면받은 노년의 서글픔은 어디서 달랠 수 있을까요?

근래에 재산은 많이 가지고 있으나 홀로된 노인이, 서로 의지하고자 하는 마음으로 역시 홀로된 여인과 결혼하는 일이 있곤 합니다. 이 때, 그 여인은 남편에게 자신의 노후와 안정을 위해 어느 정도 재산을 달라고 하는 경우가 있습니다. 그렇지 않으면 혼인을 하지 않을뿐더러, 혼인을 하였다 하더라도 당장에 혼인관계를 깨트릴 것처럼 위협하기도 하여 남편은 하는 수 없이 자식들과 상의없이 금전이나 부동산을 새 아내에게 넘겨주기도 합니다.

재산을 받은 아내가 부양과 동거 의무를 이행하고 노후를 함께 보내며 잘 살더라도 그 사실을 알게 된 자식들과 분쟁이 발생하곤 하는데, 재산을 받은 후 위 사례처럼 다른 남자를 만나거나 동거·부양·정조 의무를 져버릴 때 남편의 분노와 상심은 상상하기 어렵지 않을 것입니다.

15. 패륜아가 권리를 구제받는 것이 타당한가?

아들 한 명을 두고 아내와 사별한 김갑출씨는 새 아내와 혼인하고 늦둥이 아들을 얻었습니다. 비교적 재산적 여유가 있던 김씨는 자신이 소유한 토지를 전처가 낳은 큰 아들과 후처가 낳은 둘째 아들에게 공평하게 증여하여 주었습니다. 그 당시 큰 아들 김민욱은 35세였고, 둘째 아들 김찬욱은 9세에 불과하였습니다.

개인 사업을 하던 큰 아들은 아버지로부터 증여받은 토지를 팔아 사업 자금으로 사용하였습니다.

그 후, 10여 년이 흐른 뒤 큰 아들은 더 이상 사업을 지탱할 수 없게 되자, 아버지 김씨를 졸라대기 시작하였습니다. 작은 아들인 찬욱이 아직 어리니 찬욱 소유의 토지를 자기 앞으로 이전해주면 곧 사업을 크게 일으켜서 반드시 찬욱에게 돈으로 갚겠다고 말하였습니다.

큰 아들의 행패와 졸라댐에 시달린 김씨는 찬욱에게, 형 민욱 앞으로 그 소유의 토지를 증여해 주어야겠다고 말했습니다. 그러자 그 당시 나이가 만 19세 5개월이던 찬욱은 이를 완강히 거부하였습니다.

김씨는 찬욱의 완강한 반대에도 불구하고 법정대리인 자격으로 그 소유의 토지를 민욱에게 증여하고 소유권 이전등기를 마쳐 주었습니다. 이 과정에서 찬욱은 형이나 아버지로부터 어떤 대가를 지급받지 못하였습니다. 그러자 화가 난 찬욱은 아버지 김씨를 죽이겠다고 위협하며 도끼로 어깨를 찍어 상해를 입히기조차 하였습니다.

머잖아 만 20세(2013. 7. 1.부터는 만19세)로 성인이 된 찬욱은 형 민욱의 이름으로 소유권 이전등기가 되어 있는 토지의 소유권을 되찾아 올 수 있을까요?

성인이 된 찬욱은 아버지가 자신을 대리하여 형 민욱에게 토지를 증여한 행위는 심히 부당하고 자신에게 손해가 되기 때문에 증여를 원인으로 한 소유권 이전등기는 무효라면서 민욱을 상대로 '소유권이전등기 말소 청구의 소'를 제기하였습니다.

이에 대한 재판에서 민욱은 '㉠증여는 계약이므로 아버지가 증여할 당시 9세에 불과한 찬욱이 아버지의 증여 의사를 승낙할 수 있는 능력이 없어서 위 토지에 대한 증여계약은 성립되지 않았다, ㉡아버지가 법정대리인으로서 자신을 대리하여 형 민욱에게 토지를 증여해 주자, 찬욱이 아버지를 도끼로 상해를 입히는 등의 범죄 행위를 하였고, 그 당시 아버지가 찬욱에게 한 증여 계약을 해제한 것이다'라고 항변하였습니다.

즉 아버지 김씨가 미성년자인 찬욱에게 한 증여는 애초부터 효력이 없으며, 설사 법리상 그 증여가 효력이 있다고 하더라도, 찬욱이 나중에 아버지에게 패륜을 저질렀으므로 그 증여 계약은 이미 아버지에 의해 해제되었고, 그러므로 민욱 자신 앞으로 이전된 토지 소유권 등기는 실체적으로 유효하다는 것입니다.

이에 대하여 제1심은 '찬욱의 망은 행위로 인한 증여계약의 해제는 이미 이행한 부분에 대하여는 효력이 없다'고 하면서 '민욱은 소유권이전등기를 말소할 의무가 있다'고 판결하였습니다.

민욱의 항소에 따라 항소심은 "㉠미성년자는 법정대리인을 통하여 법률행위를 할 수 있으므로 찬욱의 친권자인 김씨가 찬욱을 대리하여, 김씨 자신의 찬욱에 대한 증여에 대하여 승낙의 의사표시를 하였기에 때문에 김씨가 찬욱에게 토지를 증여하는 계약을 유효하다, ㉡찬욱이 아버지를 죽이겠다고 위협하며 도끼로 어깨를 찍어 상해를 입힌 범죄 행위를 해서 아버지가 그 증여계약을 해제하였다고 하더라도 우리 민법상 그 증여 계약의 해제는 이미 이행한 부분에 대하여는 효력이 없으며, 부동산 증여계약에 있어서의 이행은 이전등기를 한 경우이므로, 이미 그 전에 찬욱 앞으로 소유권이전등기를 마쳐 주었기 때문에 증여계약 해제는 효력이 없다."고 판결하였습니다.

그러면서 이 법원은 "아버지 김씨가 형인 민욱에게 토지를 증여할 당시 찬욱은 이미 19년 5월 남짓하여 수개월이 지나면 성년이 될 나이에 있었고, 찬욱이 아버지 김씨의 증여 행위를 강력히 반대하였으며, 이 증여로 찬욱은 아무런 대가도 받지 못하였으므로 김씨가 찬욱의 법정대리인으로 찬욱 소유의 토지를 민욱에게 증여한 행위는 친권 남용이므로 이는 찬욱에게 효력이 미치지 않는다."고 하였습니다.

왜냐하면 민법상 친권자가 자녀를 대리하여 법률행위를 할 수 있다고 하여도 친권자 김씨가 찬욱의 이익을 무시하고 형 민욱의 이익만을 위하여 법정대리인으로서 찬욱을 대리하여 증여를 하였으므로 이는 친권자에게 자녀를 대리할 권한을 수여한 법의 취지에 현저히 반하여 친권자에 의한 대리권의 남용이고, 그 증여는 무효라는 것입니다.

결국 찬욱은 법원의 확정 판결문을 등기원인 서류로 하여 민욱 앞으로 되어 있는 소유권 이전등기의 말소등기를 등기소에 신청하여 민욱 명의 소유권을 말소시키고, 본래 자기 명의의 소유권을 회복할 수 있게 된 것입니다.

그런데 여기에서 살펴보아야 할 점은 찬욱이 그 소유 토지를 아버지가 법정대리인 자격으로 형에게 증여하였다고 하여 도끼로 아버지의 어깨를 찍는 등 패륜 행위를 했음에도 찬욱의 권리가 구제되는 것이 과연 우리의 도덕 관념에 맞는지 입니다.

민법 제556조 제1항 제1호는 '수증자가 증여자 등에게 범죄 행위를 저지른 때에는 증여자가 증여 계약을 해제할 수 있다'고 하면서도, 제558조에서는 '증여계약의 해제는 이미 이행한 부분에 대하여는 영향을 미치지 아니한다'라고 규정하고 있는데 위 법원은 이 제558조 규정을 적용한 것입니다.

물론 수증인이 증여받은 부동산을 제3자에게 팔거나 증여했을 경우, 그 제3자는 수증자의 범죄 행위로 당초의 증여가 해제됨으로 인하여 불측의 손해를 볼 염려가 있기 때문에 '증여계약의 해제는 이미 이행한 부분에 대하여는 영향을 미치지 아니한다'라는 규정의 취지는 이해합니다.

그렇지만 이 경우, 그 제3자는 손해배상 청구 등 다른 방법으로 구제받을 수가 있을 터인데, 단지 증여가 이미 이행되었다는 이유로 증여계약을 해제할 수 없고, 용서받지 못한 패륜아에게 그 권리를 인정해주는 것은 우리의 도덕 관념에 맞는지 의문이라는 것입니다.

16. 부모 모신 아들, 형제들에게 부양료 청구할 수 있을까?

민법 제974조는 '직계혈족과 그 배우자 간에는 서로 부양의무가 있다. 다만, 기타 친족 간에는 생계를 같이 한 경우에 한 한다'라고, 같은 법 제975조는 '부양의 의무는 부양을 받을 자가 자기의 자력 또는 근로에 의하여 생활을 유지할 수 없는 경우에 한하여 이를 이행할 책임이 있다'라고 규정하고 있습니다.

피상속씨에게는 남편 나부친씨와 아들 나장남씨, 딸 나막내씨가 있었습니다.

피상속씨는 파킨슨 병을 앓다가 폐렴에 걸렸고 여러 의료원을 거친 후 2018. 6. 1.부터 요양병원에 입원하여 치료를 받다가 2019. 7. 17. 사망하였습니다.

이 과정에서 나장남씨는 어머니인 피상속씨의 병원비로 15,600,000원을 지출했고, 나막내씨는 3,600,000원을 지출하였습니다.

어머니가 돌아가신 후 나장남씨는 나막내씨를 상대로 자신이 지출한 병원비 15,600,000원에서 나막내씨가 지출한 3,600,000원을 뺀 12,000,000원의 절반인 6,000,000원을 지급하라는 '부양료 청구의 심판'을 법원에 청구하였습니다.

이에 대한 재판에서 우선 판단해야 할 부분이 나장남씨와 나출가씨에게 어머니 피상속씨를 부양할 의무가 있는지 였습니다.

이에 대하여 법원은 "아버지 나부친씨에게는 기초노령연금 20만원, 나장남씨가 보내는 생활비 20만원, 월세 20만원으로 합계 60만원의 수입이 있으나 나부친씨가 2020. 5. 경 식사를 제대로 못하고, 어지러우며 힘이 없는 증상이 있어 병원에서 검사를 받았고, 피질하 혈관성 치매라는 진단을 받은 사실, 나장남씨가 2018. 9.경 관할 가정법원에서 나부친씨에 대하여 성년후견개시심판청구를 하였고, 2019. 8. 20. 이 심판이 확정된 사실이 있다. 피상속씨의 제1차 부양의무자는 남편인 나부친씨이고, 그 자녀인 나장남씨와 나막내씨가 제2차 부양의무자이기는 하다. 그러나 나부친씨가 고령이고 건강상태가 좋지 아니하며 별다른 직업이 없고 수입이 적은 점 등을 볼 때 나부친씨가 아내 피상속씨를 부양하기 어려운 특별한 사정이 있었다고 판단된다. 따라서 제2차 부양의무자인 나장남씨와 나막내씨가 어머니 피상속씨를 부양할 의무가 있다."고 판결하였습니다.

이와 관련하여 대법원은 "다수의 부양의무자가 있고 그 중 한 사람이 부양의무를 이행하였다면 그 사람은 다른 부양의무자를 상대로 하여 이미 지출한 과거의 부양료에 대하여 다른 부양의무자가 분담해야 한다고 인정되는 범위에서 그 비용의 상환을 청구할 수 있다. 그 분담 비율이나 분담액을 정함에 있어 부양권리자의 연령, 부양의무자의 재산 상황, 부양의무자 상호간 및 부양의무자와 부양권리자 사이의 관계 등 기타 제반 사정을 참작하여 분담범위를 정할 수 있다."라고 판시한 바 있습니다.

한편, 이 사건 법원은 "나막내씨의 남편이 무직이어서 생활비를 카드로 해결하였는데 그 카드빚을 어머니 피상속씨가 대신 갚아 주기도 하였고, 나막내씨가 현재도 김밥을 집에서 만들어 지하철역에서 팔면서 하루하루 연명하고 있다고 주장한 점을 고려하여 나막내씨가 부담해야 할 과거 부양료는 400만원으로 정한다."고 결정하였습니다.

나장남씨가 나막내씨를 상대로 청구한 과거 부양료는 600만원이었는데 법원은 이 중 400만원을 나막내씨가 부담할 부양료로 인정한 것입니다.

나장남씨가 나막내씨를 상대로 청구한 과거 부양료 600만원은 법원에 심판을 청구하면서까지 꼭 받아 내야 할 부양료일까요? 게다가 나막내씨는 생활이 어렵고 김밥을 팔아 생계를 유지하고 있는데도 말입니다.

이는 두 사람 사이에 쌓인 앙금이 있다는 것입니다. 상속 재산에 대해 다툼이 있는 것도 아닌 과거 부양료를 청구한 것은 법으로 해결해야 할 정도의 갈등이 있었다고 보여집니다. 특히 나장남씨가 아버지 나부친씨에게 매달 생활비 20만원을 지원하였다는 사실을 보면 미루어 짐작할 수 있다고 할 것입니다.

17. 아동의 출생 등록될 권리!

아이가 태어나면 가족관계등록 등에 관한 법률(이하 '가족관계등록법') 제44조에서부터 제54조에서 정한 절차에 따라 출생 후 1개월 이내에 출생의 신고를 하여야 합니다.

원칙적으로 혼인 중에 태어난 아이는 아빠나 엄마가 신고해야 하고, 혼인 중이 아닌 상태에서 태어난 아이는 엄마가 신고하여야 합니다. 이것이 어려울 경우, 동거 친족, 분만을 도운 의사나 조산사 등이 신고하여야 합니다. 그 밖에 검사나 지방자치단체장이 신고하는 경우도 있습니다.

혼인 중이 아닌 상태에서 태어난 아이를 아빠가 자신의 아이, 즉 친생자로 출생 신고한 때에는 인지의 효력이 있습니다(가족관계등록법 제57조 제1항 본문). 이 때, 아이 엄마의 성명·본·등록기준지 및 주민등록번호를 출생신고서에 적어야 합니다. 즉 엄마의 인적 사항을 적어야 합니다.

그런데 혼인 중이 아닌 상태에서 태어나 아이를 아빠가 친생자로 출생 신고를 하려고 하는데 '엄마의 성명·등록기준지 및 주민등록번호의 전부 또는 일부를 알 수 없는 경우'가 있습니다. 이 경우에 아빠는 자신의 등록기준지 또는 주소지를 관할하는 가정법원의 확인을 받아 친생자 출생신고를 할 수 있습니다.

나아빠씨는 2013. 6. 5. 귀화 허가를 받아 국적을 취득한 대한민국 국민입니다. 그 당시 나씨는 중국 국적의 석이분씨와 사실혼 관계에 있었습니다.

이들 사이에 2018. 9. 8. 청주시 한 병원에서 딸이 태어났습니다. 나씨와 석씨는 딸아이 '나우리'를 출생등록을 하려고 하였습니다. 그런데 석이분씨가 2009. 경 중국 당국으로부터 여권갱신이 불허되었고, 그 후, 일본 정부로부터 난민 지위를 인정받아 중국 여권이 아닌 일본 정부가 발행한 여행증명서를 이용하여 우리나라에 출입국하였기 때문에 혼인신고에 필요한 서류 등을 발급받을 수 없다는 이유로 출생등록이 거부되었습니다.

그러자 나아빠씨는 이른바 '사랑이 법'[7]에 따라 친생자 출생신고를 하기 위해 관할 가정법원에 출생신고를 위한 '확인'을 신청하였습니다.

관할 가정법원은 "이른바 '사랑이 법'에는 '모의 성명·등록기준지 및 주민등록번호를 알 수 없는 경우'에 가정법원의 확인을 받아 출생신고를 할 수 있다고 규정하고 있다. 이 사건에서 나우리의 엄마 석이분씨는 외국인이지만 출생증명서에 엄마의 성명, 출생연월일, 국적이 기재되어 있고 그 내용이 출생증명서의 '출생아 모' 란의 기재 내용과 일치하기 때문에 '사랑이 법'에서 규정한 '모의 성명, 등록기준지 및 주민등록번호를 알 수 없는 경우'에 해당하지 않는다."고 하면서 나씨의 신청을 기각하였고, 항고심도 결론은 같았습니다.

나씨의 재항고에 따라 대법원은 "관할 가정법원은 '사랑이 법' 조항의 적용 범위를 지나치게 제한적으로 해석하였다. 나우리의 엄마는 중국 당국의 여권 무효화 조치로 인하여 출생신고에 필요한 서류를 발급받지 못하였는바, 이러한 경우도 '사랑이 법'이 규정한 '모의 성명·등록기준지 및 주민등록번호를 알 수 없는 경우'에 해당한다고 보아야 한다. 이른바 '사랑이 법'이 도입되기 전에는 엄마의 인적사항을 모르거나 엄마가 아이를 낳은 후 잠적하여 행방을 알 수 없는 경우에는 아빠가 단독으로 혼인 중이 아닌 상태에서 낳은 아이를 출생신고할 수 없었고, 법이 정한 복잡한 절차를 거쳐야 아빠와 아이의 관계가 확정될 수 있었다. 그 결과 아이가 태어나자 마자 출생신고를 못하여 버려지는 사태마저 발생하기에 이르렀다. 즉, 출생신고가 되지 않은 아이는 필수적인 예방접종을 받지 못하고, 건강보험 혜택을 받지 못해 질병 또는 상해로 치료가 필요한 때에도 적절한 의료조치를 받기 어려울 뿐만 아니

7) 2015. 5. 18. 개정되기 전의 가족관계등록법 제57조는 '부가 혼인 외의 자녀에 대하여 친생자 신고를 한 때에 그 신고는 인지의 효력이 있다'고 규정하고 있었는데 이 규정은 '모의 인적사항'을 기재할 수 있는 경우로 한정되어 있고, 따로 부의 혼인 외 출생자 신고의무를 규정하고 있지 아니하여, '모의 인적사항'을 기재할 수 없는 경우에는 '후견인 지정 신청, 가족관계등록창설 및 성본 창설, 인지'라는 복잡한 절차를 거쳐야만 부자관계가 확정될 수 있었습니다. 2015. 5. 18. 개정 법률은 제57조 제2항 '모의 성명·등록기준지 및 주민등록번호를 알 수 없는 경우에는 부의 등록기준지 또는 주소지를 관할하는 가정법원의 확인을 받아 제1항에 따른 신고를 할 수 있다'는 규정을 신설하여 모의 인적사항을 알 수 없는 경우에는 가정법원의 확인을 받아 친생부가 출생신고를 할 수 있도록 하였습니다. 이를 '사랑이 법'이라고 합니다.

라 아동수당 등의 복지혜택도 받지 못하며, 취학연령에 이르러도 학교에 다닐 수 없게 된다. 출생기록이 없어, 불법입양, 인신매매 등의 범죄에 노출될 위험도 있다. 이러한 아이들은 세상에는 존재하지만 서류상으로는 존재하지 않음으로써 법의 보호의 사각지대에 있을 수 밖에 없다. 태어날 당시에 아빠 또는 엄마가 대한민국 국민인 아이는 태어남과 동시에 대한민국 국적을 취득한다. 국민으로 태어난 아이에 대해 국가가 출생신고를 받아 주지 않거나 절차가 복잡하여 출생신고를 받아주지 않는 결과가 발생한다면 이는 아이의 인간으로서의 존엄과 가치, 행복추구권 및 인격권을 침해한 것이다. 대한민국 국민으로 태어난 아이는 태어난 즉시 '출생 등록될 권리'를 가진다. 이른바 '사랑이 법'이 규정한 '모의 성명·등록기준지 및 주민등록번호를 알 수 없는 경우'라 함은 ㉠문언 그대로 출생신고에 필요한 엄마의 인적사항을 전부 또는 일부를 알 수 없는 경우뿐만 아니라, ㉡엄마의 소재 불명, 엄마가 정당한 사유없이 출생신고에 필요한 서류 제출에 협조하지 않은 경우, ㉢이 사건과 같이 엄마가 외국인으로서 자신이 책임질 수 없는 사유로 출생신고에 필요한 서류를 갖출 수 없는 경우를 포함한다. 이 사건에서 나아빠씨와 나우리에 대한 유전자 검사결과 나우리는 나아빠씨의 친딸임을 인정할 수 있고, 석이분씨는 중국 당국으로부터 여권의 효력을 정지당하는 바람에 대법원 예규에서 정한 출생신고에 필요한 서류를 구비하지 못하였는데 이는 위 ㉢의 경우에 해당한다. 따라서 나아빠씨는 가정법원의 확인을 받아 나우리의 출생신고를 할 수 있다."고 결정하였습니다.

대법원의 이러한 결정에 따라 '출생신고가 거부'된 미혼부 아빠들은 보다 손쉽게 가정법원의 확인을 받아 혼인 외 자녀에 대한 출생신고를 할 수 있게 되었습니다.

이러한 결정은 개명신청을 요건에만 맞으면 쉽게 허용하는 결정에 이은 획기적인 결정이라고 할 수 있습니다.

18. 친권자를 지정하지 않은 채 이혼 후 사망하면 친권자는?

민법 제909조부터 제927조의2까지는 친권에 관하여 규정하고 있습니다.

즉 부모는 미성년자의 친권자가 됩니다. 양부모도 마찬가지입니다.

친권은 부모가 혼인 중인 때에는 부모가 공동으로 행사하고 부모 한쪽이 친권을 행사할 수 없을 때에는 다른 한쪽이 이를 행사합니다.

친권자는 매매나 저당권 설정 등 처분행위, 즉 법률행위를 할 때에는 자녀를 대리합니다. 그러나 자녀가 채무를 부담할 경우에는 그 자녀의 동의를 얻어야 합니다.

부모가 이혼한 경우에는 부모가 협의하여 친권자를 정해야 하고, 협의할 수 없거나 협의가 안된 경우에는 가정법원이 직권으로 또는 부모의 청구에 따라 친권자를 지정해야 합니다.

한편, 단독 친권자로 정해진 부나 모가 사망한 경우 생존하는 부나 모, 미성년자, 미성년자의 친족이 사망한 사실을 안 날로부터 1개월, 사망한 날로부터 6개월 이내에 가정법원에 생존하는 부 또는 모를 친권자로 지정할 것을 청구할 수 있습니다.

이 기간 내에 친권자 지정의 청구가 없을 때에는 가정법원은 직권으로 또는 미성년자, 미성년자의 친족, 이해관계인, 검사, 지방자치단체장의 청구에 의하여 미성년 후견인을 선임할 수 있습니다. 이 경우 생존하는 부 또는 모에게 의견을 진술할 기회를 주어야 합니다.

그런데 단독 친권자로 정해진 부나 모가 사망한 사실을 안 날로부터 1개월, 사망한 날로부터 6개월 이내에 친권자 지정 청구를 해야 하나 이 기간이 지난 뒤에 친권자 지정 청구가 있는 경우, 생존하는 부나 모를 친권자로 지정할 수 있는지 문제 됩니다.

이에 대하여 대법원은 “친권자의 지정 청구가 없어 미성년 후견인 선임 청구가 있는 경우 또는 이미 미성년 후견인이 선임된 경우라도 가정법원은 미성년자의 복지를 위하여 필요하다고 판단하면 직권 또는 청구권자의 청구에 의하여 생존하는 부 또는 모를 친권자로 지정할 수 있다. 따라서 단독 친권자로 정해진 부나 모가 사망한 경우 그 사실을 안 날로부터 1개월, 사망한 날로부터 6개월의 기간이 지난 뒤에 친권자 지정 청구가 있는 경우에도 가정법원은 미성년자의 복리를 위하여 필요하다면 생존하는 부 또는 모를 친권자로 지정할 수 있다."고 판시한 바 있습니다.

부모가 이혼하면 협의로 친권자를 정하거나 가정법원이 직권으로 또는 당사자의 청구에 따라 친권자를 지정해야 하는데 친권자가 지정되지 않고 협의이혼이 이루어진 사례가 있습니다.

김갑남씨와 나을녀씨는 혼인한 후 슬하에 15세 딸 김하나를 두고 협의이혼하였습니다. 그런데 이들은 이혼 절차에서 친권자 지정이 이루어지지 않은 채 가정법원의 협의이혼 확인을 받아 관할 관청에 이혼신고하였습니다.

통상 부모가 이혼 신고를 하면 미성년자의 가족관계등록부에 친권자 '부 아무개' 또는 '모 아무개'로 새로이 기록이 됩니다. 그런데 김갑남과 나을녀씨의 15세 딸 '김하나'의 가족관계등록부에는 이러한 친권자 지정 사항이 기록되지 않았습니다.

이혼 후, 어머니 나씨는 외국에 갔고 아버지 김씨는 재혼을 하였기에 김하나는 할머니와 함께 살고 있었는데 생활 형편이 어려웠습니다. 얼마 후 어머니 나씨는 사망하였습니다. 딸 김하나는 나씨로부터 10억 상당의 아파트를 상속받았습니다.

상속받은 이 아파트를 팔아 학비와 생활비로 쓰고자 하나 김하나는 미성년자이므로 이 아파트를 팔 수가 없었습니다. 법정대리인의 동의(민법 제5조 제1항), 즉 대리행위가 있어야 팔 수 있었습니다.

민법 제911조는 '친권을 행사하는 부 또는 모가 미성년자의 법정대리인이 된다'라고 규정하고 있기 때문입니다. 그런데 부모가 이혼하였는데도 김하나의 가족관계등록부에는 친권자가 누구인지에 대하여 기록되어 있지 않았습니다.

즉 이혼이나 혼인 취소 등으로 인하여 단독 친권자로 정해진 부 또는 모가 사망한 경우, 생존한 부 또는 모, 미성년자, 미성년자의 친족이 부나 모로 친권자를 지정해 줄 것을 가정법원에 청구할 수 있는데 사례의 경우에는 이혼한 부나 모 둘 중 아무도 친권자로 지정되어 있지 않았다는 것입니다.

이 경우에도 아버지 김씨를 친권자로 지정해달라고 법원에 청구해야 하는지, 아니면 '부모 일방이 친권을 행사할 수 없을 때에는 다른 일방이 이를 행사한다'는 민법 제909조 제3항의 규정에 따라 당연히 아버지 김씨가 친권자로서 법정대리인의 권리를 행사할 수 있으므로 가정법원에 친권자 지정 청구를 할 필요가 없는지 문제된 것입니다.

다행히 김하나의 아버지 김씨는 자신이 친권자라면 법정대리인으로서 흔쾌히 이 아파트 매매행위를 대리해주겠다고 하였습니다.

김하나의 할머니는 법률전문가의 도움을 얻어 자신을 청구인으로 하여 가정법원에 '친권자 지정' 심판청구를 하였습니다.

그 청구취지는 '사건본인 김하나의 단독 친권자로 김갑남을 지정한다'는 것이었습니다.

이에 대하여 관할 가정법원은 "부모가 이혼한 경우에는 부모의 협의로 친권자를 정하여야 하고, 협의할 수 없거나 협의가 이루어지지 않은 경우에는 가정법원은 직권으로 또는 당사자의 청구에 따라 친권자를 지정하여야 한다고 할 것이나 이 경우 친권자 지정이 이루어지지 않았다면 부모 쌍방이 친권자가 될 것이므로 친권자 지정이 이루어지지 않은 상태에서 친권자 중의 한 사람인 김하나의 어머니 나을녀가 사망한 경우 나머지 친권자인 김하나의 아버지 김감남이 별도의 친권자 지정 절차없이 당연히 김하나의 단독친권자가 된다. 그렇다면 김하나의 친권자로 김갑남을 지정해 달라는 이 사건심판 청구는 청구의 이익이 없으므로 부적법하다. 게다가 김하나의 할머니는 이혼 당사자가 아니어서 이 사건 심판청구의 청구인 적격도 인정되지 않는다."고 하면서 이 사건을 각하하였습니다.

결론은 친권자가 지정되지 않은 상태에서 이혼을 한 후, 부모 중 한 사람이 사망하였다면 생존하는 부모 한 사람이 단독친권자가 되므로 별도로 친권자 지정 심판청구를 할 필요가 없다는 것입니다.

19. 재판상 이혼시 공동양육자 지정이 가능할까?

미성년의 자녀를 둔 부모가 이혼하는 경우에 깊이 고민하고 판단해야 할 부분이 양육 문제입니다.

자녀의 양육은 부모의 권리이자 의무로서 미성년자의 복지에 중대하고 직접적인 영향을 미치기 때문입니다.

세태 일부에서는, 부모로서의 책임이나 의무감 때문이 아니라 양육자로 지정되지 못하면 자녀가 성년이 될 때까지 양육비를 전 남편 또는 전 아내에게 고정적으로 보내주어야 하고, 그렇지 않으면 '양육비 이행확보 및 지원에 관한 법률'에서 규정한 바에 따라 강제집행을 당할 수 있다는 것을 알고 있기에 누가 봐도 양육능력이 없는데도 굳이 자신을 양육자로 지정해 달라고 하곤 합니다.

이혼 소송에서 재판부가 이를 모를 리 없습니다.

사실심인 항소심 재판부가 고심 끝에 내린 공동양육자 지정 판결이 법률심인 상고심에서 뒤집힌 사례입니다.

대법원은 "부모가 이혼하는 경우에 미성년인 자녀의 양육자를 정할 때에는, 미성년인 자녀의 성별과 연령, 그에 대한 부모의 애정과 양육의사의 유무는 물론, 양육에 필요한 경제적 능력의 유무, 부와 모가 제공하려는 양육방식의 내용과 합리성·적합성 및 상호 간의 조화 가능성, 부 또는 모와 미성년인 자녀 사이의 친밀도, 미성년인 자녀의 의사 등의 모든 요소를 종합적으로 고려하여, 미성년인 자녀의 성장과 복지에 가장 도움이 되고 적합한 방향으로 판단하여야 한다."라는 내용의 '부모가 이혼하는 경우 미성년인 자녀의 양육자를 정하는 기준'을 정한 바 있습니다.

김남편씨와 나아내씨는 2016. 12. 27. 혼인신고를 한 법률상의 부부로 1살 짜리 아들을 두었습니다. 직업은 없으나 임대업자인 부모로부터 경제적 지원을 받고 있던 나씨는 매달 4백만원 이상의 수입이 있는 김씨와 혼인생활을 유지할 수 없다면서 법원에 '이혼 청구의 소'를 제기하면서 아들에 대한 친권자와 양육자로 자신을 지정하여 달라고 하였습니다.

제1심은 두 사람은 이혼하라고 하면서 아들의 친권자와 양육자로 나씨를 지정하였습니다. 이에 김씨는 이혼 부분을 제외하고 친권자와 양육자 지정에 대해 항소하였습니다.

제2심은 "아들의 친권자 및 양육자로 나씨 또는 김씨 일방을 지정하기보다는 나씨와 김씨를 공동친권자 및 공동양육자로 지정하여 아들이 어느 한 쪽에 치우치지 않은 채 모성과 부성을 충분히 느끼면서 건강하고 균형적으로 성장할 수 있도록 하는 것이 바람직해 보인다."고 하면서 김씨와 나씨를 공동친권자와 공동양육자로 지정하였습니다.

그러면서 공동양육 방법으로 나씨가 매주 일요일 17:00부터 금요일 17:00까지, 김씨가 매주 금요일 17:00부터 일요일 17:00까지 아들을 양육하도록 정하였습니다.

이에 나씨는 오로지 자신이 양육자가 되어야 한다면서 상고하였는데요.

그 동안 대법원은 "민법과 가사소송법 등에 따르면, 부모가 이혼하는 경우 법원이 친권자를 정하거나 양육자를 정할 때 반드시 단독의 친권자나 양육자를 정하도록 한 것은 아니므로 이혼하는 부모 모두를 공동양육자로 지정하는 것도 가능하다."고 하면서도, "재판상 이혼의 경우 부모 모두를 자녀의 공동양육자로 지정하는 것은 부모가 공동양육을 받아들일 준비가 되어 있고 양육에 대한 가치관에서 현저한 차이가 없는지, 부모가 서로 가까운 곳에 살고 있고 양육환경이 비슷하여 자녀에게 경제적·시간적 손실이 적고 환경 적응에 문제가 없는지, 자녀가 공동양육의 상황을 받아들일 이성적·정서적 대응능력을 갖추었는지 등을 종합적으로 고려하여 공동양육을 위한 여건이 갖추어졌다고 볼 수 있는 경우에만 가능하다고 보아야 한다. 즉 재판상 이혼에서 이혼하는 부모 모두를 공동양육자로 정할 때에는 그 부모가 부정행위, 유기, 부당한 대우 등 첨예한 갈등이나 혼인을 계속하기 어려운 사유로 이혼하게 된 것이라는 점을 고려하여 그 허용 여부는 신중하게 판단할 필요가 있다."고 하였습니다.

사례에서, 대법원은 "나씨와 김씨는 계속하여 공동양육이 아니라 자신을 단독 친권자 및 양육자로 지정하여 줄 것을 청구하였고, 현재로서는 나씨와 김씨가 가까운 장래에 서로 의견을 조율하여 공동양육과 그 방법에 대하여 서로 원만하게 협력할 것을 기대하기는 어려워 보인다. 설령 항소심이 의도한 바대로 나씨와 김씨가 향후 아들을 공동양육하는 과정에서 필요한 사항을 충분히 협의할 수 있게 되더라도 이것이 공동양육을 통하여 나씨와 김씨의 거주지를 오가면서 부모 각각의 양육에 대한 결정에 따르게 되고 서로 다른 물리적 환경에 처하게 될 아들의 경제적·시간적 손실과 정서적 불안정을 감소시키는 데 크게 기여할 것으로 보이지도 않는다. 오히려 일방에 대한 양육자 지정과 상대방에 대한 면접교섭을 통해서도 공동양육자 지정을 통해 달성하고자 한 목적을 대부분 달성할 수 있을 것으로 보인다. 그런데도 항소심은 나씨와 김씨를 아들의 공동양육자로 지정하고 공동양육 방법을 정하였으므로, 이러한 항소심의 판단은 양육자 지정에 관한 법리를 오해하는 등으로 판결에 영향을 미친 잘못이 있다."고 하면서 항소심 판결을 파기하였습니다.

협의 이혼의 경우에는, 법원은 부모를 공동친권자와 공동양육자로 정할 수는 있으나 재판상 이혼의 경우에는 공동친권자와 공동양육자를 지정하는데 있어서 신중하게 판단해야 한다는 결론입니다.

즉 재판상 이혼의 경우에는 공동친권자와 공동양육자를 지정하는 것보다 단독 친권자와 단독 양육자를 지정하는 것이 바람직하다는 것입니다.

사례에서의 항소심 재판부는 당사자가 원하지도 않았는데도 고심 끝에 직권으로 내린 결론으로 보입니다.

그러나 상고심인 대법원으로서는 이 사례에서의 공동양육자 지정를 그대로 인정할 때, 재판상 이혼시 양육자 결정에 관하여 다른 사건에 미칠 파장 등 여러 측면을 고려하지 않았나 라고 생각합니다.

거듭 생각컨대, 엄마가 일요일 오후 5시부터 금요일 오후 5씨까지 아들을 돌보고, 아빠는 금요일 오후 5시를 넘어서부터 일요일 오후 5시까지 아들과 같이 있는데, 즉 이틀을 아빠와 같이 있는데 아들에게 경제적, 시간적, 정서적 영향이 얼마나 클까? 라면서 대법원의 이 사례에 대한 판단에 의문이 들기도 합니다.

한편으로는 사실관계를 들여다 보았을 때, 나씨와 김씨의 카톡 문자 내용이나 태도로 봐서 이들 부부가 나중에 재결합할 여지가 거의 없는 점에서 공동양육자 지정이 잘못되었다는 대법원의 판단에 수긍이 가기도 합니다.

20. 양육자의 양육비 부담액을 책정하고, 양육비 사용내역을 공개해야 하나?

나아내씨와 김남편씨는 2016. 1. 5. 혼인신고를 하고, 미성년자인 딸 하나를 두고 있었습니다.

부부는 갈등을 겪다가 별거하게 되었고, 딸은 나씨가 데리고 있었습니다. 나씨는 김씨를 상대로 이혼 소송을 제기하면서 딸의 친권자와 양육자로 자신을 지정하고 일정한 양육비를 지급하라고 청구하였습니다.

제1심은 부부는 이혼하고 친권자와 양육자는 나씨로 정하며 김씨는 딸이 성년이 될 때까지 양육비로 매월 50만원씩을 지급하라고 판결을 하였습니다. 이에 김씨는 친권자와 양육자 지정과 양육비 부분에 불복하여 항소하였습니다.

제2심은 "㉠딸의 양육비로 나씨는 딸이 성년이 될 때까지 월 30만원, 김씨는 월 50만원을 부담한다, ㉡나씨와 김씨가 각 부담해야 할 딸의 양육비가 투명하게 관리되도록 나씨와 김씨는 '나씨 또는 딸 명의'로 새로운 예금계좌를 개설하고 그와 연결된 체크카드를 발급받는다, ㉢나씨와 김씨는 자신들이 부담해야 할 양육비를 위 예금계좌로 매월 10일에 각 입금한다. 나씨는 딸의 양육에 소요되는 비용, 즉 어린이집 또는 유치원 원비, 병원비, 학원비, 학용품 또는 교재 구입비, 의류 또는 위생용품 등 딸의 일상생활에 필요한 물품 구입비, 보험료 등을 위 체크카드를 통해 지출하고 김씨에게 매달 그 지출내역이 나타난 예금계좌의 거래 내역을 매년 분기별로 해당 분기말일까지 알려주어야 한다."고 판결하였습니다.

그러면서 위 항소심은 "자녀의 양육에 드는 비용은 원칙적으로 부모가 공동으로 부담하여야 하고, 이는 부모 중 누가 양육자인지에 관계없는 본질적인 의무이므로 나씨와 김씨는 딸의 부모로서 각자의 소득과 재산 현황에 따라 일정한 액수의 양육비를 부담해야 한다. 양육비는 양육자가 맘대로 쓰는 것을 방지하고 양육자의 채권자에 의한 강제집행을 사전예방하기 위해서 양육비를 투명하게 관리할 방법이 필요하다. 따라서 딸의 친권자와 양육자로 지정된 나씨의 명의에 딸의 명의를 병기하여 새로운 예금계좌를 개설하는 것도 하나의 방법이 된다. 나씨는 위 예금계좌에 있는 예금 잔고가 딸의 양육비임을 명심하고 딸의 양육에 드는 비용으로만 지출하고 그 내역을 김씨에게 정기적으로 공개함으로써 향후 양육비로 인한 두 사람 사이의 분쟁을 사전에 예방할 수 있다."고 그 이유를 설명하였습니다. 한편, 친권자와 양육자 부분은 제1심 판단을 인정하였습니다.

그러자 원고 나아내씨는 양육비와 양육비 관리방법에 관한 부분에 대하여 불복하여 상고하였습니다.

이에 대하여 대법원은 "재판상 이혼을 통해 친권자와 양육자로 지정된 부모 한쪽은 상대방에게 양육비를 청구할 수 있는데 이 경우 가정법원은 자녀의 양육비 중 양육자가 부담해야 할 양육비를 제외하고 상대방이 분담해야 할 적정 금액의 양육비만을 결정하는 것이 타당하다. 한편, 양육자가 양육비를 맘대로 쓰거나 양육자의 채권자에 의한 양육비에 대한 강제집행을 방지하기 위해서 별도의 계좌를 개설하는 것은 이를 예방하는 효과적인 방법인지도 분명하지 않고, 예금계좌의 거래내역을 매년 분기별로 김남편씨에게 알리고 양육비 지출도 체크카드를 통해 지출하도록 하는 것은 딸의 복리에 부합하는 방식으로 딸을 양육할 나아내씨의 재량을 지나치게 제한하며 나씨와 김씨 사이의 분쟁을 예방하는 측면보다 추가적인 분쟁을 일으킬 가능성이 있다."고 판시하면서 나씨 일부 승소판결 부분을 파기, 환송하였습니다.

재판상 이혼에 의해 양육자로 지정된 사람은 자녀를 금전적, 정신적으로 보호하고 양육해야 할 의무를 부담합니다. 이 부분을 고려한다면 양육자가 부담해야 할 양육비를 별도로 정한다는 것은 합리적이지 않다고 생각합니다.

양육비 지급의무가 있는 사람은 자신이 지급한 양육비가 자녀를 위해 제대로 쓰이고 있는지 의문을 가질 수 있습니다. 특히 양육자의 경제적 형편이 어렵다는 이유로 생활비로 쓰이지 않을까 우려하기도 합니다. 게다가 오기나 분한 감정으로 자신의 경제적 형편이 괜찮음에도 불구하고 일부러 양육비를 보내지 않는 경우도 있습니다.

양육비 이행을 강제하기 위해 '양육비 이행확보 및 지원에 관한 법률'이 있습니다. 양육자는 양육비 부담자에 대하여 양육비 직접지급명령 신청이나 양육비이행명령 신청, 감치명령 신청, 운전면허 정지처분 신청 등 여러 가지 조치를 할 수 있습니다.

한편, 양육비가 양육자 맘대로 생활비로 쓰는 것을 방지하고 오로지 자녀 양육에 쓰이도록 하기 위해 양육비 부담자 명의로 은행계좌를 개설한 후 체크카드를 발행하여 양육자에게 주고 정기적으로 양육비를 지급하는 방법도 고려해 볼 수는 있다고 할 것입니다.

참고로, 일부 언론 등에서 이혼한 부부 사이에 어린 자녀가 있을 때, 그 자녀를 맡아 기르는 사람을 '양육권자'라고 하나 이는 바른 표현이 아닙니다. '양육자'가 맞습니다. 이혼 후 자녀를 맡아 돌보고 기르는 것을 권리라고 보기에는 적절하지 않기 때문입니다.

21. 주민등록번호가 다른데 이를 바로잡을 방법은?

나주민씨는 최근 주택을 구입하고 소유권이전등기를 신청하면서 취득세 신고를 하였습니다.

그런데 2020. 8. 12.부터는 다주택을 보유하게 되는 사람에게는 취득세가 중과됩니다. 다주택 보유 여부를 확인하기 위해 주택을 취득하는 사람은 취득세 신고시 가족관계등록부와 주민등록등본을 제출해야 합니다.

이 과정에서 나주민씨는 그동안 눈여겨 보지 않았던 가족관계등록부의 출생월이 주민등록번호 앞자리의 출생월과 다르다는 것을 발견하였습니다.

가족관계등록부에는 출생연월일이 1964. 5. 29.로 되어 있으나 주민등록표상의 주민등록번호 앞자리는 6401129, 즉 출생연월일이 1964. 11. 29.로 기록되어 있었습니다. 같은 사람인데 출생월이 다르다는 것은 앞으로 상속 등에 있어서 법률적으로 문제가 될 수 있다고 판단한 나씨는 올바른 출생월인 주민등록표상의 출생월로, 즉 ‘5월’을 ‘11월’로 가족관계등록부의 출생월을 고쳐야겠다고 판단하였습니다.

주민등록제도는 주민의 거주관계 등을 등록하여 인구의 동태를 파악하고 주민생활의 편익을 증진시키며 행정사무의 적정한 처리를 도모함을 목적으로 하는 제도인 반면, 가족관계등록제도는 국민의 출생·혼인·사망 등 가족관계의 발생 및 변동사항에 관한 등록과 그 증명을 통하여 신분관계를 공시·공증하는 제도입니다.

따라서 국민의 출생년월일에 대한 공시·공증은 가족관계등록부상의 출생년월일이 기준이 됩니다.

이에 따라 나씨는 가족관계등록부 정정 절차를 밟아야 합니다.

이 때, 출생 당시 출생신고 의무자가 현재 주민등록표상 생년월일을 출생의 연월일로 신고하였으나 당시 담당 공무원의 실수로 잘못 기재한 것이 당시 제출된 출생신고서와 그 첨부서면인 출생증명서 등에 의하여 명백히 소명된다면 관할 시·구·읍·면의 장이 감독법원의 허가를 받아 직권으로 정정할 수 있습니다. 한편, 출생신고에 따라 출생년월일이 바르게 기재 되었다가 이를 옮겨 적는 과정에서 잘못 기재되었음이 전 제적부나 가족관계증명서에 의하여 확인되는 경우에는 관할 시·구·읍·면의 장이 감독법원의 허가없이 직권으로 정정할 수 있습니다(가족관계등록법 제18조).

그러나 출생신고서 등이 보존되어 있지 않다면 실제 출생년월일을 충분히 입증할 만한 소명자료에 의하여 등록기준지를 관할하는 가정법원에서 제적부 및 가족관계등록부 정정허가결정을 받아 결정서 등본을 받은 날로부터 1개월 이내에 그 등본을 첨부하여 등록기준지 또는 주소지나 현재지 시·구·읍.면의 장에게 정정 신청을 함으로써 생년월일을 정정할 수 있습니다.

사례에서, 나주민씨의 출생신고서와 출생증명서 등은 등록기준지의 법원에 보관되어 있지 않았습니다. 왜냐하면 2008년 1월 1일 이전의 출생신고서류 등은 그 보존기간이 27년으로 이미 폐기된 상태였습니다. 즉 관할 시·구·읍·면의 장이 직권으로 나씨의 가족관계등록부를 정정할 수 없는 상황이었습니다.

이에 나주민씨는 가족관계등록지의 가정법원에 가족관계등록부 정정허가 신청을 하였습니다. 그런데 가족관계등록부 정정은 위법, 부당하게 자신의 신분 사항을 바꾸고, 달라진 신분을 악용하는 일이 발생할 수 있으므로 감독법원은 출생연월일 정정 사건을 처리할 경우에는 세심한 주의를 기울이고 소명이 아닌 증명정도의 자료를 요구한 후 그 자료를 검토하여 허가 여부를 결정합니다.

나주민씨는 생년월 정정이 필요한 이유를 잘 적은 후 기본증명서, 가족관계증명서, 제적등본, 초등학교 입학증명서, 학교생활기록부, 주민등록번호 부여대장, 개인별주민등록표 대장, 세대별 주민등록 등본, 세대별 주민등록 초본을 제출하였습니다. 주민등록번호 부여대장은 주민등록지의 구청에 정보공개청구를 하여 발급 받았습니다.

마침내 나씨는 가족관계등록부 정정허가를 받았고, 허가결정을 받은 날로부터 1개월 내에 본인의 등록기준지 또는 주소지나 현재지 시·구·읍·면사무소

(동 주민센터는 제외)에 신고하여 가족관계 등록부를 정정하였습니다.

나씨의 사례와는 달리 가족관계등록부상의 주민등록번호가 올바르고 주민등록표상의 주민등록번호가 잘못된 경우가 있습니다. 국민의 출생년월일에 대한 공시·공증은 가족관계등록부상의 출생년월일이 기준되기 때문에 이 경우에는 주민등록이 되어있는 동사무소 등에 주민등록번호 정정신청을 하면 가족관계등록부와 주민등록표상의 출생연월일을 일치시킬 수 있습니다.

그 전에는 공무원이나 회사원 등 직장인이 자신의 정년이 다가옴에 따라 실제 출생년도는 가족관계등록부상의 출생년도보다 늦는데 가족관계등록부에는 빠르게 되어 있다고 하면서 가족관계등록부상의 출생년도를 실제 출생년도로 늦추어달라는 정정허가 신청을 하는 사례가 있었습니다.

엄격한 심사를 거쳐 가족관계등록부상의 출생년도를 늦추는 허가를 받음으로써 정년 연장의 혜택을 누리는 사례가 있었던 것입니다.

그런데 요새는 실제 출생년도가 가족관계등록부상의 출생년도보다 빠른데 가족관계등록부에는 늦게 되어있다고 하면서 가족관계등록부상의 출생년도를 실제 출생년도와 같이 빠르게 해달라는 가족관계등록부 정정허가를 신청하는 사례가 있습니다.

이들은 국민연금 수급 대상자가 대부분입니다.

가족관계등록부상의 출생년도를 실제 출생년도와 같이 빠른 연도로 바꾸어서 국민연금을 보다 빨리 수령하기 위해서 신청하는 것입니다.

이 경우에도 엄격한 입증자료를 요구하고 있어서 허가를 받기가 쉽지 않습니다. 만일 병원이 발행한 출생증명서가 있다면 입증이 쉬워서 허가를 쉽게 받을 수 있으나 지금 60대에 진입한 분이 출생증명서를 발급받기는 사실상 어렵습니다. 병원 폐업 등으로 60년 전의 출생증명서 등이 보관되어 있지 않은 경우가 대부분이기 때문입니다. 간혹, 부모님이 이 출생증명서를 앨범에 보관하고 있는 것을 찾아 제출하는 경우가 있기는 합니다.

22. 네 번째 개명신청, 법원이 허가해 줄까?

현재 이름, 김동훈(金東勳)씨는 2020. 1. 10. 법원에 한글은 같으나 한자(漢字)를 다르게 하기 위해 개명허가 신청을 하였습니다. 즉 '동훈의 훈(勳)'을 한자를 달리하여 '훈(焄)'으로 개명하겠다는 것이었습니다.

그런데 김동훈씨는 이 개명신청 이전에 2011. 5. 15. '동훈'을 '수영'으로, 2014. 6. 10.에 '수영'을 '재훈'으로, 2016년 5. 6.에 '재훈'을 '동훈'으로 각 개명 신청하여 허가받았고, 현재의 이름은 '동훈'입니다. 즉 이번에는 끝 이름의 한자를 바꾸겠다는 것입니다.

그 이유는 김씨가 2016. 5. 6.에 개명 신청할 당시 한자를 잘못 입력하였고, 성명의 한자가 잘못되어 취직이 되지 않는 등 어려움을 겪고 있다는 것이었습니다.

그 동안 법원은, 대법원의 '2005. 11. 16. 자 2005스26 결정'이 있기 전까지는 기준을 엄격히 하여 개명허가에 대하여 신중한 입장을 취하여 왔습니다.

그러나 위 대법원의 결정이 있은 뒤, 법원은 개명신청에 대하여 특별한 사정이 없는 한 이를 허가하였습니다.

이 당시 대법원 결정의 주요 내용은 "이름은 본인의 의사와 관계없이 통상 부모에 의해서 일방적으로 결정되어지고 이에 따라 이름에 불만을 갖거나 이름으로 인해 정신적 고통을 겪기도 하는 점, 이름이 바뀐다고 하더라도 주민등록번호가 바뀌지 않는 점, 회사 이름은 쉽게 바꿀 수 있는 반면 사람의 이름을 쉽게 바꾸지 못하게 하는 점, 개명에 대한 엄격한 제한은 헌법상 개인의 인격권과 행복추구권을 침해할 우려가 있다는 점 때문에 특별한 사정이 없으면 개명허가를 하여 주어야 한다."는 것이었습니다.

여기에서 특별한 사정은 '범죄를 기도 또는 은폐하거나 법령에 따른 각종 제한을 회피하거나 부정한 금전적 이익을 얻으려는 의도가 개입되는 등으로 개명신청권 남용하는 경우'를 말합니다.

사례에서,는 김씨의 거듭된 개명신청이 개명신청권 남용에 해당하는지가 문제 됩니다.

이에 대한 법원의 판단은 "김동훈씨가 마지막 개명으로부터 약 4년이 지나기도 전인 2020. 1. 10. 에 또다시 네 번째 개명허가를 신청하였고, 개명신청 경위나 개명을 원하는 사유 등을 종합 판단할 때 불허가 한다."는 것이었습니다.

김씨의 네 번째 개명허가 신청은 개명신청권 남용이라는 것입니다. 추측컨대, 동훈의 훈(勳)'을 한자를 달리하여 '훈(焄)'으로 개명하겠는 것은 한자의 뜻이 그다지 의미를 갖지 않는 요즈음에 이러한 개명 허가 신청은 미신 등에 현혹되지 않았나 싶기도 합니다.

자신을 현재에 있게 한 부모 등이 심사숙고 끝에 지은 이름을 단지 흔하다는 이유, 촌스럽다는 이유, 옛날식 이름이라는 이유, 부르기 어렵다는 이유 등으로 개명을 싶게 생각하고 아무렇지 않게 개명을 하는 근래의 시류는 바람직한지 의문입니다.

다만, 예컨대 '박수빈'을 거꾸로 하면 '빈수박'으로 놀림감이 되거나 ,'나길례, 김공순' 등으로 특정한 물건이나 직업으로 인식될 수 있다면 개명이 필요합니다.

특히 온 사회를 떠들썩하게 한 악질 범죄인과 이름이 같은 경우에는 여러 차례 개명을 하였다고 하더라도 개명이 필요하다면 이를 하여야 하고 이 개명신청에 대해서 법원은 허가를 하여 주는 것이 마땅하다고 생각합니다.

요즘은 법원이 특별한 사유가 없는 한 개명허가를 하여 주기 때문에 개명이 필요할 경우 굳이 법률전문가를 찾을 필요는 없습니다. 법원에 가면 양식이 비치되어 있으니 그대로 적어내면 됩니다.

이 때, 법원이 납득할 만한 개명 사유를 구체적으로 잘 적어내면 비교적 원할하게 허가를 받을 수 있습니다. 횡설수설하거나 도무지 법원이 납득할 수 없는 사유가 있을 경우 보정명령을 받거나 기각될 수 있습니다.

특히 철학관에 갔더니 이름을 바꾸라 하였다거나 이 이름을 쓰면 불행해진다는 얘기를 들었다거나 하는 등을 개명 사유로 적어내면 법원이 부정적으로 판단할 수 있음을 유념해야 할 것입니다.

23. 미성년자의 상속재산분할 협의, 특별대리인 선임해야 할까?

민법 제5조 제1항은 '미성년자가 법률행위를 함에는 법정대리인의 동의를 받아야 한다. 그러나 권리만을 얻거나 의무만을 면하는 행위는 그러하지 아니하다'라고 규정하고 있습니다.

한편, 같은 법 제911조는 '친권을 행사하는 부 또는 모는 미성년자의 대리인이 된다'라고, 제921조 제1항은 '법정대리인인 친권자와 그 자 사이에 이해상반되는 행위를 함에는 친권자는 법원에 그 자의 특별대리인의 선임을 청구하여야 한다'라고, 제2항은 '법정대리인인 친권자가 그 친권에 따르는 수인의 자 사이에 이해상반되는 행위를 함에는 법원에 그 자 일방의 특별대리인의 선임을 청구하여야 한다'라고 규정하고 있습니다.

특별대리인은 특정 사안에 대해 이해관계인의 이해대립을 조정하기 위해 법원에 의해 선임되는 사람을 말합니다.

민법 제921조가 정한 특별대리인 제도는 친권자와 그 친권에 따르는 자 사이 또는 친권에 따르는 자들 사이에 서로 이해가 충돌하는 경우에는 친권자에게 친권의 공정한 행사를 기대하기 어려우므로 친권자의 대리권 및 동의권을 제한하여 법원이 선임한 특별대리인으로 하여금 이들 권리를 행사하게 함으로써 친권의 남용을 방지하고 미성년인 자의 이익을 보호하려는데 그 취지가 있습니다.

이 때의 특별대리인은 이해가 상반되는 특정의 법률행위에 관하여 개별적으로 선임되어야 합니다.

예컨대 미성년자가 2명인 상태에서 상속재산 분할협의를 할 경우, 각각 특별대리인은 선임해야 합니다. 즉 이해가 상반되는 친권자는 미성년자를 대리할 수 없고, 특별대리인이 미성년자를 대리하여 상속재산 분할협의를 해야 합니다. 특별대리인을 선임 신청할 경우, 신청서에는 선임되는 특별대리인이 처리할 법률행위를 특정하여 적시하여야 합니다.

결혼하여 미성년 자녀 2명을 둔 김부친씨와 나모친씨는 이혼하였습니다.

그 후, 김씨는 2021. 5. 6. 사망하였고, 상속재산으로 5억원 상당의 아파트가 있었습니다. 상속인은 미성년 자녀 '갑'과 '을' 2명이었습니다.

김부친씨의 아버지, 즉 미성년 자녀 갑과 을의 할아버지는 이혼한 친권자인 나모친씨에게, 손자 갑은 이 아파트 지분의 60%를, 을에게는 40%로 하는 상속재산 분할협의를 하여 줄 것을 요구하였습니다.

이 경우 친권자인 나모친씨는 미성년 자녀 2명의 법정대리인으로서 상속재산 분할협의를 할 수 있는지 문제 됩니다.

나모친씨는 이혼하였기 때문에 나부친씨의 상속인이 아니므로 친권자로서 미성년 자녀의 상속재산 분할협의를 대리하는 것은 이해상반 행위가 아닙니다. 그러나 공동상속인인 미성년자 갑과 을, 즉 2명 전부를 대리하여 상속재산 분할협의를 하는 것은 이해상반 행위가 됩니다. 따라서 민법 제921조 제2항에 의하여 갑과 을 중 한 사람의 특별대리인을 선임하여야 합니다.

참고로, 등기예규인 '미성년자의 대리인에 의한 등기 신청에 관한 업무처리 지침'이 정한 이해상반 행위를 소개합니다.

'이해관계가 상반되는 예'는 ㉠미성년자인 자가 그 소유 부동산을 친권자에게 매매 또는 증여하는 경우, ㉡상속재산 협의분할서를 작성하는데 있어서 친권자와 미성년자인 자 1인이 공동상속인인 경우(친권자가 당해 부동산에 관하여 권리를 취득하지 않는 경우를 포함한다), ㉢친권자와 미성년자인 자의 공유부동산을 친권자의 채무에 대한 담보로 제공하고 그에 따른 근저당권 설정등기를 신청하는 경우, ㉣미성년자인 자 2인의 공유부동산에 관하여 공유물분할계약을 하는 경우(미성년자인 자 1인에 관한 특별대리인의 선임이 필요하다) 등 입니다.

'이해관계가 상반되지 않는 예' ㉠친권자가 그 소유 부동산을 미성년자인 자에게 증여하는 경우, ㉡친권자가 미성년자인 자 소유의 부동산을 제3자에게 증여하는 경우, ㉢친권자가 미성년자인 자 소유의 부동산을 채무자인 그 미성년자를 위하여 담보로 제공하거나 제3자에게 처분하는 경우, ㉣친권자와 미성년자인 자의 공유부동산에 관하여 친권자와 그 미성년자를 공동채무자로 하거나 그 미성년자만을 채무자로 하여 저당권설정등기를 신청하는 경우, ⓜ친권자와 미성년자인 자가 근저당권을 준공유하는 관계로서 근저당권설정등기의 말소를 신청하는 경우, ⓑ미성년자인 자 1인의 친권자가 상속포기를 하고 그 미성년자를 위하여 상속재산분할협의를 하는 경우 ⓢ이혼하여 상속권이 없는 피상속인의 전처가 자기가 낳은 미성년자 1인을 대리하여 상속재산분할협의를 하는 경우 등입니다.

제4장 가압류·가처분 및 집행

제4장 가압류·가처분 및 집행

1. 가압류·가처분 신청시 유의사항 1

채권자가 채무자의 재산처분을 막기 위해서 또는 잠정적으로 법률관계를 형성시키기 위해 활용되는 것이 가압류·가처분 제도입니다. 이를 보전처분이라고 합니다.

재판은 통상 시일이 오래 걸리기 때문에 소를 제기하기 전에 또는 소송진행 중에 채무자가 자신의 재산을 다른 사람에게 팔아 버리는 등의 처분하거나 법률적인 변경이 생기면 재판에서 이겨서 확정 판결문을 갖게 되더라도 집행이 불가능해질 수 있기 때문에 이를 막기 위한 제도입니다.

그런데 가압류·가처분을 신청하면서 신청서의 기재사항이나 첨부서류를 누락하여 법원의 보정명령을 받게 되는 등으로 인해 절차가 지연되는 일이 자주 있습니다.

가압류·가처분은 무엇보다 신속한 결정이 필요한데 절차가 지연되면 채권자로서는 마음이 다급해질 수 밖에 없습니다.

채권자가 관할 법원에 가압류·가처분 신청을 할 때 유의해야 할 사항[8]을 알아 봅니다.

1) 가압류·가처분 등 보전처분에서의 관할입니다.

본안소송을 제기하기 전이라면 가압류 신청은 ㉠채권자 주소지, ㉡채무자 주소지, ㉢가압류 목적물의 소재지 어느 곳을 관할하는 법원에도 신청할 수 있습니다. 본안소송을 이미 다른 법원에 제기하였다면 채무자의 주소지가 A법원에 있다고 하더라도 보전처분의 목적물의 소재지가 A법원에 있지 않으

8) '가압류·가처분 신청시 유의사항'은 의정부지방법원이 작성한 자료를 주로 인용하였습니다.

면 A법원에 보전처분을 신청할 수 없습니다.

(예) 채권자의 주소지가 서울 서초구, 채무자 주소지가 의정부, 가압류 부동산 소재지가 수원인데, 본안소송을 서울중앙지방법원에 제기한 경우 ⇒ 가압류신청의 관할은 서울중앙지방법원 또는 수원지방법원입니다.

다만, 가처분신청의 경우에 채권자 주소지는 채무의 이행지가 될 수 없으므로 채무자 주소지와 가처분 목적물 소재지가 A법원의 관할 내에 있지 아니하면 A법원에 가처분신청을 할 수 없습니다.

(예) 채권자 주소지가 의정부, 채무자 주소지가 서울 서초구, 가처분 부동산 소재지가 수원인 경우 ⇒ 가처분신청 관할 법원은 서울중앙지방법원 또는 수원지방법원입니다.

2) 신청서에 당사자를 기재하는 방식입니다.

- 법인이 당사자인 경우

법인 등기사항증명서를 확인하여 법인의 명칭과 주소, 대표이사 또는 대표자의 직위와 성명을 바르게 기재하여야 합니다.
(예) 대표자 사내이사 김갑동

- 예금채권가압류의 경우

채무자의 주민등록번호(법인은 법인등록번호 또는 사업자등록번호)를 기재하여야 합니다.

- 채무자의 주소와 부동산 등기사항증명서상 주소가 불일치하는 경우

채무자의 주소란에 채무자의 등기사항증명서상 주소를 추가로 기재하여야 합니다.

- 제3채무자가 국가, 지방자치단체, 학교법인인 경우

소관 표시를 명확하게 하여야 합니다. 소관이 학교인 경우 국공립학교와 사립학교를 구분하여 학교를 제3채무자로 표시하지 않도록 유의하여야 합니다.

(예) 제3채무자 대한민국
(소관 : 의정부지방법원 세입세출외 현금출납공무원)
송달장소 : 의정부지방법원 검찰청
법률상 대표자 법무부장관 나장관

제3채무자 의정부시
의정부시 시민로1 (소관 : 환경과)
법률상 대표자 시장 김시장

제3채무자 경기도
(소관 : 의정부고등학교)
교육 및 학예에 관한 대표자 교육감 손교육

제3채무자 학교법인 고려중앙학원
서울 성북구 안암동 5가 1-2 (소관 : 고려대학교 학생처 복지과)
대표자 이사장 강인식

2. 가압류·가처분 신청시 유의사항 2

청구채권 또는 피보전권리와 가압류금액인 청구금액, 가처분의 목적물 가액에 대해 알아 봅니다.

1) 청구채권 또는 피보전권리를 기재하는 방법입니다.

청구채권 또는 피보전권리의 특정이 가능하도록 그 발생일자와 발생원인 등을 기재하여야 합니다.

가압류에서는 채권자가 채무자에게 청구할 수 있는 돈이나 돈으로 환산할 수 있는 채권을 청구채권으로 합니다. 재산상의 청구권이 아닌 권리는 가압류의 피보전권리가 될 수 없습니다. 가처분은 다툼의 대상에 관한 가처분과 임시지위를 정하기 위한 가처분이 있는데요. 임시지위를 위한 가처분은 생략합니다. 다툼의 대상에 관한 가처분은 금전채권을 제외한 특정물에 대한 이행청구권을 피보전권리로 합니다.

2) 가압류의 청구채권의 표시례입니다.

2008. 1. 1. 자 대여금채권,
2009. 3. 1. 자 도급계약에 의한 공사대금 10,000,000원 중 잔금채권,
2010. 5. 1. 부터 2010. 9. 30.까지 판매한 유류대금 중 잔금채권,
2010. 10. 1. 교통사고로 인한 손해배상채권,

3) 가처분 피보전권리의 표시례입니다.

2011. 1. 1. 자 매매계약을 원인으로 한 소유권이전등기청구권,
2015. 1. 1. 자 임대차계약 해지로 인한 건물인도청구권

4) 여러 개의 청구채권 또는 피보전권리가 있는 경우에는,

하나의 권리만을 기재하고 그 뒤에 '등'이라고 기재해서는 안 되고 각각의 권리와 그 금액을 특정하여야 합니다.

(잘못된 예)
대여금 등 10,000,000원, 위자료 등 20,000,000원

(올바른 예)
2011. 1. 1. 자 대여금 5,000,000원 및 2011. 6. 1. 자 대여금 5,000,000원, 위자료 10,000,000원 및 재산분할 청구채권 10,000,000원

5) 일부 청구의 경우에는,
전체 청구금액과 그 중 얼마의 금액을 일부로써 청구하는 것인지 특정하여야 합니다.

(예) 2010. 10. 1. 교통사고로 인한 손해배상채권 100,000,000원 중 일부 20,000,000원

※ 부동산 가압류에서 문제되는 것이 사해행위취소 청구 소송입니다.

채권자는 사해행위취소 청구의 소를 제기하려거나 본안 소송 진행 중에 통상적으로는 사해행위취소를 원인으로 한 소유권이전등기 말소청구권 또는 소유권이전등기 청구권을 피보전권리로 하여 부동산 처분금지 가처분을 신청합니다.

그런데 사해행위가 이루어지기 전에 근저당권 설정등기가 되어 있다가 사해행위가 있은 후 이 근저당권 설정등기가 말소되었다면 채권자는 부동산 처분금지 가처분이 아니라 부동산가압류 신청을 해야 합니다.

왜냐하면 사해행위취소 청구 소송은 사해행위로 인해 바뀐 소유권의 명의를 본래의 소유자였던 채무자 명의로 되돌리는, 즉 원물반환을 원칙으로 하기 때문입니다.

그런데 사해행위 이후 근저당권 설정등기가 말소되었다면 사해행위 이전에 마쳐진 근저당권 설정등기의 피담보채권액을 빼고 그 나머지만

사해행위를 원인으로 취소할 수 있습니다. 이 때, 채권자는 원물반환, 즉 부동산 그 자체를 채무자 명의로 돌려 놓으라 할 수 없고, 사해행위로 부동산을 소유하게 된 수익자로부터 자신의 채권액을 받을 수 밖에 없습니다. 이를 가액배상이라고 합니다. 이러한 경우에는 부동산 처분금지 가처분이 허용되지 않습니다. 따라서 사해행위 이전의 근저당권 설정 등기가 사해행위 이후 말소되었다면 피보전권리를 가액 배상청구권, 즉 채권자가 받을 돈을 청구채권으로 하여 부동산가압류를 신청하여야 합니다.

6) 여러 명의 채권자 또는 채무자가 있는 경우에는,

채권자들의 채권이 분할채권 관계인 경우에는 채권자별로 청구금액을 나누어 표시한 후 그 금액의 합계를 청구금액으로 기재하고, 불가분채권 또는 연대채권 관계이기 때문에 채권자 각자가 청구금액 전액을 구하는 경우에는 그 관계를 소명하고, 여러 명의 채무자가 있는 경우에도 채무자들의 채무에 대해 채권자별로 청구금액을 나눠 표시한 후 그 금액의 합계를 청구금액으로 기재해야 합니다.

(예) 여러명의 채권자가 분할채권 관계인 경우
청구금액 금 10,000,000원 (채권자 A : 7,000,000원, 채권자 B : 3,000,000원)

8) 가처분 목적물의 가액 기재는,

가처분 목적물의 가액은 일반적으로 시가 내지 실제 거래가격 또는 이에 가장 근접한 가격으로 산정합니다. 토지의 경우 공시지가, 아파트의 경우 국세청 기준시가를 그 가액으로 합니다. 가액을 산출하여 기재하고, 이러한 목적물의 가액을 확인할 수 있는 소명자료를 첨부하여야 합니다.

그런데 가처분 신청에 따른 등록면허세는 목적물 가액의 1000분의 2가 아니라, 채권 금액의 1000분의 2라는 점을 유의하여야 합니다.

3. 가압류·가처분 신청시 유의사항 3

앞에서 가압류·가처분의 관할, 당사자, 청구채권 또는 피보전권리와 가압류금액인 청구금액, 가처분의 목적물가액에 대해 알아 보았습니다.

- 이번에는 보전의 필요성에 대해 알아봅니다.

우리는 형사 사건에 피의자에 대한 구속영장이 청구되었다는 뉴스를 자주 봅니다. 그 때, 등장하는 것이 영장실질심사입니다. 긴급체포, 현행범 체포, 영장에 의해 체포된 피의자의 인권보호를 위해 1997년에 형사소송법 개정을 통해 도입된 절차인데요. 불구속 재판원칙과 무죄추정의 원칙을 구현하려는 취지입니다. 구속전 피의자 심문제도라고도 합니다.

피의자인 사람은 감옥에 갇히게 되지 않으려고, 자신을 방어하기 위해 변호인의 조력을 받는 등 구속을 피하기 위해 노력합니다.

이 때, 영장담당 법관은 한 사람의 인신을 구속이라는, 행동의 자유를 제한하는 결정을 할 때 고심합니다. 최대한 피의자의 의견이나 사정, 정황 등을 따져 봅니다.

법관의 결정을 돕는 것이 형사소송법 제70조 규정입니다. 피의자가 기소되어 피고인으로 되었을 때 적용되는 규정입니다. 그런데 이 규정은 구속영장실질심사에서도 법관의 결정에 매우 중요한 역할을 합니다.

여기서 피의자는 범죄의 혐의가 있는 자로 수사대상이 된 사람이고, 피고인은 범죄 혐의자에서 검사에 의해 법원에 공소가 제기된 사람입니다.

피고인의 구속 사유는 ㉠피고인이 일정한 주거가 없을 때, ㉡피고인이 증거를 인멸할 염려가 있는 때, ㉢피고인이 도망하거나 도망할 염려가 있는 때입니다. 이 때, 피의자 또는 피고인의 구속사유를 심사함에 있어서 범죄의 중대성, 재범의 위험성, 피해자 및 중요 참고인 등에 대한 위해 우려 등을 고려하여야 합니다.

그런데 가압류·가처분 신청 절차에서는 이러한 과정이나 절차가 없습니다. 이른바 신청사건에서는 담당 법관은 채무자를 만나서 얘기를 들어보지 않고, 채권자가 서면으로 주장하는 내용을 보고, 타당하다고 판단되면 채권자가 원하는 그대로 결정을 합니다.

채권자가 거짓말, 자신에게 유리한 사실만 글로 표현하였어도 담당 법관이 납득하면 가압류·가처분 결정을 합니다.

이러한 경우 발생할 수 있는 채무자의 피해를 예방하기 위해 담당 법관은 담보제공 명령을 합니다. 이 담보제공 방법은 현금공탁, 보증보험증권에 대한 담보제공이 있습니다.

특히 법원은 채무자의 공사대금채권, 물품대금채권, 예금채권, 신용카드대금채권, 임금채권, 유체동산, 출자증권 등에 대한 가압류는 부동산 가압류 등 비해서 보전의 필요성을 엄격히 요구하고 있습니다.

채무자의 유일한 재산이라거나 타에 처분할 우려가 있다는 등의 막연한 추측이나 소문만으로 보전의 필요성이 소명되었다고 볼 수 없기 때문에 보전의 필요성을 구체적인 사실관계에 근거하여 밝혀야 하고 그에 대한 소명자료를 함께 제출하여 합니다.

실무 경험상, 모든 가압류·가처분 신청 절차에서 가장 중요한 것이 '보전의 필요성'입니다.

관할, 당사자, 피보전권리가 요건에 맞지 않으면 보정명령을 받고 보완을 하면 가압류·가처분 결정에 시간이 오래 걸릴 수는 있지만 가압류·가처분이라는, 채권자가 원하는 결정을 받을 수 있습니다.

그러나 보전의 필요성이 인정되지 않으면 기각됩니다.

필자가 법원에 신청한 가압류·가처분 사건 중에 보전의 필요성을 예를 들어 봅니다.

9) 가압류에 대한 보전의 필요성의 예입니다.

채무자는 채권자에게 물품대금을 지급하지 못하는 사유가 제3채무자의 DCT LINE 납기 지연으로 인한 대금 결제가 늦어지고 있기 때문이라고 하지만 채권자가 파악하는 바로는 채권자 외에 채무자의 다른 채권자들이 제3채무자에 대하여 공사대금 채권압류(가압류)를 수건 집행함으로써 제3채무자가 채무자에게 공사대금을 지급하지 못하고 있는 상황입니다.

채무자도 사실상 이를 인정하고 있습니다(소제3호증 이메일 : 결제 지연으로 폐사 채권압류를 진행시킨 몇몇 업체로 인하여).

제3채무자로서는 채무자에 대한 공사대금 채무가 압류(가압류) 집행됨에 따라 민사집행법 제248조 제1항 및 제3항[9]에 따라 압류에 관련된 채권을 전액 공탁할 수 있거나 거듭 압류에 따라 압류채권자 등의 청구에 의해 채권 전액을 공탁하여야 합니다.

이 경우 채권자 외 채무자의 다른 채권자가 공탁금을 출급하여 민사집행법 제236조 제1항에 따라 법원에 추심신고를 하여야 하는데 이 때는 일종의 배당 배제의 효과가 발생하여 채권자로서는 더 이상 채무자의 공사대금 채권에 대하여 집행을 할 수 없는 상황이 됩니다.

따라서 채권자로서는 지금 반드시 채무자에 대하여 채권 가압류 집행을 해야 합니다.

그 후, 집행권원을 얻어 제3채무자가 공탁한 공탁금에 대하여 다른 채권자들과 안분배당을 받을 수 있도록 하기 위해서 입니다.

한편, 채권자가 파악한 바, 채무자는 제3채무자로부터 받을 공사대금 채권 외에는 부동산 등의 다른 재산이 없습니다.

특히, 자본금이 14억원이 넘는 채무자의 지금까지의 의무 불이행 행태(진실로 지급 의사가 있었다면 할부로 일부씩이라도 물품대금 지급을 이행하였을 것입니다)를 보건대, 채권자가 채무자를 상대로 물품대금

---

9)제248조(제3채무자의 채무액의 공탁) ① 제3채무자는 압류에 관련된 금전채권의 전액을 공탁할 수 있다.

③ 금전채권중 압류되지 아니한 부분을 초과하여 거듭 압류명령 또는 가압류명령이 내려진 경우에 그 명령을 송달받은 제3채무자는 압류 또는 가압류채권자의 청구가 있으면 그 채권의 전액에 해당하는 금액을 공탁하여야 한다.

지급을 구하는 소를 제기하더라도 소 제기 전 또는 소송 진행 중에 다른 채권자들과 합의하거나 일부 변제하는 형식으로 압류(가압류) 해제절차를 밟은 후, 제3채무자로부터 공사대금을 지급받아 이를 받아 국세납부 기타 다른 사업비 등으로 임의로 사용하여 버린다면 채무자에 대하여 채권자가 본안소송에서 승소하더라도 집행을 할 수 없으므로 후일의 강제집행 보전을 위하여도 이 사건 신청을 하는 것입니다.

10) 가처분에 대한 보전의 필요성의 예입니다.

채무자의 대리인은 이 사건 부동산의 매매 잔금일 쯤에 "이 부동산에 대출이 많아서 이자를 내기 어렵게 되어 경매에 넘어갈 것 같고, 게다가 양도소득세가 4억 8천만원이 예상되어 이 계약을 이행할 수 없다. 또한 이 부동산의 소유자인 누님이 연세가 많아 곧 사망할 것 같아서 이 계약을 이행할 수 없다. 계약금 3천만원을 돌려준다."라고 하면서 2020. 5. 16. 일방적으로 이 사건 부동산 매매 계약금을 채권자의 계좌로 송금하였습니다(소갑제5호증 통장거래내역).

그러나 채권자는 이 사건 매매계약을 이행하여 소유권이전등기를 받고자 하는 의사가 확고하였고, 계약해제의 의사가 없었기에 2020. 5. 17. 이 돈 3천만원을 채무자의 계좌로 되돌려 주었습니다(소갑제5호증 통장거래내역).

채권자가 이런 와중에 이 사건 부동산을 둘러본 바, 채무자 대리인의 말과는 달리, 이 사건 주위의 토지에 설치되어 있는 울타리가 철거되고 도로가 개설되었고, 특히 이 사건 부동산이 채권자가 아닌 제3자와 보다 비싼 가격으로 매매계약이 체결되었다는 말을 인근 공인중개사로부터 들었습니다.

이에 채권자는 채무자가 이 사건 부동산 소유권 이전등기 절차를 이행하지 않을 것이라고 판단하였습니다. 그리하여 채권자는 이 사건 부동산 매매잔금인 2억 5천만원을 2020. 5. 17. 의정부지방법원 고양지원에 공탁하였습니다.

채권자는 채무자가 울타리 철거 및 도로 개설 등 계약 사항을 이행한 후 이 사건 부동산을 채권자에게 이전등기를 해주겠다는 약정을 이행할 의사가 전혀 없음을 확인하였습니다.

이에 채권자는 채무자를 상대로 '소유권 이전등기절차 이행청구의 소'를 제기할 준비 중에 있습니다.

채무자가 이 사건 부동산을 다른 사람에게 매도하거나 담보로 제공하고 등기를 마치게 되면 나중에 채권자가 채무자를 상대로 한 본안소송에서 승소해도 소송의 목적을 달성할 수 없을 우려가 있어 별지목록 기재 부동산에 대한 이 사건 가처분을 신청합니다.

4. 가압류 이의 신청해야 할까?

채권자가 법원의 가압류나 가처분 결정이나 판결을 받은 후 그 집행을 하면 돈을 갚을 의무가 있거나 물건을 인도할 의무가 인정된 채무자는 이를 참아낼 수 밖에 없습니다.

그런데 돈을 빌린 적이 없다든가, 이미 돈을 갚았든가, 채권자에게 청구권이 없다든가 등의 사유로 채무자에게 돈 갚을 의무가 없거나 채권자에게 청구권이 인정되지 않는 경우가 있습니다.

이 때, 채무자가 할 수 있는 방법, 즉 채무자의 구제방법이 무엇일까요?

가압류·가처분, 보전처분은 원칙적으로 채무자를 심문하지 않고, 즉 변론을 거치지 않고 채권자의 일방적 소명에 의하여 발령하는 것이고 일단 보전처분이 내려지면 채무자는 재산처분이 금지됨으로 인하여 큰 고통을 겪게 됩니다.

이에 민사집행법에서는 채무자의 이익 보호를 위하여 구제절차를 규정하고 있는데 크게 보전처분에 대한 이의절차와 보전처분 취소 절차가 있습니다(민사집행법 제283조, 제287조, 제288조, 제301조).

보전처분에 대한 이의는 채권자의 보전처분 신청이 변론을 거치지 않은 채 받아들여졌고, 즉 당사자 쌍방의 공격방어방법 제출에 있어서 균등한 기회가 주어지지 않은 채 보전처분이 결정되었다는 이유에서 새로이 변론을 열어 그 신청의 옳고 그름, 보전처분 신청의 당부를 심리할 것을 요구할 수 있는 채무자의 권리이고, 보전처분 취소는 보전처분의 옳고 그름은 덮어두고 현재의 여러 가지 사정으로 볼 때 당사자 간의 권리를 비교하면 보전처분을 유지하는 것이 부적당하다는 이유를 들어 채무자가 보전처분 취소를 구하는 제도입니다.

피압류씨는 2021. 1. 20. 10억원 상당의 아파트를 중개업소에 매물로 내놓으면서 자신의 인적 사항과 은행 계좌번호를 알려주었습니다. 그 후, 2021. 2. 20. 공인공인중개사로부터 매수인의 이름과 주민등록번호 등의 인적사항을 문자로 받았습니다. 이에 피압류씨는 '알았다'라고 문자를 보냈습습니다.

그 날 오후 7시에 김채권씨로부터 1억원이 입금되었고, 피씨가 중개업소에 알아보니 아파트 매매 계약금이라는 것이었습니다. 그 후, 피씨는 당장 매매계약을 체결할 의사가 없었고, 조금 더 기다려본다는 뜻에서 '알았다'고 했다면서 중개사에게 이 돈을 돌려주겠으니 매수인의 계좌번호를 달라고 하였습니다.

그러자 매수인 김씨는 공인중개사를 통해 '동 호수와 금액, 이사 날짜 등이 특정되어 매매계약이 체결되었으므로 계약을 해제하려면 1억원을 보태서 지급하라, 즉 배액 상환을 하라'고 하였습니다. 이에 피씨는 김씨의 인적사항을 알고 있었기에 김씨가 입금한 돈 1억원을 법원에 공탁, 즉 변제공탁을 하였습니다.

그 후, 피씨는 자신의 아파트가 가압류되어 있다는 사실을 알게 되었습니다. 이 일이 있기 전에 김씨가 계약금 배액 즉 2억원을 달라는 이유로 두 차례에 걸쳐 피씨에게 내용증명을 보낸 후, 법원에 피씨 소유 아파트에 대한 가압류 신청을 하여 가압류 결정을 받았던 사실을 피씨는 뒤늦게 알았던 것입니다.

아파트 매매 계약이 체결되지 않았다고 생각하는 피씨로서는 억울하기만 하였습니다. 이러한 가압류에 대하여 피씨가 대응할 수 있는 법적 절차는 가압류 이의 또는 가압류 취소신청 입니다.

가압류 이의신청은 채무의 부존재, 변제 등으로 가압류 신청이 잘못되었다는 이유가 있으면 됩니다. 그 신청취지는 보통 '위 당사자간 00법원 2021카단 1234 부동산가압류 신청사건에 관하여 2021. 7. 3. 이 법원에서 한 가압류결정을 취소한다. 채권자의 가압류신청을 기각한다'는 식으로 기재하고, 신청이유는 그 보전처분이 부당하다는 방어방법에 관한 주장과 항변을 기재하면 됩니다.

이의 사유는 아무런 제한이 없습니다. 따라서 채무자는 피보전권리나 보전의 필요성에 관한 사유는 물론 그 외에도 이미 발하여진 보전명령을 부당하게 하는 모든 사유를 이의 사유로 주장할 수 있습니다.

채무자의 이의가 이유있을 때 법원은 당초의 가압류 결정의 취소 또는 변경판결을 하고, 이유가 없을 때는 가압류 인가판결을 합니다.

사례로 돌아와서 피압류씨는 김채권의 가압류에 대해 어떤 대응을 해야 할까요? 우선 가압류 이의신청을 고려해 볼 수 있습니다.

그런데 김씨의 가압류 신청이 소명을 통해 피보전권리와 보전의 필요성이 인정되기에 법원에서 가압류 결정을 하였을 것이므로 이 아파트 매매계약이 체결되지 않았다는 사실이 명확하지 않는 이상 가압류 이의가 인정되기는 어려울 것으로 보입니다.

그렇다면 피씨의 대응 방법은 가압류가 집행된지 3년이 지나지 않았으므로 김씨의 본안 소송 부제소를 이유로 또는 가압류 소멸을 이유로 가압류 취소를 구할 수는 없고, 법원에 본안 제소명령 신청을 하여 김씨가 2주 이내에 본안의 소를 제기하지 않으면 가압류 취소를 구하거나 가압류 해방공탁을 한 후 가압류 취소를 구할 수 밖에 없습니다(민사집행법 제287조 및 제288조).

돈을 들여 가압류 해방공탁을 할 수는 없기에 결국 민사집행법 제287조의 규정에 의하여, 피씨는 본안 제소명령을 신청하고 김씨가 본안의 소를 제기한 후 그 소송에서 피씨가 승소한다면 가압류 취소를 구할 수 있고, 한편으로 김씨가 본안의 소를 2주 이내에 제기하지 않으면 피씨는 집행법원에 가압류 취소를 구할 수 있다고 할 것입니다.

5. 선행 가처분 취소 결정 후, 새로운 가처분 신청 가능할까?

채무자는 채권자에게 2주 이내에 본안의 소를 제기하여 이를 증명하는 서류를 제출하거나 소송 계속사실을 증명하는 서류를 제출하도록 명하여 줄 것을 가압류법원에 신청할 수 있고, 채권자가 이 기간 이내에 소 제기나 소송 계속사실 증명원을 제출하지 아니하면 채무자는 법원에 가압류취소 신청을 할 수 있고, 법원은 가압류취소 결정을 하여야 합니다(민사집행법 제287조 제1항 내지 제3항).

한편, 채무자는 ㉠가압류이유가 소멸하거나 그 밖의 사정이 바뀐 때, ㉡법원이 정한 담보를 제공한 때, ㉢가압류가 집행된 뒤에 채권자가 3년간 본안의 소를 제기하지 아니한 때의 어느 하나의 사유가 있는 경우에는 가압류를 명한 법원에 그 가압류취소 결정을 신청할 수 있습니다. 그러나 본안이 이미 계속 중인 때에는 본안이 이미 계속된 법원에만 그 취소를 신청할 수 있습니다(민사집행법 제288조 제1항 및 제2항). 이 중 가압류가 집행된 뒤에 3년간 본안의 소를 제기하지 아니한 때에는 채무자 아닌 '이해관계인'도 가압류 취소를 신청할 수 있습니다(같은 조 제1항 단서).

위와 같은 규정은 가처분 절차에서도 준용됩니다(민사집행법 제301조), 특히, 가처분의 경우에는 민사집행법 제288조 제1항 제1호 사유인 사정변경이 없어도 특별한 사정이 있고 담보를 제공하면 가처분 결정을 취소할 수 있습니다(민사집행법 제307조 제1항).

나채권씨는 김채무씨가 소유한 경기도 고양시 삼송동 100번지 소재 대지 300㎡에 관하여 '증여를 원인으로 한 소유권이전등기청구권'을 피보전권리로 하는 처분금지가처분 신청을 하여 2013. 12. 26. 가처분결정(이하 '선행 가처분')을 받았고, 같은 날 그 가처분등기가 마쳐졌습니다.

그 후, 나씨가 3년간 본안의 소를 제기하지 아니하자, 김씨는 2017. 1. 4. 사정변경에 따른 가처분취소 신청을 하였습니다. 그러자 나씨는 2017. 1. 9. 위 선행 가처분 결정과 같은 내용의 새로운 가처분신청을 하는 한편, 김씨를 상대로 '증여를 원인으로 한 소유권 이전등기 절차 이행의 청구의 소'를 제기하였습니다.

그 후, 2017. 2. 6. 김씨의 위 가처분취소 신청을 인용하는 결정과 나씨의 새로운 가처분신청을 인용하는 결정(이하 '후행 가처분)이 있었고, 위 가처분취소 결정은 2017. 2. 14. 그대로 확정되었습니다. 한편 김씨는 나씨의 후행 가처분 결정에 대하여 이의신청을 하였습니다.

이러한 이의신청에 대한 재판의 쟁점은 선행 가처분의 집행 후 3년이 지나도록 본안소송을 제기하지 아니하여 가처분취소 사유가 발생하였을 경우, 채권자가 또다시 후행 가처분 신청을 한다면 보전의 필요성을 인정할 수 있느냐는 것이었습니다.

이에 대하여 제1심은 후행 가처분 결정의 보전의 필요성을 인정하여 이 가처분 결정을 인가하는 결정을 하였고, 김씨의 항고에 대하여 제2심은 "나채권씨가 2017. 1. 9. 후행 가처분 신청을 하면서 같은 날 김채무씨를 상대로 본안의 소까지 제기한 이상, 나씨가 경기도 고양시 삼송동 100번지 소재 대지 300㎡에 관한 보전의사를 포기하였거나 상실하였다고 볼 수 없다."고 하면서 김씨의 항고를 기각하였습니다.

김씨의 재항고에 따른 재판에서 대법원은 "가처분이 민사집행법 제301조가 준용하는 같은 법 제288조 제1항 제3호의 사유에 해당하여 취소사유가 발생한 이후 채권자가 다시 동일한 내용의 가처분을 신청한 경우, 그 보전의 필요성 유무는 최초의 가처분 신청과 동일한 기준으로 판단하여서는 아니되고, 채권자와 채무자의 관계, 선행 가처분의 집행 후 발생한 사정의 변경 기타 제반 사정을 종합하여, 채권자가 선행 가처분의 집행 후 3년이 지나도록 본안소송을 제기하지 아니하였음에도 불구하고 채권자가 보전의사를 포기 또는 상실하였다고 볼 수 없는 특별한 사정이 인정되는 경우에 한하여 그 보전의 필요성을 인정할 수 있다. 그렇지 않으면 위 제3호 사유가 발생한 경우를 채권자가 보전의사를 포기 또는 상실한 전형적인 사정으로 보아 채무자로 하여금 가처분취소를 통해 가처분으로 인한 제약으로부터 벗어날 수 있도록 하려는 법의 취지를 형해화시키기 때문이다."라고 하면서 김씨의 재항고를 기각하는 결정을 하였습니다.

즉 나채권씨가 김채무씨에 대한 채권을 보전할 의사를 포기하거나 상실하였다고 볼 수 없기 때문에 보전의 필요성이 인정되므로 후행 가처분 결정은 취소될 수 없다는 것입니다.

참고로, 구민사소송법은 보전처분 집행 후 10년간 본안의 소를 제기하지 않은 때에는 채무자 또는 이해관계인이 보전처분의 취소를 신청할 수 있도록 규정하고 있었고(구민사소송법 제706조 제2항), 구민사집행법에서는 그 기간을 10년에서 5년으로 단축하였으며(구민사집행법 제288조 제4항), 2005년 민사집행법 개정으로 그 기간을 다시 3년으로 단축하였습니다(민사집행법 제288조 제1항 제3호).

6. 상속대위 등기비용이 경매 집행비용에 포함될까?

민사집행법 제53조 제1항은 '강제집행에 필요한 비용은 채무자가 부담하고 그 집행에 의하여 우선적으로 변상을 받는다'라고 규정하고 있고, 이 규정은 같은 법 제275조에 의하여 담보권 실행을 위한 경매절차, 즉 임의경매절차에도 준용됩니다.

여기서 집행비용이란 '각 채권자가 지출한 비용의 전부가 포함되는 것이 아니라 배당재단으로부터 우선변제를 받을 집행비용만을 의미'합니다.

이러한 집행비용에 해당하려면 강제집행을 직접 목적으로 하여 지출된 비용으로서 강제집행의 준비 및 실시를 위하여 필요한 비용이어야 하고, 집행채권자가 집행절차에서 모든 채권자를 위해 체당한, 즉 대신 지급한 공익비용이어야 합니다.

따라서 채권자가 현실적으로 지출한 비용이라고 하더라도 당해 집행과 무관하거나 필요가 없는 것은 집행비용에 해당하지 않습니다.

집행비용에 해당하면 집행채권자는 판결문 등 집행권원 없이도 배당재단으로부터 각 채권액에 우선하여 배당받을 수 있습니다. 부동산 경매에 있어서는 신문 공고료 등 법원 예납금과 법무사 보수 등이 집행비용에 해당합니다.

간혹,, 부동산을 상속받았으나 피상속인의 빚이 많아 상속인이 상속등기를 하지 않고, 채권자에게 '알아서 가져가라'라고 합니다. 채권자로서는 상속등기가 마쳐진 부동산에 대해 경매를 실행할 수 있기 때문에 하는 수 없이 상속인을 대위하여 피상속인 소유의 부동산을 상속인 앞으로 소유권 이전등기를 하게 됩니다.

이 때, 상속인이 상속등기를 위해 내야 하는 취득세 등 공과금을 납부하지 않기 때문에 채권자가 이를 대신 납부합니다. 이 경우 채권자가 대신 납부한 취득세 등 공과금이 부동산 경매 후 배당 절차에서, 집행비용으로 인정될 수 있느냐가 문제 됩니다.

김채무씨는 자신이 소유한 토지를 담보로 하여 대출을 2차례 받으면서 한일은행을 1순위 근저당권자로, 대한은행을 2순위 근저당권자로 하여 근저당권 설정등기를 마쳐 주었습니다.

그 후, 토지 소유자인 김씨가 사망하였는데, 1순위 근저당권자인 한일은행은 이 토지에 관하여 담보권 실행을 위한 경매, 즉 임의경매를 신청하였습니다. 그러자 집행법원은 한일은행에게 김씨가 사망하였으므로 김씨의 상속인을 대위하여 상속등기를 마치라는 내용의 보정명령을 하였습니다.

여기에서 '대위등기'란 채권자가 등기권리자 또는 등기의무자를 대신하여 하는 등기를 말합니다.

한일은행은 상속인 김자녀씨를 대위하여 이 토지에 관하여 상속등기를 마쳤고, 그 상속 대위등기비용으로 취득세 등 13,000,000원을 지출하였습니다.

그 후, 한일은행은 집행법원에 상속등기를 이행하였다는 내용의 보정서를 제출하였고, 이에 집행법원은 임의경매 개시결정을 하였습니다. 이 토지에 대한 경매절차가 완료되고 매각대금이 납입되자, 집행법원은 이러한 상속 대위등기비용을 집행비용으로 계산하여 이를 배당할 금액에서 공제한 후 배당표를 작성하였습니다.

그러자 2순위 근저당권자인 대한은행은 배당기일에서 이 토지의 상속 대위등기비용을 집행비용으로 포함시킨 부분에 대하여 이의를 제기한 후 '배당이의의 소'를 제기하였습니다.

이에 대하여 제1심과 제2심은 '집행법원이 이 토지의 상속 대위등기비용을 집행비용으로 보아 배당할 금액에서 공제한 것은 타당하다'고 판결하였습니다.

대한은행의 상고에 따라 대법원은 "부동산을 목적으로 하는 담보권 실행을 위한 경매절차에서 그 경매신청 전에 부동산의 소유자가 사망하였으나 그 상속인이 상속등기를 마치지 않아 경매신청인이 경매절차의 진행을 위하여 부득이 상속인을 대위하여 상속등기를 마쳤다면 그 상속등기를 마치기 위해 지출한 비용은 담보권 실행을 위한 경매를 직접 목적으로 하여 지출된 비용으로서 그 경매절차의 준비 또는 실시를 위하여 필요한 비용이고, 나아가 그 경매절차에서 모든 채권자를 위해 체당한 공익비용이므로 집행비용에 해당한다."고 하면서 하급심 법원의 판결을 인정하였습니다.

참고로, 대법원은 "유체동산에 대한 집행을 위하여 집행관에게 지급한 수수료는 집행비용에 해당하므로, 그 집행절차에서 변상을 받지 못하였을 경우에는 별도로 집행법원에 집행비용액 확정결정의 신청을 하여 그 결정을 집행권원으로 삼아 집행하여야 하고, 집행관에게 지급한 수수료 상당의 금원을 채무자에게 지급명령신청의 방법으로 지급을 구하는 것은 허용되지 않는다."고 하면서도 "그러나 채권자대위권을 행사하는 경우 채권자와 채무자는 일종의 법정 위임의 관계에 있다고 할 것이므로, 채권자는 민법 제688조를 준용하여 채무자에게 그 비용의 상환을 청구할 수 있다 할 것이고, 위 비용상환청구권은 강제집행을 직접 목적으로 하여 지출된 집행비용이라고는 볼 수 없다."고 설시(대법원 96그8 결정)하였는데, 집행관에 의한 집행절차에서의 집행비용은 집행비용이라고 인정하면서도 채권자가 강제집행을 위해 채무자를 대위하여 지급한 비용을 강제집행 비용으로 인정할 수 없다는 위 결정과 사례에서의 채권자 대위에 의한 등기 비용을 집행비용으로 인정한 위 대법원의 판결과는 상충되지 않나 판단해 봅니다.

7. 보증금이 가압류된 후 집주인 바뀌었는데 누구한테 보증금을 받아야 할까?

나채권씨는 김채무씨에게 돈을 빌려주었는데 김씨가 돈을 갚지 않자, 김씨를 채무자, 김씨가 보증금을 내고 전세들어 살고 있는 집주인 주임대씨를 제3채무자로 하여 채권 가압류 결정을 받았습니다.

그 후, 집주인이 김매수씨로 바뀌었습니다. 한편, 그 당시 나씨는 김채무씨를 상대로 한 대여금 청구 소송에서 승소하여 판결을 확정받았습니다.

이 경우 나씨는 임대차보증금 반환채권에 대해 주임대씨와 김매수씨 중 누구를 상대로 하여 법원에 가압류에서 이전하는 압류 및 추심명령 신청을 하여야 하는지가 문제 됩니다. 즉 그전의 집주인과 새로운 집주인 중 누구를 제3채무자로 하여 압류 및 추심명령을 신청해야 하는지가 문제 됩니다.

이와 관련하여 대법원은 "주택임대차법 제3조 제3항은 임차주택의 양수인은 임대인의 지위를 승계한 것으로 본다고 규정하고 있는바, 이는 법률상의 당연승계 규정으로 보아야 하므로, 임대주택이 양도된 경우에 양수인은 주택의 소유권과 결합하여 임대인의 임대차 계약상의 권리·의무 일체를 그대로 승계하며, 그 결과 양수인이 임대차보증금 반환채무를 면책적으로 인수하고, 양도인은 임대차 관계에서 탈퇴하여 임차인에 대한 임대차보증금 반환채무를 면하게 된다. 나아가 임차인에 대하여 임대차보증금 반환채무를 부담하는 임대인임을 당연한 전제로 하여 임대차보증금 반환채무의 지급금지를 명령받은 제3채무자의 지위는 임대인의 지위와 분리될 수 있는 것이 아니므로, 임대주택의 양도로 임대인의 지위가 일체로 양수인에게 이전된다면 채권가압류의 제3채무자의 지위도 임대인의 지위와 함께 이전된다고 볼 수밖에 없다."고 판결하였습니다.

즉 새로운 집주인인 김매수씨를 제3채무자로 하여 채권 압류 및 추심명령을 신청하여야 한다는 것입니다.

이로써 그전의 집주인인 주임대씨는 임대차보증금 반환 의무에서 벗어나고, 가압류 사실을 알지 못한 새로운 집주인 김매수씨는 그 의무를 부담하게 됩니다.

새로운 집주인인 김매수씨가 임대차 기간 만료 후 임차인인 김채무씨에게 보증금을 지급하였다면, 이미 가압류를 해둔 임차인 김채무씨의 채권자인 나채권씨로부터 채권 압류 및 추심 명령을 당하게 되어 이중으로 돈을 갚을 수 밖에 없는 상황이 된 것입니다.

새로운 집주인 김매수씨로서는 억울한 일입니다.

이 사례를 볼 때, 전세를 끼고 집을 사고자 하는 매수인은 임차인의 임대차보증금에 가압류가 되어 있는지 여부를 반드시 확인하여야 할 것입니다. 그런데 임차인이 이를 말하지 않고, 특히, 전 집주인이 이를 알리지 않을 경우 새 집주인으로서는 불측의 손해를 입을 수 밖에 없습니다.

대법원은 "임대차보증금 반환채권에 대한 가압류 사실을 모르고 임차인에게 지급함으로 인한 위험을 양수인이 부담하게 되는 것은 그와 같은 법률 규정의 적용에 의한 결과적 현상일 따름이다. 양수인으로서는 자신의 의사와는 무관하게 임대차보증금 반환채무를 승계하고 그 승계에 따른 위험을 감수하여야 하므로, 그 보증금을 반환할 때 이를 정당하게 수령할 수 있는 사람이 누구인지를 살펴보고 반환하여야 하며, 그에게 이러한 것을 요구한다고 하여 부당하다고 할 것은 아니다."라고 하면서 새로운 집주인이 위험을 감수할 것을 요구하고 있습니다.

그렇다면 새로운 집주인인 김매수씨는 어떻게 구제받을 수 있을까요?

임차인을 상대로 부당이득금 반환 청구의 소를 제기할 수도 있겠지만 임차인이 무자력이라면 집행할 수 없다는 문제가 생깁니다. 이 경우 그 전의 집주인을 상대로 고의 또는 과실로 채권 가압류 사실을 알리지 않아 불법행위를 저질렀다는 이유로 손해배상을 청구할 수 있다고 할 것입니다.

8. 세입자가 비품을 안 가져가 보관하고 있는데 보관료를 받을 수 있을까?

주임대씨는 나임차씨에게 상가건물 330㎡를 임대하였습니다. 나씨는 이 상가에서 음식점을 크게 하여 많은 돈을 벌었습니다. 그런데 나씨는 임대차계약 갱신요구권을 다 행사하였으므로 주씨와 새로운 임대차계약을 하지 않는 한, 더 이상 이곳에서 음식점을 할 수 없는 상황이 되었습니다.

주씨는 대형 프랜차이즈점을 직접 운영하겠다면서 나씨에게 상가를 비워줄 것을 요구하였습니다. 나씨는 계속 영업을 할 수 있게 해달라고 간절히 부탁했는데 주씨가 이에 응하지 않자 상가에서 계속 영업을 하였습니다. 이에 주씨는 나씨를 상대로 '건물 인도 청구의 소'를 제기하였습니다.

이 소송에서 승소한 주씨는 집행관을 통해 건물 인도집행을 하였고, 나씨에게 이 음식점에 있는 식탁, 의자, 냉장고, 조리도구 등 집기비품을 가져갈 것을 요구하였습니다. 그러나 나씨는 화를 내며 음식점에서 떠나갔습니다.

그러자 집행관은 주씨에게 이 집기비품을 창고업자에게 맡겨 보관할 것인지 아니면 주씨의 상가 한쪽에 보관할 것인지 물었습니다.

이는 부동산 등 인도 집행을 할 때 '강제집행의 목적물이 아닌 집기비품 등 동산이 있는 경우 그 동산을 제거하여 채무자나 채무자의 친족 등에게 인도하여야 하며, 채무자 등이 없을 때에는 채무자의 비용으로 집행관이 동산을 스스로 보관할 수도 있고, 채권자나 제3자를 보관인으로 선임하여 보관하게 할 수 있다'고 민사집행법 제258조 제3항 내지 제5항에서 규정하고 있기 때문입니다.

주임대씨는 이 집기비품을 제3자인 창고업자에게 보관하도록 하면 보관료가 부담되기 때문에 자신의 상가 한쪽에 이 집기비품을 보관하였습니다.

그리고 6개월 여가 지난 후 주씨는 나씨로부터 소장을 받았습니다.

이 소장에서 나씨는 주위적 청구로 '주씨는 자신에게 별지 기재 비품을 인도하고, 1,000만원과 이 사건 소장 부본 송달일 다음 날부터 다 갚는 날까지 연 12%의 비율로 계산한 돈을 지급하고, 2019. 1. 1.부터 별지 기재 비품의 인도 완료일까지 월 50만원의 비율로 계산한 돈을 지급하라'고 적고,

예비적 청구로 '주씨는 자신에게 1,000만원과 이에 대하여 이 사건 소장 부본 송달일 다음 날부터 다 갚는 날까지 연 12%의 비율로 계산한 돈을 지급하라'고 적었습니다.

즉 나씨는 주위적 청구로 별지 기재 비품을 인도할 것과 주씨가 이 비품을 사용하여 얻은 부당이득의 반환을 청구하고, 예비적 청구로 주씨가 이 비품의 반환을 거부한다는 이유로 불법행위로 인한 손해배상을 청구한 것입니다.

여기에서 주위적 청구란 어떤 재판에서 원고가 요구하는 주된 청구 내용이고 이 주위적 청구가 인정되지 않으면 예비적 청구를 판단해서 그것이 인정되면 그에 따른 판결을 해달라는 내용입니다. 주위적 청구가 인정되면 예비적 청구는 판단할 필요가 없습니다.

이에 대하여 대법원은 "부동산 인도청구에 따른 집행을 할 때 강제 집행물의 목적물이 아닌 동산이 있는 경우, 그 동산을 제거하여 채무자 등에게 인도하여야 하나 이들이 없을 때에는 채무자의 비용으로 집행관은 동산을 스스로 보관할 수도 있고, 채권자나 제3자를 보관인으로 선임하여 보관하게 할 수 있다. 이 때, 집행관이나 채권자 등은 보관비용이 생긴 경우 그 동산의 반환을 청구하는 채무자 등에게 보관비용을 변제받을 때까지 유치권을 행사할 수 있다. 이 사건에서 주씨는 이 집기비품을 건물 한쪽에 보관하고 있을 뿐 이를 사용·수익하고 있는 것으로 보이지는 않는다. 한편, 주씨가 이 집기비품을 보관하는 데 따른 비용이 발생했는 바, 주씨가 이 보관비용을 변제받을 때까지는 이 집기비품을 유치할 권리가 있다. 따라서 주씨는 부당이득 반환이나 불법행위에 의한 손해배상을 할 이유가 없다."고 판결하였습니다.

결국 주씨는 이 집기비품을 보관하는데 따른 보관비를 나씨에게 청구할 수 있습니다. 이 때, 주씨는 나씨를 상대로 '보관료 청구의 소'를 제기하는 것도 방법이기는 하지만 판결 이유에 유치권이 있음이 설시된 판결을 근거로 집행관에게 유치권에 의한 경매를 의뢰해 이 집기비품을 경매에 붙여 보관비를 변제받는 것이 간편한 방법이라 할 것입니다.

9. 채권자가 자신을 제3채무자로 하여 채권 압류할 수 있을까?

민사집행법 제246조 제1항은 압류금지 채권으로서 '법령에 규정된 부양료 및 유족부조료' 등 8개 항목[10)]을 열거하고 있습니다.

여기에서 제3채무자가 채권자 자신인 경우에, 압류가 금지되는지 문제 됩니다.

예컨대 채권자가 채무자를 상대로 한 대여금 청구소송에서 승소한 확정판결문을 가지고 있고, 채무자가 채권자를 상대로 한 불법행위로 인한 손해배상 청구소송에서 승소한 확정 판결문을 가지고 있을 때, 채권자는 채무자가 채권자에 대하여 가지는 손해배상금, 즉 채권자 자신을 제3채무자로 하여 손해배상금을 압류할 수 있느냐는 것입니다.

민법 제492조 제1항은 '쌍방이 서로 같은 종류를 목적으로 한 채무를 부담한 경우에 그 쌍방의 채무의 이행기가 도래한 때에는 각 채무자는 대등액에 관하여 상계할 수 있다. 그러나 채무의 성질이 상계를 허용하지 아니할 때에는 그러하지 아니하다'라고 규정하고 있습니다.

---

10) 제246조(압류금지채권) ①다음 각호의 채권은 압류하지 못한다.

1. 법령에 규정된 부양료 및 유족부조료
2. 채무자가 구호사업이나 제3자의 도움으로 계속 받는 수입
3. 병사의 급료
4. 급료·연금·봉급·상여금·퇴직연금, 그 밖에 이와 비슷한 성질을 가진 급여채권의 2분의 1에 해당하는 금액. 다만, 그 금액이 국민기초생활보장법에 의한 최저생계비를 감안하여 대통령령이 정하는 금액에 미치지 못하는 경우 또는 표준적인 가구의 생계비를 감안하여 대통령령이 정하는 금액을 초과하는 경우에는 각각 당해 대통령령이 정하는 금액으로 한다.
5. 퇴직금 그 밖에 이와 비슷한 성질을 가진 급여채권의 2분의 1에 해당하는 금액
6. 「주택임대차보호법」 제8조, 같은 법 시행령의 규정에 따라 우선변제를 받을 수 있는 금액
7. 생명, 상해, 질병, 사고 등을 원인으로 채무자가 지급받는 보장성보험의 보험금(해약환급 및 만기환급금을 포함한다). 다만, 압류금지의 범위는 생계유지, 치료 및 장애 회복에 소요될 것으로 예상되는 비용 등을 고려하여 대통령령으로 정한다.
8. 채무자의 1월간 생계유지에 필요한 예금(적금 · 부금 · 예탁금과 우편대체를 포함한다). 다만, 그 금액은 「국민기초생활 보장법」에 따른 최저생계비, 제195조제3호에서 정한 금액 등을 고려하여 대통령령으로 정한다.

이에 따라 채권자와 채무자가 서로에 대하여 채권을 가지고 있을 때에는 상계를 통해 같은 금액만큼을 공제할 수 있습니다.

한편, 같은 법 제495조 내지 제497조[11]에서는 ㉠소멸시효 완성된 채권에 의한 상계의 금지, ㉡불법행위 채권을 수동채권으로 하는 상계의 금지 ㉢압류금지 채권을 수동채권으로 하는 상계의 금지를 규정하고 있습니다.

예컨대 불법행위로 인한 손해배상금을 지급해야 할 채무자가 채권자에 대하여 가지고 있는 채권액으로 상계할 수 없고, 즉 채권자에게 받을 돈이 있다고 하더라도 손해배상금은 지급해야 한다는 것입니다.

나채권씨는 김채무씨를 상대로 한 500만원의 대여금 청구 소송에서 승소하여 2021. 1. 30. 확정 판결문을 받았습니다. 이 소송 과정에서 나씨와 김씨는 다투다가 김씨가 나씨를 폭행하였고, 김씨는 폭행죄로 약식 기소되어 벌금 100만원을 선고받았습니다.

그 후, 나씨는 김씨를 상대로 불법행위로 인한 손해배상으로 500만원을 청구하는 소를 제기하였는데, 이 소송 과정에서 나씨는 김씨에 대한 대여금 채권 500만원이 있으므로 김씨의 손해배상 청구액 500만원과 상계한다는 주장을 하였으나 법원은 민법 제496조에서 정한 상계금지채권에 해당한다면서 이를 인정하지 않았습니다.

결국 김씨는 나씨에게 위자료로 500만원을 지급하라는 판결이 선고되었고, 이 판결은 2021. 3. 20. 확정되었습니다.

그러자 김채무씨는 자신이 나씨에게 가지고 있는 대여금 500만원의 승소 확정 판결문을 집행권원으로 하여 2021. 6. 15. 나씨를 채무자, 김채무씨 자신을 제3채무자로 하여 법원에 채권압류 및 전부명령을 신청하였고, 법원은

11)제495조(소멸시효완성된 채권에 의한 상계) 소멸시효가 완성된 채권이 그 완성전에 상계할 수 있었던 것이면 그 채권자는 상계할 수 있다.
제496조(불법행위채권을 수동채권으로 하는 상계의 금지) 채무가 고의의 불법행위로 인한 것인 때에는 그 채무자는 상계로 채권자에게 대항하지 못한다.
제497조(압류금지채권을 수동채권으로 하는 상계의 금지) 채권이 압류하지 못할 것인 때에는 그 채무자는 상계로 채권자에게 대항하지 못한다.

이를 인용하였습니다. 법원의 채권압류 및 전부명령 결정문을 송달받은 나씨는 즉시항고하였습니다.

항고 이유는 '김채무씨의 채권압류 및 전부명령 신청은 채무자와 제3채무자와 동일하므로 위법·부당하다'는 것이었습니다.

이에 대하여 하급심 법원은 나씨의 즉시항고를 기각했고, 이에 나씨는 대법원에 재항고하였습니다.

이에 대한 재판에서 대법원은 "채권자가 채무자의 제3채무자에 대한 채권을 압류하는 경우, 제3채무자가 채권자 자신인 경우에도 이를 압류하는 것이 금지되지 않으므로 단지 채권자와 제3채무자가 같다고 하여 채권압류 및 전부명령이 위법하다고 볼 수 없다. 나아가 상계가 금지되는 채권이라고 하더라도 압류금지채권에 해당하지 않는 한 강제집행에 의한 전부명령의 대상이 될 수 있다."라고 결정하면서 나씨의 재항고를 기각하였습니다.

이는 집행채권자 자신을 제3채무자로 하는 채권을 압류할 수 없다는 규정이 없기 때문이라는 것입니다.

10. 보험금도 압류할 수 있을까?

민사집행법 제246조는 '압류금지 채권'이라 하여 법령에 규정된 부양료 및 유족부조료, 병사의 급료 등 8가지를 열거하고 있습니다. 이 중 보장성 보험의 보험금도 압류금지 채권에 포함됩니다.

보장성 보험의 보험금을 압류금지 채권에 포함시킨 이유는 생계유지나 치료 및 장애 회복 등 보험계약자의 기본적인 생활을 보장하기 위한 최소한의 수단을 마련하기 위해서 입니다.

우리네 삶에서는 채무자가 빚을 안 갚는 경우가 종종 있습니다. 물론 갚은 능력이 안 되니 그런 경우가 대부분이지만 채권자가 채무자의 재산을 찾을 수 없도록 명의신탁이나 차명 등으로 돈을 빼돌려 놓은 경우도 있습니다.

그런데 생활하는 모습이나 형편으로 볼 때 전혀 궁핍해 보이지 않고, 다만, 일부러 빚만 안 갚고 있는 것으로 판단되어질 때가 있습니다.

화가 난 채권자는 전문가와 상의하여 채무자를 압박할 방법을 찾게 됩니다.

그 방법 중에 하나가, 채무자가 '자신의 생명, 신체 상해나 사고 등을 보장받기 위해 가입한 보험금이나 저축성 보험'을 압류하는 것입니다.

생활 여력이 부족한 사람이라도 누구든 보험 하나쯤은 들어 놓기 마련이기 때문입니다. 쉽게 말해, 채무자가 가입한 보장성 또는 저축성 보험 모두를 압류하고, 그 보험의 만기 환급금이나 중도 해지 환급금을 받아 빚을 받는 것에 대신하려고 하는 것입니다.

특히, 채권자인 금융기관이 보험 계약자의 동의없이 보험계약자를 대신하여 보험계약을 강제로 해지하고, 보험 해약환급금을 받아가는 사례가 빈번하게 발생하였습니다.

이렇게 되자, 아무리 채무자라 하더라도 자신의 생명, 신체 상해나 사고 등을 보장받고자 가입한 보장성 보험, 즉 저축성 보험이 아닌, 이 보험마저 채권자가 압류를 하여 보험 만기 환급금 또는 해지 환급금을 가져가는 것은 부당하지 않느냐는 여론이 생겼습니다.

쉽게 말해, 채무자가 이 보험금이 없으면 치료비나 입원비 등을 내기 어려운 상황에 처하게 되었고, 이러한 압류 및 추심을 당한 채무자들의 원성이 높아지게 된 것입니다.

이에 국회는 생명, 상해, 질병, 사고 등을 원인으로 채무자가 지급받는 보장성보험의 보험금(해약환급금 및 만기환급금을 포함합니다)을 압류금지채권으로 추가하는 입법을 하였습니다.

즉 민사집행법 제246조 제1항 제7호는 '생명, 상해, 질병, 사고 등을 원인으로 채무자가 지급받는 보장성보험의 보험금(해약환급 및 만기환급금을 포함한다). 다만, 압류금지의 범위는 생계유지, 치료 및 장애 회복에 소요될 것으로 예상되는 비용 등을 고려하여 대통령령으로 정한다'라고 규정한 것입니다.

이에 따라 대통령령인 민사집행법 시행령 제6조 제1항 제3호 (가)목은 '민법 제404조에 따라 채권자가 채무자의 보험계약 해지권을 대위행사하거나 추심명령 또는 전부명령을 받은 채권자가 보장성보험에 관한 해지권을 행사하여 발생하는 해약환급금은 압류하지 못한다.'고 규정하였습니다.

즉 사회보장적 기능을 수행하고 있는 보장성 보험계약까지 해지하여 채권을 회수하는 것은 가혹하고, 특히 보험계약 해지로 암 등 중병 치료 중인 사람에게 보험금으로 지급되는 병원 치료비까지 지급되지 못하게 하여 서민 생계를 위협하는 정도가 되는 것을 막기 위한 대책 입법인 것입니다.

이에 따라 채권자는 채무자의 저축성 보험은 압류할 수 있어도 보장성 보험은 압류할 수 없게 되었고, 이는 그 동안 잘 유지되어 왔습니다.

한편, 저축성 보험이 압류될 수 있다는 것이 알려진 후부터 빚을 지고 있거나 앞으로 빚을 지게 될지도 모른다고 생각한 사람들은 저축성 보험에 가입하기를 꺼려하기 시작했습니다.

그러자 보험사는 저축성 보험과 보장성 보험을 하나로 합쳐서 어느 부분이 저축성 보험이고 보장성 보험인지 구분할 수 없는 상품을 개발했습니다.

여기에서 새로운 문제가 발생합니다.

하나의 보험 계약에 보장성 보험과 저축성 보험의 성격이 모두 있는 보험을 압류할 수 있는가입니다.

11. 보장성과 저축성이 결합된 보험금은 압류금지 채권일까?

보장성 보험이란 '생명, 상해, 질병, 사고 등 피보험자의 생명·신체와 관련하여 발생할 수 있는 경제적 위험에 대비하여 보험사고가 발생하였을 경우 피보험자에게 약속된 보험금을 지급하는 것을 주된 목적으로 한 보험으로, 일반적으로 만기가 되었을 때 보험회사가 지급하는 돈이 납입받은 보험료 총액을 초과하지 않는 보험'을 말합니다.

저축성 보험이란 '목돈이나 노후생활자금을 마련하는 것을 주된 목적으로 한 보험으로 피보험자가 생존하여 만기가 되었을 때 지급되는 보험금이 납입보험료에 일정한 이율에 따른 돈이 가산되어 납입보험료 총액보다 많은 보험'을 말합니다.

나채권씨는 김보험씨를 상대로 한 2천만원의 대여금반환 청구 소송에서 승소한 확정판결문을 가지고 한국보험 주식회사(이하 '한국보험')를 제3채무자로 하여 압류 및 추심명령를 신청하였고, 법원은 김씨가 가지는 보험금 또는 환급금에 대한 압류 및 추심명령 결정을 하였습니다.

보험계약에 대한 해지의 내용이 담긴 이 추심명령은 2021. 1. 15. 한국보험에 송달되었습니다.

그 당시 김보험씨가 가입한 보험은 '보험계약자가 연금개시 전 보험기간 중 사망했을 경우 보험금을 받기 위한 보장계약과 연금개시 후 보험기간 중 살아있을 경우 연금을 지급받기 위한 연금계약이 결합된 보험으로, 연금개시 전에 사망한 경우 1,000만원과 그에 더하여 그간 적립한 금액에서 월간 공제액을 뺀 금액을 지급하고, 연금 개시 후 살아 있을 경우 연금개시시에 계약자의 적립금에 30%를 곱한 금액을 지급한다'는 내용이었습니다.

보험료는 저축보험료 80만원, 위험보험료 500원, 부가보험료 10만원으로 합계 900,500원이었습니다. 즉 보험금의 만기환급금이 납입보험료를 초과하고, 저축보험료가 전체 보험료의 80% 이상을 차지했던 것입니다.

나채권씨는 법원의 압류 및 추심명령 결정문을 가지고 한국보험에 가서 김씨의 해약환급금을 지급해달라고 했으나 한국보험이 이를 거부하자, 한국보험을 상대로 '추심금 청구'의 소를 제기하였습니다.

이 소송에서 한국보험은 '민사집행법령상 김보험씨의 보험은 보장성 보험으로 보험금의 압류가 금지되어 있고, 추심명령을 받은 채권자가 보장성 보험에 관한 해지권을 행사하여 발생하는 해약환급금의 압류도 금지되어 있으므로, 추심권자인 나씨의 보험계약 해지는 금지되어야 한다'고 주장하였습니다.

이에 대법원은 "보험계약 중에는 보장성보험과 저축성보험의 성격을 함께 가지는 것도 있다. 만일 보장성보험과 저축성보험이라는 독립된 두 개의 보험계약이 결합된 경우라면 저축성보험 계약 부분만을 분리하여 이를 해지하고 압류할 수 있다. 이와 달리 하나의 보험계약이 보장성보험과 저축성보험의 성격을 함께 가지고 있다면 저축성보험 부분만을 분리·해지할 수는 없다. 즉 하나의 보험계약에 저축성보험과 보장성보험의 성격이 모두 있는 경우 이를 각각 독립된 보험계약의 결합으로 볼 수 없다. 이러한 보험계약에서는 저축성보험이 있음을 전제로 보장성보험의 보험료나 보험금이 정해진 경우가 많다. 또한 하나의 보험계약에서 저축성보험 부분만을 분리·해지한다고 할 때 보험회사와 보험계약자가 나머지 보장성보험 부분만을 유지할 것으로 기대하기도 어렵다. 이처럼 하나의 보험계약에 보장성보험과 저축성보험의 성격이 모두 있는 경우에 저축성보험의 성격을 갖는 계약 부분만을 분리하여 해지할 수 없다면, 해당 보험 전체를 두고 민사집행법이 정하는 '보장성보험'에 해당하는지를 결정해야 한다. 원칙적으로 보험상품을 개발·판매할 당시 해당 보험의 만기 시 지급되는 보험금이나 만기환급금이 보험계약자의 납입보험료 총액을 초과하는지를 기준으로, 만기환급금 등이 납입보험료 총액을 초과하면 저축성보험으로 보고, 이를 초과하지 않으면 민사집행법상의 보장성보험에 해당한다고 보아야 한다. 그러나 만기환급금 등이 납입보험료 총액을 초과하더라도 보험의 주된 성격과 목적이 보장성보험이라고 볼 수 있는 사정이 있다면 민사집행법이 압류금지채권으로 정하고 있는 보장성보험으로 보아야 한다. 그런데 이 사건 보험은 보장성보험의 성격이 일부 혼합되어 있지만 그 부분이 전체 보험에서 차지하는 부분이 극히 일부에 불과하다. 이를 볼 때 이 사건 보험은 납입한 보험료를 적립하여 목돈이나 노후 생활자금을 지급받는 것을 주된 목적으로 하는 '저축성보험'으로 압류가 금지되는 '보장성보험'에 해당하지 않는다."고 판결하였습니다.

즉 나채권자의 추심금 청구를 받아들여 한국보험은 김보험씨의 해약환급금을 나씨에게 지급해야 한다는 것입니다.

이는 보험에 보장성 부분이 극히 일부에 불과함에도 해약환급금 전체에 대한 압류 및 추심을 금지하는 것은 채권자의 권리를 지나치게 제한하는 것으로 부당하다는 것입니다.

제5장 부동산 및 법인 등기

제5장 부동산 및 법인 등기

1. 부동산 취득세 언제까지 내야 할까?

지방세법 제20조 제1항은 '취득세 과세물건을 취득한 자는 그 취득한 날(부동산 거래신고 등에 관한 법률 제10조 제1항에 따른 토지거래계약에 관한 허가구역에 있는 토지를 취득하는 경우로서 같은 법 제11조에 따른 토지거래계약에 관한 허가를 받기 전에 거래대금을 완납한 경우에는 그 허가일이나 허가구역의 지정 해제일 또는 축소일을 말한다)부터 60일 [상속으로 인한 경우는 상속개시일이 속하는 달의 말일부터, 실종으로 인한 경우는 실종선고일이 속하는 달의 말일부터 각각 6개월 (외국에 주소를 둔 상속인이 있는 경우에는 각각 9개월)] 이내에 그 과세표준에 제11조부터 제15조까지의 세율을 적용하여 산출한 세액을 대통령령으로 정하는 바에 따라 신고하고 납부하여야 한다'고 규정하고 있습니다.

필자가 간혹, 부동산 소유권 이전등기를 대리하다 보면 의뢰인이 매매 잔금 당일에 소유권 이전등기를 신청하기는 하되 아직 취득세 납부기한이 60일 남았으므로 등기 신청서에 취득세 납부 영수증, 즉 취득세 납부 확인서를 첨부하지 않고 등기 신청 후 등기가 완료되기 전에 취득세를 납부하여 이것을 첨부하거나 아니면 아예 등기가 완료된 후 60일 이내에 납부하면 되지 않느냐고 묻곤 합니다.

그러나 이는 잘못 알고 있는 사실입니다.

부동산등기 특별조치법은 제2조 제1항은 '부동산의 소유권이전을 내용으로 하는 계약을 체결한 자는 ㉠계약의 당사자가 서로 대가적인 채무를 부담하는 경우에는 반대급부의 이행이 완료된 날, ㉡ 또는 계약당사자의 일방만이 채무를 부담하는 경우에는 그 계약의 효력이 발생한 날부터 60일 이내에 소유권이전등기를 신청하여야 한다. 다만, 그 계약이 취소·해제되거나 무효인 경우에는 그러하지 아니하다'라고 규정하고 있습니다.

매매에 의한 소유권이전 등기는 매매 잔금을 치른 날부터 60일 이내에, 증여에 의한 소유권이전 등기는 증여계약의 효력이 발생한 날부터 60일 이내에 소유권이전 등기를 신청하여야 하지만, 취득세는 매매 잔금을 치르거나 증여계약의 효력이 발생하였다면 소유권 이전등기를 신청하든 안 하든 60일 이내에 납부하여야 한다는 것입니다.

그런데 부동산등기법 제29조 제10호에 따르면, 등기관은 '취득세 (지방세법 제20조의2에 따라 분할납부하는 경우에는 등기하기 이전에 분할납부하여야 할 금액을 말한다), 등록면허세 (등록에 대한 등록면허세만 해당한다) 또는 수수료를 내지 아니하거나 등기 신청과 관련하여 다른 법률에 따라 부과된 의무를 이행하지 아니한 경우'에는 등기 신청을 각하하여야 합니다. 즉 등기 신청서에 취득세 납부 확인서가 첨부되지 않으면 등기 신청 각하 사유에 해당하므로 등기 완료 전에 반드시 이 확인서를 첨부하여 보정하여야 합니다.

주식회사 흥덕회(이하 '흥덕회')은 청주시 흥덕구 강내면 소내리 100번지에 있는 토지와 건물을 매수한 뒤 2015. 6. 3. 법무사를 통해 관할 등기소에 부동산 소유권 이전등기 신청서를 접수하였습니다. 그리고 하루 뒤인 6. 4.에 흥덕구청에 취득세 884,000,000원과 지방교육세 84,400,000원, 농어촌특별세 42,200,000원, 합계 1,010,600,000원을 신고·납부하였습니다.

그 후, 흥덕구청은 흥덕회가 이 부동산 소유권 이전등기 신청서 접수 다음 날에 관련 취득세 등을 신고·납부하였다면서 2016. 5. 일반무신고 가산세 88,400,000원과 납부불성실 가산세 253,200원, 합계 84,653,200원을 부과하였습니다.

이에 흥덕회는 부당하다며 관할 법원에 '가산세 부과처분 취소 청구의 소'를 제기하였습니다. 그 주된 이유는 "구지방세법에는 등기 또는 등록 대상 재산권의 취득세에 관한 신고·납부 의무는 등기 또는 등록을 하기 전까지로 규정하고 있는 뿐인데 지방세법 시행령은 아무런 위임없이 그 기한을 등기 또는 등록 신청서를 접수하는 날까지로 제한하여 규정함으로써 상위법령 위임없이 국민의 권리를 제한하거나 의무를 부과하고 있다."는 것이었습니다.

이에 대하여 대법원은 "납세의무자가 취득세 과세물건을 등기 또는 등록을 하려면 등기 또는 등록 신청서를 등기 또는 등록관서에 접수하는 날 취득세를 신고·납부하여야 한다. 지방세법 시행령 조항에 이러한 위임 규정을 두지 않았더라도 무효라 볼 수 없다."고 판결하였습니다.

이에 덧붙여, 대법원은 "취득세 신고·납부 기한을 '등기 또는 등록 신청서를 등기·등록관서에 접수하는 날까지로 보는 경우', 취득세 납세의무자가 취득세를 내지 않은 상태에서 등기 신청을 하였다가 등기 신청을 취하하거나 등기 신청이 각하된 경우 가산세를 부담하지 않게 되는 반면, 등기관의 보정명령에 응하여 등기 신청서의 접수일 이후 취득세를 납부한 경우 가산세를 부담하는 결과에 이르게 된다. 그러나 취득세 납세의무자는 등기 신청의 접수번호에 따른 등기의 우선순위 확보를 위해 자신의 필요에 따라 등기 신청을 먼저하고 나중에 취득세를 납부하는 경우가 있을 수 있고, 나아가 등기 신청을 먼저 한 경우라도 가산세 부담을 피하기 위하여 등기 신청을 취하할 것인지 또는 순위확보의 이익을 위하여 보정명령에 응하여 취득세를 납부할 것인지 선택할 수 있으며, 그렇지 않은 경우라도 이는 법령을 준수하지 아니한 결과에 불과하므로 이를 두고 보정명령에 응한 자를 부당하게 차별하는 것이라고 볼 수 없다."라고 판결하였습니다.

등기 실무에서 법무사의 취득세 신고·납부 대행은 중요한 업무입니다. 등기 접수시 취득세를 신고·납부하지 않고 추후에 납부하면 가산세가 붙는다는 것을 법무사는 대부분 알고 있습니다.

그래서 위임인으로부터 등기 서류를 받은 후 최대한 빨리 관할 시·군·구에 가서 취득세를 신고·납부합니다. 만일 취득세 신고는 했으나 의뢰인이 세금을 늦게 송금하면 어디서 빌려서라도 접수 당일 24시 이전에는 납부합니다.

취득세 납부확인서는 그 다음 날에 보정하면 되기 때문입니다. 가산세가 얼마나 무서운지 몰랐거나 안이하게 대처한 사례라 할 것입니다. 아마도 흥덕회는 이 사건을 등기한 법무사에 손해배상을 청구하였으리라 판단합니다.

한편, 이러한 논란이 있자, 국회에서는 2018. 12. 31. 지방세법 제20조 제4항 중 '등기 또는 등록을 하기 전까지'를 '등기 또는 등록 신청서를 등기·등록관서에 접수하는 날까지'로 개정하여 이러한 문제를 해결하였습니다.

2. 토지 지분이 미등기된 아파트를 샀어요!

간혹, 아파트 등 공동주택을 사려고 할 때, 그 아파트 등 공동주택의 각 호실에 관한 등기 사항에 토지 지분, 즉 대지권이 등기되어 있지 않는 경우를 발견하고 이 아파트를 사야 할지 망설이게 됩니다.

나지분씨는 새로 지은 아파트인 경기도 고양시 일산서구 덕이동 소재 '대지 아파트'를 사고자 매물로 나와 있는 101동 1301호에 공인중개사와 함께 방문하였고, 마음에 들어 매수하기로 하였습니다.

공인중개사 사무실에 와서 이 아파트 101동 1301호의 등기사항증명서를 떼어 보니 건물의 내역과 면적은 등기가 되어 있으나 토지 지분, 즉 대지권이 등기되어 있지 않았습니다.

나씨가 이 아파트를 살지 말지 망설이자, 공인공인중개사는 이 '대지 아파트' 전부가 대지권이 미등기되어 있고, 앞으로 대지권 등기를 할 수 있으니 걱정하지 말고 매매계약을 체결하라고 권유하였습니다.

이러한 사례는 아파트나 오피스텔 건설 시행사가 여러 필지를 매입하여 아파트나 오피스텔을 짓는 과정에서 이 여러 필지에 대한 구획정리 등이 아직 되지 않아 대지권 등기를 할 수 없는 상황에서 발생하곤 합니다.

결론적으로 말하면 대지권이 미등기된 아파트나 오피스텔이라도 다음과 같은 내용이 분양계약서에 포함되어 있다면 매수하여도 됩니다.

즉 아파트나 오피스텔의 시행사와 분양계약을 체결할 때, 그 분양계약서에 예컨대, 건물 면적 85㎡, 대지면적 11,000㎡, 대지권의 비율 11,000분의 25라고 적고, 건물 대금 3억원, 토지 대금 5억원, 합계 8억원으로 계약을 체결하였다면 이 아파트를 분양받은 사람은 분양대금을 다 내고 난 후, 일단 건물 부분에 대한 소유권 이전등기를 합니다. 이 때, 취득세 등 각종 공과금은 건물과 토지 부분을 포함하고 있는 분양대금을 기준으로 납부합니다.

그 후, 시행사에서 토지 부분에 대한 구획정리 등이 완료되면 분양받은 사람은 시행사로부터 법인 인감증명서, 대지권 규약 등을 받아 토지지분 이전등기와 건물표시변경 등기, 즉 대지권 등기를 하면 됩니다. 이 때, 이미 토지에 대한 취득세를 냈으므로 그 영수증만 첨부하면 됩니다. 채권과 수입인지도 마찬가지입니다.

문제는 시행사로부터 분양받은 사람이 건물 부분에 대해서만 등기를 마친 후 대지권 등기가 되지 않은 상태에서 다른 사람에게 이 아파트나 오피스텔을 팔려고 할 때 이를 사도 되느냐입니다.

이 경우에도 이 아파트나 오피스텔을 사도 됩니다.

이 아파트나 오피스텔을 산 후 등기를 할 때까지도 아직 대지권 등기를 할 수 없는 상황이라면 일단 먼저 건물 부분에 대해서만 소유권 이전등기를 마친 후 시행사에서 토지 지분을 이전해 줄 상태가 되면 그 때 토지 지분을 이전받고 대지권 등기를 하면 됩니다.

이 때, 대지권 등기에 필요한 토지 지분은 시행사에서 새로 이 아파트나 오피스텔을 산 사람에게로 직접 이전등기를 할 수 있습니다. 즉 분양받은 사람 앞으로 토지지분 이전 등기를 마친 후 다시 새로 산 사람 앞으로 토지 지분 이전등기를 할 필요가 없다는 것입니다.

이는 부동산등기법 제60조 제1항에서 '구분건물을 신축한 자가 집합건물의 소유 및 관리에 관한 법률 제2조 제6호의 대지사용권을 가지고 있는 경우에 대지권에 관한 등기를 하지 아니하고 구분건물에 관하여만 소유권이전등기를 마쳤을 때에는 현재의 구분건물의 소유명의인과 공동으로 대지사용권에 관한 이전등기를 신청할 수 있다'고 규정하고 있기 때문입니다.

한편, 아파트 등 공동주택이 경매로 나왔는데, 대지권이 등기되어 있지 않는 경우가 있는데 이 아파트를 낙찰받으면 이 아파트의 대지사용권도 함께 취득할 수 있는지가 문제 됩니다.

대법원은 "구분건물의 대지사용권은 전유부분 및 공용부분과 분리처분이 가능한 규약이나 공정증서가 없는 때에는 전유부분과 종속적 일체 불가분성이 인정되는 전유부분에 대한 경매개시결정과 압류의 효력이 당연히 종물 내지 종된 권리인 대지사용권에 미친다."라고 판결하였습니다.

즉 전유부분 및 공유부분과 대지사용권을 분리할 수 없다면 대지권 등기가 되어 있지 않는 아파트를 낙찰받더라도 대지사용권을 취득할 수 있고, 이에 따라 대지권 등기를 할 수 있다는 것입니다.

3. 증여도 가등기할 수 있을까?

민법 제564조 제1항은 '매매의 일방예약은 상대방이 매매를 완결할 의사를 표시하는 때에 매매의 효력이 생긴다'라고, '매매 예약'에 대하여 규정하고 있습니다. 그런데 증여 예약에 관한 규정은 없습니다.

이는 자기 재산을 대가 관계없이 무상으로 주겠다고 약속하는데 이것에 거부할 사람은 없을 것이기 때문입니다. 따라서 민법 규정에는 없으나 증여도 예약이 가능합니다.

문제는 건물이나 토지 등 부동산을 무상으로 주기로 약속하였는데 이 약속을 어떻게 지키게 하느냐입니다. 그 방법은 주기로 한 사람과 받기로 하는 사람이 증여예약서를 작성하는 것입니다. 증여예약서를 작성하지 않고, 말로만 약속하였다면 언제든지 약속을 안 한 것으로 뒤집을 수 있기 때문입니다.

증여예약서의 주된 내용은 '증여하기로 한 사람은 어느 어느 부동산을, 받는 사람이 어느 어느 날짜에 증여를 하여 달라고 하면 주기로 한다' 입니다. 이 어느 어느 날짜에 증여를 하여 달라고 하는 것을 '예약완결권 행사'라고 합니다.

예약완결권은 '증여하기로 한 사람에게 증여하기로 한 부동산을 나한테 넘겨 주라'는 의사표시를 하는 권리를 말합니다. 그리고 이러한 의사를 표시하는 것을 예약완결권 행사라고 합니다. 의사표시는 말로 하는 것보다 문서로 하는데 보통은 내용증명으로 합니다. 이러한 의사표시를 증여하기로 한 사람이 받으면 그 사람은 증여받기로 한 사람에게 그 부동산의 소유권을 넘겨줘야 할 의무가 발생합니다.

만약에 증여를 받기로 한 사람이 예약완결권을 행사하였는데도 증여하기로 한 사람이 부동산의 소유권을 넘겨주지 않으면 어떻게 해야 할까요?

증여받기로 한 사람은 증여하기로 한 사람을 상대로 '어느 어느 부동산을 증여를 원인으로 한 소유권이전등기 절차를 이행하라'라고 소를 제기할 수 있고, 특별한 사정이 없으면 증여받기로 한 사람이 이 소송에서 승소할 수 있습니다.

소송에서 승소하면 증여받기로 한 사람은 승소한 확정 판결문을 가지고 증여하기로 한 사람의 협력 없이도 단독으로 소유권을 자기 앞으로 넘겨 올 수 있습니다.

그러면 이 증여예약 완결의 의사표시는 언제까지 해야 할까요? 증여하기로 한 사람이 마냥 기다릴 수도 없을뿐더러, 증여받기로 한 사람이 무작정 자기 권리를 행사하지 않는 것도 불합리하기 때문입니다.

증여예약서에 기간을 정했으면 그 기간 안에 하면 되고, 기간을 정하지 않았으면, 이것을 '제척기간'이라고 하는데요. 예약일로부터 10년 안에 예약완결권을 행사해야 합니다. 10년이 지나면 이러한 예약완결권은 제척기간의 경과로 인하여 소멸합니다. 한편 당사자 사이에 약정하는 예약 완결권의 행사 기간에는 특별한 제한은 없습니다.

그런데 요즈음에 증여예약이 왜 주목을 받을까요?

재산은 많으나 홀로된 아버지나 어머니가 노후를 같이 할 사랑하는 사람을 만났고 동거에 이르게 됩니다. 사랑이 깊어지니 혼인신고를 하고자 합니다. 그러나 자식들은 쌍수를 들어 반대합니다. 왜냐하면 혼인신고를 하지 않으면 아버지나 어머니가 돌아가셨을 때, 자녀들은 그 분의 재산 전부를 상속받을 수 있는데 혼인신고를 하면 새로 배우자로 되신 분과 공동으로 상속하기 하기 때문입니다.

한편, 홀로된 아버지나 어머니가 사랑하는 사람을 만나 같이 살기 시작하였으나 혼인신고를 할 생각은 없습니다. 그런데 살다 보면 정이 깊이 들고 뭔가를 해주고 싶은 마음이 들기도 합니다. 다른 한편으로, 혼인신고도 하지 않은 상태에서 동거하는 사람이 죽기라도 하면, '나는 어쩌나' 하는 심정으로 같이 사는 사람에게 재산이라고 미리 달라고 하기도 합니다.

자식들 입장에서는 홀로 사시는 아버지나 어머니가 새로운 사람과 혼인신고를 한 후 돌아가시면 상속재산이 줄어들 것이라는 걱정이 들고, 혼인신고 없이 사실혼 관계에 있는 아버지나 어머니가 동거하는 사람에게 자신의 재산을 증여하면 어떻게 해야 하나라고 걱정을 하게 됩니다.

이럴 때 자식들이 생각해 낸 방법이, 아버지나 어머니가 자식들에게 자기 재산의 일부 또는 전부를 증여하기로 사전에 약속하도록 하는 것입니다. 이것을 '증여예약'이라고 합니다.

마침내 자식들은 아버지나 어머니를 설득합니다. 그리하여 아버지나 어머니가 자식들에게 어느 어느 부동산을 증여하기로 약속한다는, 증여예약서를 작성합니다.

그런데 문제는 증여예약서를 작성한 후, 아버지나 어머니, 그리고 자식들이 이 증여예약서를 소중히 간직하더라도 이 사실을 다른 사람들이 알 수 없다는 데 있습니다.

예를 들어 아버지나 어머니의 부동산에 다른 사람이 압류를 한다거나, 아버지나 어머니의 마음이 변해 이것을 다른 사람에 팔아 버린다거나 동거하는 사람에게 증여해버릴 수 있는데, 이것을 막을 방법이 있느냐는 것입니다.

즉 증여 예약을 하기는 했으나 불안하기는 마찬가지라는 것입니다.

이럴 때 생각해 낸 방법이 있습니다. 바로 가등기입니다.

가등기에는 여러 종류가 있습니다.

그런데 여기서 주목되는 것이 매매 예약 가등기, 즉 소유권이전청구권 가등기입니다. 어떤 부동산에 대해 매매예약을 원인으로 한 가등기를 하여 등기사항증명서에 표시되면 가등기의 효력이 강력하게 나타납니다.

매매예약을 원인으로 한 소유권이전청구권 가등기가 있고 난 다음에, 다른 사람이 이 부동산을 사서 소유권 이전등기를 하거나 채권자가 근저당권, 전세권, 임차권, 지상권을 설정하거나 가압류 또는 압류, 가처분을 하거나 경매에 부치더라도 매매 예약권리자가 예약완결권을 행사하여 본등기로서 소유권이전등기를 하면 예약권리자의 매매예약 가등기 즉, 소유권이전청구권 가등기와 소유권이전등기 본등기 사이에 낀, 다른 소유권이전등기나 근저당권 설정 등기나 기타 가압류, 압류 등기 등은 등기관이 직권으로 말소합니다.

부동산등기법 제91조는 '가등기에 의한 본등기를 한 경우 본등기의 순위는 가등기의 순위에 따른다'라고, 같은 법 제92조 제1항은 '등기관은 가등기에 의한 본등기를 하였을 때에는 대법원규칙으로 정하는 바에 따라 가등기 이후에 된 등기로서 가등기에 의하여 보전되는 권리를 침해하는 등기를 직권으로 말소하여야 한다'라고 규정하고 있기 때문입니다.

이로써 매매예약에 의한 가등기권자가 가등기에 터잡은 본등기를 하면 가등기와 본등기 사이에 있던 등기가 말소됨으로써 아무런 장애가 없는 깨끗한 소유권을 가지게 되는 것입니다.

그런데 여기서 의문이 발생합니다. 민법의 매매예약에 관한 규정을 근거로 매매예약을 원인으로 한 가등기가 가능한 것은 분명합니다. 그런데 민법에 증여예약에 관한 규정이 없으므로 증여예약을 원인으로 한 가등기가 가능하느냐가 문제 됩니다.

이에 대하여 대법원의 등기선례는 "가등기는 그 청구권이 시기부 또는 정지조건부인 때 기타 장래에 있어서 확정될 것인 때에도 할 수 있으므로, 증여예약을 원인으로 하는 소유권이전등기청구권을 보전하기 위하여 가등기를 신청할 수 있다."고 밝히고 있습니다.

쉽게 말해, 증여예약을 원인으로 한 소유권이전청구권 가등기가 가능하다는 것입니다.

증여예약을 원인으로 소유권이전청구권 가등기를 해 놓으면 증여하기로 약속한 아버지나 어머니가 약속한 부동산을 팔 수도, 담보로 잡히고 돈을 빌릴 수도 없습니다. 왜냐하면 가등기가 되어 있는 부동산을 사려는 사람이나, 돈을 빌려줄 은행이 없기 때문입니다.

4. 돈 안 갚은 지 10년 넘었는데 근저당권 설정등기 말소 가능할까?

민법 제162조 제1항은 '채권은 10년간 행사하지 아니하면 소멸시효가 완성한다'라고, 같은 제2항은 '채권 및 소유권 이외의 재산권은 20년간 행사하지 아니하면 소멸시효가 완성한다'라고 규정하고 있습니다. 여기에서 소유권 이외의 재산권, 즉 소유권 이외의 물권은 지상권, 지역권, 전세권, 유치권, 질권, 저당권입니다.

나소유씨는 경기도 고양시 덕양구 향동에 5,000㎡의 토지를 소유하고 있습니다. 나씨는 2005. 12. 10. 김저당씨로부터 2억원을 빌리면서 갚는 날을 2008. 12. 30.로 정하고 이 토지에 김씨를 근저당권자로 하여 근저당권 설정등기를 마쳐 주었습니다.

나씨는 2008. 12. 30.까지 김씨에게 빌린 돈 2억원을 다 갚았습니다. 그러나 돈을 갚으면서 김씨로부터 영수증을 받지 않았을 뿐 아니라 이 근저당권 설정등기의 말소를 요구하지도 않았습니다. 돈을 갚았으면 됐다고 생각했을 따름이었습니다.

그런데 이 토지 인근이 신도시로 개발되면서 토지 가격이 급등하였습니다. 그러자 김저당씨는 이 토지에 자신이 근저당권자로 등기되어 있음을 기화로 나씨에게 근저당권 채권최고액인 2억 4천만원과 그 동안의 이자를 갚으라고 요구하였습니다.

나씨는 너무 억울하였습니다. 그래서 나씨는 돈을 갚은 영수증은 없으나 자신이 알기에는 채권의 소멸시효는 10년인데, 돈을 빌린 2005. 12. 10.부터 2021. 1. 1.까지는 10년이 훨씬 지났으므로 소멸시효가 완성된 것이라면서 이 근저당권 설정등기는 말소되어야 한다고 주장하였습니다.

설령 빚을 갚지 않았더라도 안 갚은 지 10년이 지나서 채권의 소멸시효가 완성되었으므로 이 토지에 등기된 근저당권 설정등기는 말소되어야 한다는 것입니다.

여기에서 소유권 이외의 재산권인 저당권의 소멸시효 20년이 문제 됩니다. 김씨가 저당권은 물권으로 소멸시효인 20년이 지나지 않았으므로 빚을 갚지 않으면 나씨 소유의 토지에 경매를 넣겠다고 하기 때문입니다.

그러자 나씨는, 민법 제369조는 '저당권으로 담보한 채권이 시효 완성 기타의 사유로 인하여 소멸한 때에는 저당권도 소멸한다'고 규정하고 있기 때문에 채권의 소멸시효가 완성되었으므로 근저당권 말소등기가 없어도 근저당권은 당연히 소멸하였다고 주장하였습니다.

이렇듯, 김씨의 근저당권으로 담보한 채권은 10년이 지나 소멸하고, '부종성'으로 인하여 근저당권도 소멸한 것은 맞지만 근저당권 설정등기는 김씨의 협조 없이는 나씨 단독으로 말소할 수는 없습니다.

결국 나씨는 김씨를 상대로 '소멸시효 완성을 원인으로 한 근저당권 설정등기 말소 청구의 소'를 제기하였습니다.

이러한 근저당권 설정등기가 말소되지 않는다면 김씨가 근저당권 설정등기가 되어 있는 이 토지에 대한 등기사항증명서를 발급받아 법원에 임의경매를 신청할 수도 있기 때문입니다.

그 청구취지는 '피고 김저당은 원고 나소유에게 별지 목록 기재 부동산에 관하여 의정부지방법원 고양지원 고양등기소 2005. 12. 10. 접수 제4752호로 마친 근저당권설정등기에 대하여 2021. 1. 10. 소멸시효 완성을 원인으로 한 말소등기절차를 이행하라.'라고 기재하였습니다.

이러한 소송 진행 전이나 진행 중에 김씨가 이 토지를 경매에 넣는다면 나씨는 위 소송과는 별도로 '채무 소멸 또는 채무 부존재를 이유로 청구 이의의 소'를 제기하여야 하고, 강제집행 정지신청도 해야 합니다.

5. 죽은 사람이 소유권을 넘겨주었는데 유효인가? 무효인가?

20여 년간 동거해 온 사실혼 아내와 주택 증여계약서를 작성했으나 증여를 원인으로 한 소유권 이전등기를 마쳐주지 못한 상태에서 남편이 사망하였는데 그 아내가 증여를 원인으로 자신 앞으로 소유권 이전등기를 마친 경우 상속인이 이러한 소유권 이전등기의 말소를 청구할 수 있을지 문제 됩니다.

슬하에 2남 1녀를 둔 81세의 김갑출씨는 아내와 사별하고, 등산을 하면서 알게 되어 정든 76세의 박소담씨와 혼인 신고는 하지 않은 채 20여 년을 동거하였습니다. 자녀들은 분가하여 따로 살면서 명절이나 집안 행사가 있을 때나 찾아올 뿐 왕래가 거의 없었습니다.

그 동안 두 사람은 서로를 의지하며 여느 부부처럼 생활해 왔습니다. 김씨는 나이도 들고 병세가 악화됨에 따라 20여 년간 자신과 동거하여 온 박씨에게 자신의 유일한 재산인 주택을 증여하기로 마음먹었습니다.

김씨는 소유권 이전등기에 필요한 인감증명서와 주민등록등본 등을 본인이 직접 발급받은 후, 박씨에게 소유권 이전등기를 하여 줄 준비를 하였습니다. 그 후, 김씨는 한 달이 지난 2020. 10. 13. 사망이 임박하였음을 느끼고 박씨에게 인감증명서와 인감도장, 주민등록 등본, 등기권리증(등기필정보) 등을 보관해 둔 곳을 알려주면서 자신의 명의로 되어 있는 주택을 박씨 앞으로 소유권 이전 등기를 하라고 말하였습니다.

그리고 김씨는 며칠 후 사망하였습니다.

김씨가 사망하자, 박씨는 김씨가 알려준 대로 인감증명서, 인감도장, 주민등록등본, 등기권리증 등을 찾은 뒤, 곧바로 자신이 살고 있는 동네 근처의 법무사에게 가서 김씨가 사망한 사실을 숨긴 채 소유권이전등기를 해달라고 요청하였습니다.

등기를 의뢰받은 사인장 법무사는 김씨가 직접 방문하지 않고, 박씨만 와서 증여에 의한 소유권 이전등기를 요청하였음에도 불구하고, 즉 김씨가 본인이 맞는지와 증여에 의한 소유권 이전등기 의사가 확실한지 등을 확인하지 않은 채, 김씨 자신의 인감증명서와 주민등록 등본을 김씨가 직접 발급받았고 발급받은지 3개월이 지나지 않았으며, 박씨가 김씨의 인감도장과 등기권리증을 가지고 온 것을 보고, 막연히 김씨의 증여 의사가 확실하다고 믿었습니다.

그리하여 사인장 법무사는 증여계약서를 작성한 후, 이 증여계약서와 김씨의 인감증명서 등을 첨부하여 관할 등기소에 소유권이전 등기를 신청하였고, 며칠 후 등기가 완료되었습니다.

그런데 사인장 법무사는 김씨가 본인이 맞는지와 증여 의사가 명백한지 등을 방문이나 하다 못해 영상통화의 방법으로 확인했어야 하는데 이를 하지 않았으므로 본인 확인의무 등을 위반으로 상속인들에게 손해배상 등 법적인 책임을 질 수 있습니다.

만일 사이장 법무사가 김씨가 사망한 사실을 확인하였다면 김씨와 나씨를 대리하여 소유권 이전등기를 절대로 신청하지 않았을 것입니다.

김씨의 자녀들인 상속인들은 아버지의 장례를 치르고 나서 그의 재산을 조사하는 과정에서 김씨 소유의 유일한 재산인 주택이 그가 사망한 이후에 김씨와 박씨 공동으로 등기를 신청하여 박씨에게 소유권이 이전되었음을 발견하였습니다.

이에 상속인들은 김씨가 사망한 후, 사망한 사람인 김씨가 등기를 신청한 것으로 되어 있으므로 이 등기는 무효이며, 따라서 박씨에게 이전된 이 주택에 관한 소유권이전등기는 말소되어야 한다면서 '소유권 이전등기 말소 청구의 소'를 제기하였습니다.

그 청구원인은 '사람은 생존한 동안 권리와 의무의 주체가 된다'라는 민법 제3조의 규정에 따라 사망한 사람은 권리와 의무의 주체가 될 수 없기 때문이라는 것이었습니다.

이에 대한 재판에서 박씨는 자신과 김씨가 혼인한 부부는 아니지만 20여 년간 여느 부부처럼 동거하였고, 김씨가 미리 자신 소유 주택의 소유권 이전등기에 필요한 인감증명서와 주민등록등본 등을 본인이 직접 발급받아 놓았다가 얼마 후, 인감증명서와 인감도장, 주민등록등본, 등기권리증 등을 보관해 둔 곳을 알려주면서 이 주택을 자신 앞으로 소유권을 이전등기하라고 한 후 사망하였으므로 이는 김씨가 자신에게 주택을 증여한 것이라고 주장하였습니다.

그러면서 박씨는 '이 주택의 소유권 이전등기 과정에서 비록 이미 사망한 사람의 이름으로 등기신청서를 작성한 절차상의 하자는 있을지라도 이미 마쳐진 소유권 이전등기는 실체관계에 부합한다. 즉 사전에 김씨의 증여 의사와 박씨 자신의 승낙이 있었고, 이를 토대로 등기가 마쳐졌으므로 결과적으로 주택 소유권을 주고 받고자 하는 서로간의 의사가 실현되었으므로 그 등기는 유효하다. 따라서 상속인들은 이 주택의 소유권이전 등기의 말소를 구할 수 없다'고 항변하였습니다.

이에 대하여 제1심과 제2심은 박씨의 항변을 '이유있다'고 판단하고 상속인들에 대하여 패소 판결을 하였습니다.

상속인들은 대법원에 상고하였는데, 그 상고 이유는 '이 주택의 소유권 이전 등기를 신청한 관할 등기소에 보관된 증여 계약서는 김씨가 사망한 후 박씨의 의뢰를 받은 법무사가 작성한 것으로 김씨가 살아 있을 때 박씨와 함께 작성한 증여계약서 아니다. 따라서 이 주택을 이전등기한 것이 설령 증여라 하더라도 증여 의사가 서면으로 표시되지 않았으므로 상속인들은 이 증여 계약을 해제한다. 이에 박씨 이름으로 되어 있는 소유권 이전등기는 증여계약 해제를 원인으로 말소되어야 한다'는 것이었습니다.

이에 대하여 대법원은 "민법 제555조는 '증여의 의사가 서면으로 표시되지 아니한 경우에는 각 당사자는 이를 해제할 수 있다'라고, 같은 법 제558조는 '전 3조의 규정에 의한 계약의 해제는 이미 이행한 부분에 대하여는 영향을 미치지 아니한다'라고 규정하고 있으므로, 그 증여의 의사가 서면으로 표시되지 아니한 경우라도 김씨가 생전에 이 주택을 증여하고 그의 뜻에 따라 그 소유권이전 등기에 필요한 서류를 제공하였다면 김씨가 사망한 후에 그 등기가 마쳐졌다고 하더라도 김씨의 의사에 따른 증여의 이행으로서의 소유권이전 등기가 마쳐졌다고 할 것이므로 증여는 이미 이행되었다 할 것이다. 따라서 김씨의 상속인들이 서면에 의하지 아니한 증여라는 이유로 증여계약을 해제하였다 하더라도 이미 증여의 이행으로 마쳐진 소유권이전 등기의 효력에는 아무런 영향을 미치지 아니한다."라고 하면서 상속인들의 상고를 기각하였습니다.

이는 사망한 사람의 이름으로 소유권 이전등기가 신청되고, 등기가 마쳐져서 절차상 무효의 등기라고 하더라도 증여자의 증여하고자 하는 의사를 미루어 짐작할 수 있고, 결과적으로 증여자의 증여 의사와 수증자의 승낙이 있어 증여가 실현되었으므로, 비록 생전에 서면으로 증여계약서를 작성하지 않았더라도 그 증여가 이미 이행, 즉 등기된 것으로 박씨 명의로 마쳐진 소유권 이전등기는 유효하고, 따라서 상속인들은 그 말소를 구할 수 없다는 것입니다.

비록 상속인들에게는 억울한 부분이 있기는 하나 김씨와 박씨의 20여 년간의 동거 사실, 사망이 임박 시점에 등기 관련 서류를 제공한 사실 등을 종합적으로 판단하여 본다면 박씨가 주택의 소유권을 가지는 것이 일반의 정서에 맞는 것 같고, 법원도 이 점을 깊이 고려한 것이 아닌가 싶기도 합니다.

6. 최초 양도인의 승낙없이 최종 양수인 앞으로 중간생략등기 가능할까?

남최초씨는 경기도 고양시 덕양구 삼송동 100번지 소재 아파트 1905동 1004호 84㎡의 소유자입니다. 이 지역 아파트의 시세가 많이 오르고 돈이 필요했던 남씨는 2019. 12. 20. 김중간씨와 이 아파트를 13억원에 매매하는 계약을 체결하였고, 2020. 3. 20. 현재 계약금과 중도금 합계 5억원을 받은 상태였습니다.

그런데 매수인 김중간씨가 이 아파트 매매 잔금 8억원을 마련하는 과정에서 문제가 발생하였습니다. 김씨는 이 아파트 매매 잔금 중 5억원을 대출받으려고 하였는데 김씨의 신용상태가 급격히 나빠짐에 따라 대출을 받을 수 없는 상황이 되었습니다.

이에 김씨는 중개업소를 통해 이 아파트의 매매 계약권, 즉 소유권이전등기 청구권을 양수할 사람을 구하였고, 2020. 4. 20. 나최종씨와 아파트 매매 가격은 13억원으로 하되, 프리미엄 5천만원을 받는다는 등의 내용으로 한 아파트 매매 계약권 양도양수 계약을 체결하였습니다.

이 계약의 특약 사항에는 '㉠나최종씨는 김중간씨가 남최초씨에게 지급한 계약금과 중도금 합계 5억원은 김중간씨의 계좌로 입금한다, ㉡매매 잔금 8억원은 나최종씨가 김중간씨의 명의로 남최초씨의 계좌로 직접 입금한다, ㉢매매 계약권 양도 사실은 김중간씨가 남최초씨에게 내용증명으로 통지한다'라고 적었습니다.

즉 김중간씨는 이 매매계약권 양도 양수를 함에 있어서 현재 소유자인 남최초씨의 동의나 승낙을 받지 않으려고 하였던 것입니다.

김중간씨는 매매가 13억원을 그대로 하여 되파는 것이 아니라 프리미엄 5천만원을 붙여 받음으로써 남최초씨가 나최종씨 앞으로의 소유권이전등기를 해주지 않을까 걱정하였던 것입니다.

민법 제450조 제1항은 '지명채권의 양도는 양도인이 채무자에게 통지하거나 채무자가 승낙하지 아니하면 채무자 기타 제3자에게 대항하지 못한다'라고, 같은 조 제2항은 '전항의 통지나 승낙은 확정일자있는 증서에 의하지 아니하면 채무자 이외의 제3자에게 대항하지 못한다'라고 규정하고 있습니다.

이 규정에 따라 김중간씨는 이 아파트의 매매계약권 양도 사실을 남최초씨에게 내용증명으로 통지하였습니다.

그 후, 이 아파트의 매매대금과 프리미엄을 지급한 나최종씨는 남최초씨에게 이 아파트 소유권이전등기에 필요한 서류를 달라고 요청하였으나, 남씨는 이 아파트 매매계약권 양도에 대한 자신의 동의나 승낙이 없었다는 이유로 이전등기에 필요한 서류 제공을 거부하였습니다.

아파트나 오피스텔의 분양계약을 체결한 후, 수분양자는 분양금액 그대로 또는 프리미엄을 받거나 마이너스 프리미엄으로 분양권을 다른 사람에게 양도하는 일이 있습니다.

이러한 아파트나 오피스텔 분양 계약서에는 '권리의무 승계' 란이 별도로 있습니다. 분양권이 양도 양수되면 양도인과 양수인은 분양권 양도계약서 등 양도 양수에 필요한 서류를 갖추어 시행사에 방문하고, 시행사는 분양권 양도 양수에 동의 또는 승낙한다는 의미로 분양계약서의 '권리의무 승계'란에 양도인과 양수인의 인적사항을 적게 하고, 양도인과 양수인의 도장을 날인하게 함과 동시에 시행사의 법인도장을 날인하여 줍니다.

그런데 김중간씨는 이 아파트 매매계약권을 양도하면서, 분양권 양도 양수와 같은 절차를 밟지 않고, 단순히 매매계약권 양도 사실만을 남최초씨에게 내용증명으로 통지하였던 것입니다.

그러니 아파트 소유자인 남최초씨는 비록 매매대금 전액은 지급받았다고 하더라도 김중간씨가 아닌 나최종씨 앞으로의 소유권이전등기에 필요한 서류를 제공해 줄 리가 없습니다. 이 아파트단지의 거래가가 계속 오르고 있는 상황인데 매매계약권 양도 양수 과정에서 프리미엄 붙었을 것이라고 추측한 남씨가 아무런 댓가없이 무상으로는 아파트 이전등기에 필요한 서류를 제공하지 않겠다는 것입니다.

이에 나최종씨는 하는 수 없이 남최초씨를 상대로 '채권양도를 원인으로 한 소유권이전 등기절차 이행 청구의 소'를 제기하였습니다.

이 소송의 쟁점은 '부동산이 전전 양도된 경우, 최종 양수인이 중간자로부터 소유권이전등기 청구권을 양도받아 직접 최초 양도인에 대하여 소유권이전등기 절차 이행을 청구할 수 있는지 여부'였습니다.

이에 관하여 대법원은 일관되게 "부동산이 전전 양도된 경우에 중간생략등기의 합의가 없는 한 그 최종 양수인은 최초 양도인에 대하여 직접 자기 명의로의 소유권이전등기를 청구할 수 없고, 부동산의 양도계약이 순차 이루어져 최종 양수인이 중간생략등기의 합의를 이유로 최초 양도인에게 직접 그 소유권이전등기 청구권을 행사하기 위하여는 관계 당사자 전원의 의사 합치, 즉 중간생략등기에 대한 최초 양도인과 중간자의 동의가 있는 외에 최초 양도인과 최종 양수인 사이에도 그 중간등기 생략의 합의가 있었음이 요구된다. 그러므로 비록 최종 양수인이 중간자로부터 소유권이전등기 청구권을 양도받았다고 하더라도 최초 양도인이 그 양도에 대하여 동의하지 않고 있다면 최종 양수인은 최초 양도인에 대하여 채권양도를 원인으로 하여 소유권이전등기 절차 이행을 청구할 수 없다."고 판시하였습니다.

즉 소유권이전등기 청구권은 채권이므로 그 양도가 허용되나 그 성질상 채권양도 통지가 아닌 채무자인 최초 소유자의 동의나 승낙을 받아야 한다는 것입니다.

한편, 부동산등기 특별조치법은 제2조 제2항은 '부동산의 소유권을 이전받을 것을 내용으로 하는 계약을 체결한 자가 ㉠계약의 당사자가 서로 대가적인 채무를 부담하는 경우에는 반대급부의 이행이 완료되는 날, ㉡계약당사자의 일방만이 채무를 부담하는 경우에는 그 계약의 효력이 발생하는 날 <이후> 그 부동산에 대하여 다시 제3자와 소유권이전을 내용으로 하는 계약이나 제3자에게 계약당사자의 지위를 이전하는 계약을 체결하고자 할 때에

는 그 제3자와 계약을 체결하기 전에 먼저 체결된 계약에 따라 소유권이전등기를 신청하여야 한다'라고,

같은 조 제3항은 '부동산의 소유권을 이전받을 것을 내용으로 하는 계약을 체결한 자가 ㉠계약의 당사자가 서로 대가적인 채무를 부담하는 경우에는 반대급부의 이행이 완료되는 날, ㉡계약당사자의 일방만이 채무를 부담하는 경우에는 그 계약의 효력이 발생하는 날 <전>에 그 부동산에 대하여 다시 제3자와 소유권이전을 내용으로 하는 계약을 체결한 때에는 먼저 체결된 계약의 반대급부의 이행이 완료되거나 계약의 효력이 발생한 날부터 60일 이내에 먼저 체결된 계약에 따라 소유권이전등기를 신청하여야 한다'라고 규정하고 있습니다. 즉 '중간생략등기'를 금지하고 있습니다.

'중간생략등기'는 취득세, 양도세 등을 절약하기 위한 목적일 수도 있으나 투기나 탈세를 위한 편법으로 이루어지므로 이를 위반하면 3년 이하의 징역 또는 1억원 이하의 벌금에 처해질 수 있습니다(부동산등기 특별조치법 제8조 제1호).

이에 관하여 대법원 등기예규 제707호는 '부동산의 소유권을 이전받을 것을 내용으로 하는 계약을 체결한 자가 다시 제3자에게 계약당사자의 지위를 이전하는 계약을 체결한 경우, 그 지위 이전 계약의 체결일이 부동산등기 특별조치법에서 정하여진 날 (즉 매매와 같은 쌍무계약의 경우 반대급부의 이행이 완료된 날) 전인 때에는 먼저 체결된 계약의 매도인으로부터 지위 이전 계약의 양수인 앞으로 직접 소유권이전등기를 신청할 수 있는 것이므로 이와 같은 등기신청을 받은 등기관은 위 지위 이전계약의 체결일이 ㉠먼저 체결된 계약서상에 표시된 반대급부 이행일 전이거나 ㉡먼저 체결된 계약에 따른 실제의 반대급부 이행일 전임을 서면에 의하여 소명한 경우에는 그 등기신청을 수리하여야 한다. 이 경우 먼저 체결된 계약서도 등기원인증서로 첨부하여야 한다."고 정하고 있습니다.

사례의 경우, 남최초씨와 김중간씨간의 매매 잔금이 치뤄지지 않은 상태에서 나최종씨에게로 매수인의 지위를 이전하는 매매계약권 양도 양수가 이

루어졌으므로 남최초씨에서 김중간씨 명의로의 소유권이전등기를 생략하고 남최초씨에서 나최종씨 앞으로 소유권이전등기가 가능합니다. 그런데 남최초씨가 매수인의 지위 이전에 동의나 승낙을 하지 않는다는 점이 문제입니다.

결국 나최종씨는 김중간씨의 협력을 얻어 남씨에서 김씨로 소유권이전 등기를 하고, 그와 동시에 김씨로부터 자신 앞으로 소유권이전등기를 할 수 밖에 없습니다.

중간 매도인 김중간씨는 프리미엄 5천만원을 받았으므로 양도차액의 40% 인 2천만원을 납부해야 하고, 취득세 등 1.1% 인 14,850,000원을 납부해야 하니 이에 선뜻 응해줄 리 없습니다.

결국 나최종씨는 김중간씨를 대위하여 '남최초씨는 김중간씨에게 소유권이전등기 절차를, 김중간씨는 자신에게 소유권이전등기 절차를 이행하라'는 소를 제기할 수 밖에 없다고 할 것입니다.

한편, 대법원은 최근 "이와 같은 법리는 명의신탁자가 부동산에 관한 종중 명의 신탁이나 부부간의 명의 신탁 등 유효한 명의신탁약정을 해지한 후 이를 원인으로 한 소유권이전등기청구권을 양도한 경우에도 적용된다."고 판시하였습니다.

7. 상속인이 수증자의 소유권이전등기에 협조하지 않아요!

자신의 재산을 댓가없이 무상으로 주는 행위에는 증여와 유증이 있습니다. 증여의 일종인 사인증여는 증여자가 생전에 증여계약을 하지만 그 효력 발생은 증여자가 사망한 후에 발생합니다(민법 제562조).

증여자나 유증자로부터 지정된 재산을 받을 자를 수증자라 하고, 유증을 이행할 의무를 진 상속인을 유증의무자라 합니다.

유증에 의한 수증자는 유언의 효력 발생 당시에 존재하는 자이면 누구든지 될 수 있으므로 자연인은 물론이고 법인, 그리고 상속인도 수증자가 될 수 있습니다(민법 제1089조 제1항).

유증의 종류에는 포괄유증·특정유증·부관부유증·단순유증이 있습니다.

포괄적 유증을 받은 자, 즉 포괄적 수증자는 상속인과 동일한 권리의무가 있고(민법 제1078조), 포괄유증은 조건이나 기한이 붙어 있다는 등의 특별한 사정이 없는 한 유언자가 사망한 때로부터 그 효력이 발생합니다(민법 제1073조).

유언집행자는 유증의 목적인 재산의 관리 기타 유언의 집행에 필요한 행위를 할 권리의무가 있고(민법 제1101조), 지정 또는 선임에 의한 유언집행자는 상속인의 대리인으로 봅니다(민법 제1103조 제1항).

따라서 유언집행자는 유언집행을 위한 등기의무자로서 등기권리자인 포괄적 수증자와 함께 유증을 원인으로 한 소유권이전등기를 공동으로 신청할 수 있고, 그러한 등기를 마치는 것에 관하여 다른 상속인들의 동의나 승낙을 받아야 하는 것은 아닙니다.

유언은 자필증서, 녹음, 공정증서, 비밀증서와 구수증서에 의해 할 수 있습니다(민법 제1066조 내지 제1070조).

자필 유언증서가 있을 경우 유언집행자는 유증을 원인으로 등기를 신청할 때, 신청서에 첨부정보로서 자필 유언증서를 제출하여야 합니다. 그런데 민법 제1066조 제1항은 '자필증서에 의한 유언은 유언자가 그 전문과 연월일, 주소, 성명을 자서하고 날인하여야 한다'고 규정하고 있으므로, 그 유언이 효력을 발생하기 위해서는 자필증서가 위 규정에 따른 방식을 갖춘 것이어야 합니다.

따라서 자필 유언증서가 등기신청의 첨부정보로 제출되었으나 그 유언증서가 위와 같은 방식을 갖추지 못한 경우에는 등기관은 신청할 권한이 없는 자가 신청한 경우나 등기에 필요한 첨부정보를 제공하지 아니한 경우로 보고 그 등기 신청을 각하합니다.

김남편씨는 경기도 광명시 소하동에 9억원 상당의 아파트를 소유하고 있었습니다.

김씨는 2015. 5. 25. '유언의 효력 발생 당시 본인이 소유하고 있는 아파트를 나동거에게 포괄적으로 유증하고, 그 유언집행자로 나동거를 지정한다'는 내용의 유언장을 자필로 작성하고, 그 작성연월일, 주소, 성명을 자서한 후 날인하였습니다.

그 후, 김씨가 사망하자 나씨는 관할 법원에 이 자필유언증서에 대한 검인을 신청하였습니다(민법 제1091조 제1항). 그러자 상속인 김아들씨는 2016. 11. 10. 법원의 유언검인 기일에서 "유언장의 필체가 아버지의 필체가 아닌 것 같고, 그 내용대로 집행되는 것에 이의가 있다."고 진술하였습니다.

이와 관련하여 부동산 등기예규 제1512호는 유언집행자의 등기신청시 자필 유언증서에 관한 검인조서를 첨부하도록 함과 아울러 검인조서에 검인기일에 출석한 상속인들이 "유언자의 자필이 아니고 날인도 유언자가 사용하는 도장이 아니라고 생각한다."는 등 자필 유언증서의 진정성에 관하여 다투는 사실이 기재되어 있는 경우에는 위 상속인들이 '유언 내용에 따른 등기신청에 이의가 없다'는 취지로 작성한 동의서와 인감증명서를 첨부하여 제출하도록 규정하고 있습니다.

이 예규에 따라 나씨는 김씨에게 동의서와 인감증명서를 부탁하였는데 거절당하였습니다. 이에 나씨는 김씨를 상대로 '이 아파트에 관하여 2015. 9.

25. 유증을 원인으로 한 소유권이전등기에 대하여 승낙의 의사표시를 하라'는 청구취지로 소를 제기했습니다.

이에 대한 재판에서 제1심과 제2심은 나씨의 청구를 인용하였습니다.

김씨의 상고에 따라 대법원은 "유언집행자로서는, 자필 유언증서상 유언자의 자서와 날인의 진정성을 다투는 상속인들이 유언 내용에 따른 등기신청에 관하여 이의가 없다는 진술서의 작성을 거절하는 경우에는 그 진술을 소로써 구해서는 안 되고, 상속인들을 상대로 유언효력확인의 소나 포괄적 수증자 지위 확인의 소 등을 제기하여 승소 확정판결을 받은 다음, 이를 부동산등기규칙에서 정한 첨부정보로 제출하여 유증을 원인으로 한 소유권이전등기를 신청할 수 있다. 즉 나씨가 김씨를 상대로 유증을 원인으로 하는 소유권이전등기에 대한 승낙의 의사표시를 구하는 이 사건 소는 권리보호의 이익을 인정할 수 없어 부적법하다. 그런데 항소심은 이를 간과한 채 곧바로 본안 판단을 하였으니 이는 소송요건에 관한 법리를 오해하여 판결에 영향을 미친 위법이 있다."고 하면서 파기, 환송하였습니다.

8. 재외국민 또는 외국인인 공동상속인이 상속등기에 협력하지 않아요!

국제화 시대에 우리나라 국민이 해외에 나가 영주권이나 시민권을 취득하는 경우가 흔하게 되었습니다.

이에 따라 재외국민이나 외국인인 상속인의 상속이 문제 되곤 합니다. 상속은 피상속인의 사망으로 인하여 개시되고(민법 제997조), 상속인은 상속개시된 때로부터 피상속인의 재산에 관한 포괄적 권리의무를 승계하나 피상속인의 일신에 전속한 것은 승계하지 않습니다(민법 제1005조). 이로써 피상속인의 재산이 상속인에게 이전되는 결과가 됩니다. 특히 피상속인의 명의로 된 부동산은 상속인 명의로 소유권이전등기를 하지 않아도 피상속인이 돌아가신 날부터 상속인의 재산이 된다는 것입니다. 따라서 상속인은 상속포기를 하여야만 상속인으로서의 권리와 의무가 상속개시된 때로 소급하여 소멸합니다(민법 제1042조).

그런데 상속인 명의로 소유권이전등기를 마치지 않더라도 상속재산에 관한 권리의무를 포괄적으로 승계한 상속인이 상속받은 부동산을 매매나 증여 등 처분을 하려면 상속등기를 마쳐야만 합니다.

즉 민법 제187조에서 '상속, 공용징수, 판결, 경매 기타 법률의 규정에 의한 부동산에 관한 물권의 취득은 등기를 요하지 아니한다. 그러나 등기를 하지 아니하면 이를 처분하지 못한다'라고 규정하고 있기 때문입니다.

우리나라 국민인 상속인들 간에도 상속재산에 대하여는 다툼이 많고, 남들보다 못한 사이가 되기도 합니다. 이 때에는 대부분 각자의 상속지분대로 상속이 이루어집니다. 물론 상속재산 분할 협의를 통해 특정인에게 상속이 이루어지게 하는 방식으로 원만하게 해결되는 경우도 많습니다.

우리나라 국민인 상속인들 간에도 상속재산에 대하여 다툼이 있는데, 재외국민이나 외국인이 된 공동상속인 사이 또는 그들과 우리나라 국민인 공동상속인 사이에도 다툼이나 논란이 없을 수 없습니다.

즉 우리나라 국민인 상속인과 재외국민인 상속인이든, 외국인인 상속인이든이 각자의 지분대로 부동산 상속등기를 하려고 해도 재외국민이나 외국인인 공동상속인이 이에 협력하지 않는 경우가 있는 것입니다.

부동산 소유권 이전등기를 신청할 때에는 권리자가 될 사람이 우리나라 국민이면 주소를 증명하는 서면으로 주민등록표를 첨부하고, 주민등록번호를 신청서에 적어야 합니다(부동산등기법 제48조 제2항). 그리고 그 권리자가 주민등록번호가 없는 재외국민 또는 외국인인 경우에는 주소를 증명하는 서면(예컨대 국내거소사실증명, 외국인등록사실증명, 본국관공서 발행의 주소증명서면, 본국공증인의 주소공증서면)과 부동산등기법에 따라 부여받은 부동산등기용등록번호를 신청서에 적어야 합니다(부동산등기법 제49조 제1항 제2호 및 제4호).

공동상속인 중 한 사람이 공유물의 보존행위로서 공동상속인 전원 명의의 상속등기를 신청할 때, 재외국민이거나 외국인인 다른 공동상속인이 상속등기에 협력하지 않아서 그 사람의 현주소를 알 수 없는 경우가 있습니다.

이 때, 재외국민이나 외국인이 된 상속인이 ㉠주민등록을 한 사실이 있다면 말소된 주민등록표상의 최후 주소를 주소로 쓰고, 이를 증명하는 자료로 말소된 주민등록표의 등본을 첨부할 수 있고, ㉡주민등록을 한 사실이 없다면 가족관계등록부상의 등록기준지를 주소로 제공하고, 이를 증명하는 자료로 기본증명서를 첨부할 수 있으며, ㉢주민등록번호를 부여받은 적이 없고, 부동산등기용등록번호를 부여받을 수도 없다면, 이를 소명하여 주민등록번호나 부동산등기용등록번호를 등기신청서에 적지 않아도 상속등기를 신청할 수 있습니다(부동산등기선례 제9-222호).

여기에서 가족관계등록부상의 등록기준지는 가족관계등록법 개정 전의 제적등본상의 본적지를, 기본증명서는 제적등본을 포함한 표현입니다.

한편, 재외국민의 부동산등기용등록번호는 대법원 소재지 관할등기소의 등기관이 부여하고, 외국인의 부동산등기용등록번호는 체류지의 지방출입국관서장이 부여합니다(부동산등기법 제49조 제1항 제2호 및 제4호).

재외국민의 등록번호 부여 신청시에는 재외국민등록부등본과 기본증명서를 첨부해야 합니다(법인 및 재외국민의 부동산등기용등록번호 부여에 관한 규칙 제5조 제3항). 이를 첨부하지 못하여 등기관이 등록번호 부여 신청을 반려하였다면 이 등기관의 공문서가 소명자료가 될 것입니다.

외국인의 등록번호 부여신청시에는 여권 또는 국적증서 사본을 첨부해야 합니다(법인아닌 사단·재단 및 외국인의 부동산등기용 등록번호 부여절차에 관한 규정 제13조 제2항).

여기에서 국적증서 사본은 시민권 증서 사본을 말합니다. 그런데 미국에서 출생한 사람이라고 하더라도 모두가 시민권증서를 받을 수 없으므로 이 증서가 없을 때 부동산등기용 등록번호를 부여받을 수 없습니다. 이 때, 등록번호 부여 신청을 반려한다는 출입국관서장의 공문서가 소명자료가 될 것입니다.

9. 판결에 의한 부동산 등기란?

부동산 등기는 법률에 다른 규정이 없는 한 등기권리자와 등기의무자가 공동으로 신청하여야 합니다(부동산등기법 제23조 제1항). 이 경우 당사자의 위임에 따라 법무사 등 대리인에 의해서도 가능합니다.

그런데 이러한 공동 신청주의에는 예외가 있습니다.

즉 소유권보존등기, 상속 등 포괄승계에 의한 등기, 판결에 의한 등기, 부동산 표시 또는 등기 명의인 표시변경 등기, 신탁등기 등의 경우에는 등기명의인이나 권리자가 단독으로 등기를 신청할 수 있습니다(부동산등기법 제23조 제2항 내지 제8항).

이 중 판결에 의한 등기 신청 절차에 관하여 알아 봅니다(등기예규 제1692호). .

부동산등기법 제23조 제4항은 '등기절차의 이행 또는 인수를 명하는 판결에 의한 등기는 승소한 등기권리자 또는 등기의무자가 단독으로 신청하고, 공유물을 분할하는 판결에 의한 등기는 등기권리자 또는 등기의무자가 단독으로 신청한다'라고 규정하고 있습니다.

여기에서의 판결은 등기신청 절차의 이행을 명하는 이행판결이어야 합니다. 이행 판결의 주문 형태는 '피고는 별지 목록 기재 부동산에 관하여 소유권 이전등기 절차를 이행하라'와 같이 등기신청 의사를 진술하는 것이어야 합니다.

다만, 공유물 분할 판결은 형성판결로, 이 판결의 주문 형태는 '별지 목록 기재 토지의 A 부분은 원고의 소유로, B 부분은 피고의 소유로 각 분할한다'라고 기재되어야 합니다.

이러한 판결에는 등기권리자와 등기의무자가 나타나야 하며, 등기의 종류, 등기원인과 그 연월일 등 신청서에 기재하여야 할 사항이 명시되어 있어야 합니다.

이행판결이 아닌 경우로서 매매계약이 무효라는 확인판결에 의한 소유권 이전등기의 말소등기신청, 소유권확인판결에 의한 소유권이전등기의 신청, 통행권 확인판결에 의한 지역권설정등기 신청은 할 수 없습니다.

이행판결은 확정판결이어야 합니다. 따라서 가집행선고가 있는 판결에 의하여는 등기를 신청할 수 없습니다.

이행판결에 준하는 집행권원에 의해서도 등기권리자가 단독으로 등기를 신청할 수 있습니다. 즉 화해조서·인낙조서, 화해권고결정, 민사조정조서·조정에 갈음하는 결정, 가사조정조서·조정에 갈음하는 결정 등도 그 내용에 등기의무자의 등기신청에 관한 의사표시의 기재가 있는 경우에는 등기권리자가 단독으로 등기를 신청할 수 있습니다.

다만, 공증인 작성의 공정증서는 설령 부동산에 관한 등기신청의무를 이행하기로 하는 조항이 기재되어 있더라도 등기권리자는 이 공정증서에 의하여 단독으로 등기를 신청할 수 없습니다.

단독으로 등기를 신청할 수 있는 사람은 승소한 등기권리자 또는 승소한 등기의무자입니다. 따라서 패소한 등기의무자는 그 판결에 기하여 직접 등기권리자 명의의 등기신청을 하거나 승소한 등기권리자를 대위하여 등기신청을 할 수 없습니다.

등기절차의 이행을 명하는 판결에 의하여 등기를 신청하는 경우에는 그 판결주문에 명시된 등기원인과 그 연월일을 등기신청서에 기재해야 합니다.

다만, 등기절차의 이행을 명하는 판결주문에 등기원인과 그 연월일이 명시되어 있지 아니한 경우 등기신청서에는 등기원인은 "확정판결"로, 그 연월일은 "판결선고일"을 기재합니다.

판결에 의한 등기 신청서에는 등기원인증서로서 판결정본과 그 판결이 확정되었음을 증명하는 확정증명서를 첨부하고, 송달증명서는 첨부하지 않습니다. 조정에 갈음하는 결정정본 또는 화해권고결정정본을 등기원인증서로서 첨부하는 경우에도 확정증명서를 첨부하고, 송달증명서는 첨부하지 않습니다. 다만, 조정조서, 화해조서 또는 인낙조서를 등기원인증서로서 첨부하는 경우에는 확정증명서와 송달증명서를 첨부할 필요가 없습니다.

판결에 의한 등기 신청서에는 집행문을 첨부할 필요가 없습니다. 다만, 등기절차의 이행을 명하는 판결이 선이행판결, 상환이행판결, 조건부이행판결인 경우에는 집행문을 첨부하여야 합니다.

10. 자동차 이전 등록을 안 해가고 있어요!

자기 소유의 자동차를 팔았는데 차를 산 사람이 이전등록에 필요한 서류를 다 받고서도 이 자동차에 대한 이전등록을 미루거나 아예 이전등록을 거부하는 경우가 있습니다.

나차주씨는 자신이 몰던 승용차를 김매수씨에 팔기로 하고 2021. 10. 9. 계약서를 작성한 후 매매대금을 받음과 동시에 자동차 이전등록에 필요한 서류를 넘겨 주었습니다.

그런데 김씨는 어떤 때는 바쁘다는 핑계를 대거나 명의가 뭐 중요하냐고 하면서 차량 이전등록을 하지 않고 있습니다.

자동차등록원부에 이 차량의 소유권이 나차주씨 명의로 되어 있음으로 인해 사고가 난다면 나씨는 차량 소유명의자로서 손해를 배상하여야 할 수 있고, 주차 위반 등 각종 과태료와 자동차세 등 공과금을 낼 수도 있는 불안한 상황입니다.

등록된 차동차를 매매 등으로 양수한 사람은 자동차관리법 시행령이 정하는 바에 따라 시·도지사에게 자동차 소유권의 이전등록을 신청하여야 합니다(자동차관리법 제12조 제1항).

그런데 자동차를 양수한 사람이 이 자동차에 대한 소유권 이전등록을 신청하지 않으면 이전등록 신청 당시에 등록원부에 소유자로 기재된 사람, 즉 양도인이 양수인을 갈음하여 이전등록을 신청할 수 있습니다(자동차관리법 제12조 제4항).

양도인이 이전등록을 신청할 경우에는 ㉠신청서에 자동차등록규칙이 정하는 서류를 첨부하여 등록관청에 제출하여야 하고, ㉡이 신청을 받은 등록관청은 지체없이 양수인에게 7일 이상 15일 이내의 기간을 정하여 이전등록을 신청할 것을 최고하여야 하며, ㉢등록관청은 이 최고기간 내에 양수인이 이의를 제기하지 아니하거나 이전등록을 신청하지 아니한 경우에는 등록원부를 정리하고 등록절차를 마쳐야 합니다(자동차등록령 제27조).

그러나 자동차 양도증명서를 작성하지 않고 그냥 매매대금만 받고 자동차를 넘긴 경우에는 양도인이 양수인을 갈음해서 자동차 이전등록을 신청할 수는 없습니다. 따라서 이를 위해서는 두 사람은 자동차 양도증명서를 작성하고 매수인의 주민등록초본 등을 받아야 합니다.

자동차 매수인의 전화번호만을 알고 있다든지 인적사항을 제대로 알지 못할 경우에는 결국 소송으로 가서 법원에 의한 문서제출명령을 통해 이를 파악하여 확정판결을 받아 이전등록을 할 수 밖에 없습니다. 이 때의 소송 제목은 '자동차 소유권 이전등록 수취 이행의 소'입니다.

간혹, 자동차 양도증명서가 있고, 양수인의 인적사항을 알 수 있기 때문에 양수인이 자동차 이전등록을 하지 않을 경우, 양도인이 자동차 매도용 인감증명서 등을 첨부하여 양수인을 대신하여 자동차 소유권 이전등록을 할 수 있음에도 불구하고 이러한 절차을 밟는 대신에 소 제기를 함으로써 시간과 비용을 쓰는 경우가 있습니다.

한편, 자동차를 매수한 사람이 자기 앞으로 소유권이전 등록을 하였다가 자동차 제작·판매자 등에게 차량 교환 또는 환불 요구를 하면서 반품 또는 다른 이유로 반품한 경우에는 자동차등록증과 등록번호판 및 봉인을 반납하면서 자동차 말소등록을 하여야 함을 유의해야 합니다(자동차관리법 제13조 제1항 제2호).

11. 회사가 놓쳐서는 안 되는 등기, 두 가지!

주식회사 등이 설립되면 회사의 대표자는 회사의 상호와 목적 등 상법에 제180조 내지 182조 및 제317조에서 규정한 사항을 등기하여야 하고, 이 등기사항에 변경이 있는 때에도 같습니다.

상법에서 규정한 등기할 사항이거나 등기사항에 변경이 있는 때에는 그때로부터 본점에서는 2주, 지점에서는 3주 내에 등기를 하여야 합니다(상법 제183조). 만일 이를 게을리하면 상법 제635조 규정에 따라 그 회사의 이사 등 대표자에게 5백만원 이하의 과태료가 부과됩니다.

대개는, 주식회사 등에서는 담당하는 직원이 있는 경우에는 그 직원이, 담당 직원이 없는 소규모 회사의 경우에는 대표자가 회사 관련 등기사항을 처리합니다. 이들은 등기해야 할 사항을 어느 정도 알고 있기 때문에 거래하는 법무사에게 의뢰하기도 하지만 대부분 스스로 등기를 신청하는, 즉 셀프등기 신청을 하는 것입니다.

그런데 아래에 설명하는 2가지 등기를 챙기지 않아 그 기한을 넘김으로써 과태료를 부과받곤 합니다. 과태료를 부과받는 것까지는 그렇다 하더라도 이 업무를 놓친 직원은 심한 질책을 받거나 시말서를 쓰기도 합니다. 만일 법무사가 실수하였다면 그 법무사는 거래처를 잃기도 합니다.

이 두 가지 등기 중 하나는 대표자 주소변경 등기입니다. 상법 제317조 제1항 제9호는 '회사를 대표할 이사 또는 대표집행임원의 성명·주민등록번호·주소'를 등기할 사항으로 규정하고 있습니다. 따라서 대표자의 집 주소가 변경되면 주민등록초본을 첨부해서 등기를 신청하여야 합니다.

그런데 대표자의 주민등록상 주소가 바뀐 것하고 회사하고 무슨 관련이 있을까? 라고 하면서 대표자의 주소 변경등기를 하지 않고 놓치곤 합니다.

대표자의 주소가 바뀌었는데 그 변경등기를 하지 않았다는 사실을 등기소에서는 어떻게 알고 과태료를 부과할까요?

대부분 회사의 대표자 임기는 3년입니다. 임기가 끝나는 3년이 다가오면 대표자가 바뀌지 않는 한 다시 임기 3년을 시작하는 중임등기를 하여야 합니다.

이 때, 대표자의 주민등록초본이 첨부서면입니다. 등기관은 이 초본을 보고 대표자의 주소가 변동되었고, 변경등기를 하지 않았다는 사실을 알게 되어 과태료를 부과하는 것입니다. 상법 제635조는 '과태료를 부과할 수 있다'가 아니라 '부과한다'로 규정하고 있으므로 등기관은 등기를 게을리한 사실이 발견되면 반드시 과태료를 부과합니다.

참고로, 대표자가 임기 만료되어 다른 사람이 대표자로 취임하였다면 임기 만료된 대표자는 주민등록초본을 첨부하지 않고 퇴임등기만 하면 되므로, 즉 등기관이 전임 대표자의 주민등록상의 주소가 변동된 사실을 알 수 없으므로 과태료가 부과될 일은 없습니다.

다른 하나는 지점에서의 등기입니다.

회사가 지점을 설치하고 지점 설치등기를 할 때에는 회사의 상호, 목적, 본점 소재지, 공고방법, 존립기간 또는 해산사유, 대표자의 성명과 주소, 주민등록번호 등을 적어서 등기 신청하여야 합니다(법인의 등기사항에 관한 특례법 제3조). 이러한 사항이 변경되었을 때에도 마찬가지입니다.

등기 실무에서는 종종 위 6가지가 변경되었을 때 본점에서만 등기하고 지점에서는 놓치곤 합니다. 이로 인해 예상하지도 않은 많은 과태료가 부과되곤 합니다. 특히 대표자가 바뀐 경우에 그렇습니다.

법무사가 대표자 변경등기를 의뢰받으면, 그 회사에 지점이 설치되어 있는지 등기사항증명서를 통해 확인하고, 지점이 설치되어 있으면 알아서 지점에서도 대표자 변경등기를 신청합니다.

대표자 주소변경 등기를 놓쳤거나 지점에서 등기할 사항을 게을리하여 과태료가 부과되면 어떤 결과가 발생할까요? 통상적으로 등기를 해태한 1달마다 5만원 가량의 과태료 부과되니 3년만 늦어도 180만원입니다. 이러한 등기 해태가 본점과 지점 두 곳에서 발생하면 360만원이 부과됩니다.

문제는 이 과태료가 회사에 부과되는 것이 아니라는 것입니다. 더 큰 문제는 현재의 법인 대표자에게 부과되는 것이 아니라 등기 해태 당시의 대표자, 즉 퇴직한 전임 대표자에게 부과된다는 것입니다. 그것도 그 전임 대표자의 집 주소지로 과태료 부과 통지서가 송달된다는 점입니다.

과태료가 부과될 예정임을 알게 된 담당 직원은 과태료 통지서를 자신이 받아서 이를 해결하려고 합니다. 그러나 법원은 이 직원에게 과태료 통지서를 보내주지는 않습니다.

자기 집에서 뜬금없이 과태료 부과 통지서를 받은 전임 대표자는 당장 비서실로 전화해 항의합니다. 특히 전임 대표자가 저명한 지도층 인사라면 사태는 일파만파로 커집니다. 현재의 대표자가 전임 대표자의 눈치를 보고 더 심한 질책을 하고 상황은 꼬여만 갑니다. 결국 이 과태료를 회사가 부담하는 선에서 마무리됩니다. 그러나 실수한 직원은 징계 등의 처분을 받지는 않을지라도 무능한 직원으로 낙인찍히게 됩니다.

이럴 때, 편법이 동원됩니다. '이 모든 상황은 법무사가 실수한 것이다. 법무사가 일을 제대로 처리하지 못해서 발생하였다'라고 윗선에 보고합니다. 그러면서 과태료는 그 실수한 법무사가 대신 납부한다고 하더라고 보고합니다. 실제는 그 담당 직원이 자신의 돈으로 내고서 말입니다. 이 때, 법무사가 자신의 실수였다고 확인서를 써주기도 합니다. 그러면 '그 법무사 당장 거래 끊어'라고 해서 법무사는 그 회사와의 거래가 끊깁니다.

제대로 된 법무사는 사전에 조언하고 챙겨서 이런 일이 발생하지 않게 조치합니다.

회사의 등기 담당 직원은 숙지하고 있어야 합니다. 즉 새로운 대표자가 취임하면 반드시 '집 주소가 바뀌면 알려 달라'고 하면서 만일 이를 등기하지 않으면 과태료 부과된다고 대표자에게 각인시켜야 합니다.

그리고 지점이 설치되어 있으면, 등기를 의뢰하는 법무사에게 지점이 설치되어 있음을 밝히고, 지점에서 등기할 사항에 대해서도 의뢰를 하여야 합니다.

12. 주식회사 주주총회 서면결의서 작성과 등기!

공증인법 제66조의2 제1항은 '법인 등기를 할 때 그 신청서류에 첨부하는 법인 총회 등의 의사록은 공증인의 인증을 받아야 한다. 다만, 다음 각 호의 어느 하나에 해당하는 경우에는 그러하지 아니하다'라고 규정하고 있습니다.

이는 실제 주주총회나 이사회를 개최하지 하지 않았거나 개최를 하였어도 사실과 다른 내용의 의사록이 작성되어, 이것을 근거로 등기됨으로써 등기가 공신력을 얻게 되는 것을 방지하기 위해서입니다.

그러나 모든 법인의 총회 등의 의사록을 인증받아야 하는 것은 아닙니다. 즉 공증인법 제제66조의2 제1항의 단서에 해당하면 공증인의 인증을 받지 않아도 됩니다.

자본금 10억 미만인 회사의 발기설립하는 경우의 총회 의사록, 대통령령에서 정한 공법인이나 비영리법인의 의사록, 지점의 설치·이전 또는 폐지의 의사록, 명의개서대리인의 선임 또는 변경의 의사록은 공증인의 인증을 받지 않아도 되는 것입니다.

여기에서 자본금 10억 미만의 소규모 주식회사가 상법 제363조 제4항[12] 규정에 따라 현실적인 주주총회를 열지 않고 서면으로 주주총회의 결의를 할 때 절차와 방법이 문제 됩니다. 이 때에도 의사록, 즉 서면결의서를 작성해야 함은 물론입니다.

이 서면 주주총회는 두가지 방식으로 이루어집니다. ㉠주주 전원의 동의에 의한 서면으로 결의하여 주주총회 결의에 갈음하는 방식, ㉡주주총회 결의 안건에 대하여 주주 전원이 서면으로 동의하는 방식입니다. 이러한 서면 주주총회에 거친 후 임원 선임 등의 변경 등기 신청할 때에 등기소에 첨부하

12)제363조(소집의 통지)④ 자본금 총액이 10억원 미만인 회사는 주주 전원의 동의가 있을 경우에는 소집절차 없이 주주총회를 개최할 수 있고, 서면에 의한 결의로써 주주총회의 결의를 갈음할 수 있다. 결의의 목적사항에 대하여 주주 전원이 서면으로 동의를 한 때에는 서면에 의한 결의가 있는 것으로 본다.

는 서류는 ㉠의 방식, 즉 '서면결의'의 경우에는 서면결의를 하는 것에 관한 주주 전원의 동의서와 주총 결의 안건에 대한 적법한 의결이 이루어졌음을 나타내는 서면 결의서가 첨부되어야 합니다. 이 때, 주주 전원의 동의서와 결의 요건을 충족하는 서면 결의서에는 각 주주가 인감도장을 찍고 인감증명서를 첨부해야 합니다.

㉡의 방식, 즉 '서면동의'의 경우에는 서면결의서와 주주 전원의 서면 동의서가 첨부되어야 합니다. 이 때, 서면결의서에는 법인의 인감도장을 찍으면 되고, 서면동의서에는 주주 전원의 인감도장을 찍고 인감증명서를 첨부해야 합니다. 이 두가지 방식 어느 경우에나 이 서면결의 등이 이루어질 당시의 대표자가 등기소에 제출한 법인 인감도장을 찍은 주주명부를 첨부하여야 합니다(상업등기선례 제20189-3호).

등기 실무에서 ㉠의 방식, 즉 서면결의를 하겠다고 주주 전원에게 동의서를 보내 거기에 인감 도장을 찍고 인감증명서를 첨부해서 회사에 보내라 하고, 덧붙여 서면 결의서를 보내 결의 안건에 찬성한 주주는 그 결의서에 이름을 쓰고 인감도장을 찍어 회사에 보내라고 하는 방식은 주주가 아주 소수인 회사에는 유용한 방식이 아닙니다. 이 경우는 서면 주주총회를 하는 것에는 주주 전원이 동의하지만, 총회 안건에 대해서는 반대하는 주주가 있을 경우에 필요한 방식입니다.

주주가 가족 등으로 몇 명이 되지 않고, 주주총회 결의 안건을 미리 알고 찬성이 분명할 때에는 ㉡의 방식이 유용하다는 것입니다. 이 때에는 서면결의서는 회사가 작성하여 거기에 법인 인감도장을 찍으면 되고, 주주는 동의서에 인감도장을 찍고 인감증명서를 첨부해서 우편으로 보내면 되기 때문입니다. 서면 결의서에까지 주주가 인감도장을 찍을 필요가 없다는 것입니다.

특히 ㉠의 방식의 경우, 주주동의서는 주주에게 개별로 보내면 되지만, 서면결의서는 한 장을 만들어 각각의 주주에게 순회하면서 인감도장을 날인받아야 하는 문제가 있습니다. 이 경우에는 현실적인 주주총회를 개최하되 각 주주로부터 안건에 대해 위임을 받아 대리인이 의결하는 것이 편리할 것입니다.

참고로, 경영권 분쟁 등으로 인해 대표자 해임 등기를 신청할 때에는 아무리 주주 전원의 동의가 있더라도 서면에 의한 주주총회 결의서를 첨부해서는 안 되고, 현실적인 주주총회를 개최하여 의사록을 작성하고 그것을 공증인의 인증받아 제출하여야 함을 유의하여야 할 것입니다.

13. 상계에 의한 자본증가 등기!

주식회사 등 법인 대표이사가 회사 자금 운용을 위해 일시적으로 대표이사 개인의 돈을 법인에게 빌려주는 경우가 있습니다. 이를 '가수금'이라고 합니다. 그리고 결산 과정에서 이 '가수금'을 회사의 자본금으로 편입시키는 것을 '상계에 의한 신주발행 자본증가'라고 합니다.

자본충실의 원칙상 신주인수인의 주금납입 채무와 신주인수인의 회사에 대한 채권과의 상계가 허용되지 않습니다. 다만, 상법 제421조 제2항의 '신주의 인수인은 회사의 동의 없이 주금 납입채무와 주식회사에 대한 채권을 상계할 수 없다'라는 규정에 따라 회사가 상계에 동의하면 상계가 가능합니다.

이에 따라 회사가 상계의 의사표시를 하거나 상계를 원하는 신주인수인에게 상계를 허용하는 동의를 함으로써 회사가 주주 등에게 부담하고 있는 채무를 회사의 자본금으로 편입시키는 일이 있곤 합니다. 이는 결산 과정에서 회사의 결산 업무를 담당하는 공인회계사나 세무사가 요청하여 이루어지는 일이 많습니다.

상계에 의한 신주발행으로 자본이 증가하면 회사는 신주 발행으로 인한 변경등기를 하여야 합니다.

회사가 상계의 의사표시를 하는 경우에는 등기신청서에 회사가 신주인수인에 대하여 상계의 의사표시를 하였음을 증명하는 서면을, 신주인수인이 상계를 원하는 의사표시를 한 경우에는 신주인수인에 대하여 상계의 의사표시를 하였음을 증명하는 서면과 회사가 그 의사표시에 대하여 동의를 하였음을 증명하는 서면, 그리고 회사가 신주인수인에게 채무를 부담하고 있다는 사실을 증명하는 차용증 등 금전소비대차 계약서를 첨부하여야 합니다(등기예규 제1450호).

상계에 의한 신주발행 자본증가 등기의 의뢰가 있으면 법무사가 모든 서류를 작성해주므로 회사는 자본증가 금액과 법인인감 도장, 그리고 채권자의 도장을 가지고 법무사 사무실에 방문하면 됩니다.

간혹, 등기 실무에서 분식회계를 의심하여 회사의 채무 부담사실을 증명하기 위해 금전소비대차 계약서 외에 회사의 계정별 원장 등을 제출하라는 보정명령을 하는 등기관이 있어서 논란이 있었습니다.

그런데 최근 '등기예규 제1450호 제3조 제1호의 회사가 신주인수인에 대하여 채무를 부담하고 있음을 증명하는 서면(소비대차계약서 등)은 예시적 규정이므로, 구체적 사안에서 등기관의 판단에 따라 회사의 채무 부담 사실을 증명하기 위해 추가적인 첨부서면으로 계정별 원장 등의 제출이 요구될 수 있다. 추가로 제출하는 계정별 원장 등에 회계전문가의 서명·날인이 필요한지를 포함하여, 그 내용의 증명 여부는 등기관의 판단 사항이다'라는 내용의 등기 선례가 제정(법인등기선례 제202102-1호)되었으므로 상계에 의한 자본증가의 변경등기를 신청할 때에는 회사의 계정별 원장을 첨부하는 것이 바람직할 것으로 판단됩니다.

14. 회사원은 자기 회사의 등기를 할 수 있을까?

간혹, 주식회사 등 법인 소속 직원들이 자기 회사 부동산 등기나 법인 등기 신청서를 직접 작성하고 첨부서류와 함께 이를 등기소에 제출하곤 합니다.

회사에서 부동산을 샀거나 임원이 바뀌었을 때 법무사에게 등기를 위임하자니 비용이 드는 문제도 있지만, 그래도 회사 직원으로서 이 정도는 해야 한다는 생각일 수도 있고, 능력있는 모습을 보여주기 위해 그럴 수 있다고 할 것입니다.

그런데 이런 것이 한 두번이면 그럴 수 있지만, 반복되면 법무사법 위반으로 처벌받을 수 있음을 유의하여야 합니다.

법무사나 변호사가 아닌 사람도 당사자의 위임을 받아 등기신청을 대리할 수 있습니다. 다만, 법무사 또는 변호사가 아닌 사람은 등기신청의 대리를 '업'으로 할 수는 없습니다.

회사의 직원이 위임을 받아 수 회에 걸쳐 반복적으로 등기신청 업무를 대리하는 행위는 법무사나 변호사가 아니면서 등기신청의 대리를 '업'으로 하는 것이라고 볼 수 있으므로 보수를 받거나 받지 않거나와 상관없이 법무사법에 위반되고 처벌될 수 있다는 것입니다.

즉 법무사법 제3조 제1항은 '법무사가 아닌 자는 법무사법 제2조에 따른 사무를 업으로 하지 못한다'라 규정하고 있고, 이를 위반하면 같은 법 제74조 제1항에 따라 3년 이하의 징역 또는 500만원 이하의 벌금에 처해질 수 있기 때문입니다.

이와 관련하여 '누가 업으로 하는지를 알 수 있을까?'라고 생각할 수도 있지만 같은 등기소에 같은 사람이 계속 등기 신청 접수를 하면 등기접수 담당자는 이를 알 수 있습니다.

회사를 위해 업무를 수행하는 것일 뿐인데 처벌 운운하는 것은 자격사의 이익을 보호하는 것이고, 국민의 편의를 무시하는 것이라고 할 수도 있습니다.

그러나 이러한 제재를 가하는 이유는 위와 같은 일이 잦고 지나치게 많으니까 문제가 되는 것입니다. 어쩌다 한 두 번이라든가, 눈에 띌 정도가 아니면 위와 같은 형사 처벌 조항이 있더라도 고발까지는 하지 않을 것입니다.

회사에서 실제 근무하는 직원도 아니면서 회사로부터 그 때 그 때 가짜 재직증명서를 발급받아, 직원이라면서 자주 등기 신청을 접수하니까 문제를 삼는 것입니다.

제6장 고용 및 보험

제6장 고용 및 보험

1. 육아휴직은 연속하여 30일 이상이어야 하는가?

직장인이 육아를 위해 휴직하는 일이 흔해졌습니다.

고용보험법 제70조 제1항은 '고용노동부장관은 남녀고용평등과 일·가정 양립 지원에 관한 법률 제19조에 따른 육아휴직을 30일 이상 부여받은 피보험자 중 육아휴직을 시작한 날 이전에 제41조에 따른 피보험 단위기간이 합산하여 180일 이상인 피보험자에게 육아휴직 급여를 지급한다'고 규정하고 있습니다.

나육아씨는 지방의 한 공단에 근무하면서 자녀 1명을 두었습니다. 나씨는 이 아이를 돌보기 위해 2019. 2. 18.부터 3. 17일까지 28일간, 4. 9.부터 4. 10.까지 2일간 육아 휴직을 하였습니다. 즉 육아 휴직 30일을 한 차례 쪼개 사용하였던 것입니다.

그 후, 나씨는 고용보험법 규정에 따라 관할 지방노동청장에게 육아휴직 급여를 신청하였습니다. 그러자 관할 지방노동청장은 나씨가 육아휴직을 30일 이상 부여받지 못하였다는 이유로 육아휴직 급여 지급을 거부하였습니다.

이에 나씨는 육아휴직을 합산하여 30일을 부여받았으므로 육아휴직 급여를 받을 수 있다고 하면서 관할 법원에 '육아휴직 급여 부지급 처분 취소 청구의 소'를 제기하였습니다.

이 소송의 쟁점은 육아휴직 급여를 신청하려면 육아휴직을 '연속하여' 30일 이상 부여받아야 하는지 여부 였습니다.

이에 대하여 관할 고등법원은 "고용보험법은, 고용노동부장관은 육아휴직을 30일(출산 전후 휴가 기간과 중복되는 기간은 제외) 이상 부여받은 피보험자가 일정한 요건을 갖추면 육아휴직 급여를 지급하도록 규정하고, 육아휴직 급여의 신청은 육아휴직 개시일 이후 1월부터 종료일 이후 12월 이내에

하도록 규정하고 있다. 남녀고용평등법은 피보험자가 재직하는 직장의 사업주는 근로자가 만 8세 이하 또는 초등학교 2학년 이하의 자녀를 양육하기 위해 휴직을 신청하는 경우 이를 허용해야 하고, 근로자가 육아휴직을 하려는 경우에는 육아휴직을 단 1회에 한하여 분할 사용할 수 있다고 규정하고 있다. 고용보험법이 육아휴직을 '연속하여' 30일 이상 부여받을 것을 요건으로 하지 않는 이상, 육아휴직을 부여받은 기간이 합산하여 30일 이상인 근로자는 육아휴직을 '연속해서 30일 이상 부여받은 경우가 아니더라도' 육아휴직 급여를 신청할 수 있다고 봄이 타당하다. 한편, 분할된 육아휴직 기간을 합산하여 30일 이상이 되는 경우 육아휴직 급여를 신청할 수 있다고 본다면, 극단적으로는 자녀가 0세 때와 8세 때 육아휴직을 15일씩 나눠 사용하더라도 이에 대한 육아휴직 급여를 지급하게 될 수도 있다. 그러나 이는 신청기간이나 소멸시효 규정을 적용하여 육아휴직급여를 지급하지 않거나 육아휴직 기간의 시간적 간격에 제한을 두는 등의 입법을 통해 해결함이 타당하다. 따라서 육아휴직을'연속하여' 30일 이상 부여받지 않았다는 이유로 나씨의 육아휴직 급여 신청을 거부한 처분은 위법하다."고 판결하였습니다.

나씨의 육아휴직 급여 신청에 대하여 관할 지방노동청이 고용보험법을 확장 해석한 채, 근로자를 적절히 배려하지 않고 책임 회피성 거부처분을 한 것으로 판단됩니다.

'우리는 그렇게 해석할 수 밖에 없으니 부당하다면 법원에 소 제기를 해서 해결하라'는 것입니다.

이 판결이 확정되면 나씨는 관할 지방 노동청장을 상대로 관할 법원에 소송비용 확정신청을 하여 그 동안 들어간 소송비용을 받아내야 합니다.

한편, 공무원이나 공공기관의 직원이 육아휴직을 내고 대학원 수강 등 자기계발을 하다가 적발되는 사례가 있습니다. 이 때, 복직명령을 받을 수 있고, 육아휴직 급여 부정수급 문제가 발생할 수 있습니다. 육아휴직은 말 그대로 자녀를 돌보기 위해 사용되어야 합니다. 아이를 데리고 가지 않은 채 외국에서 장기간 머무는 것이 적발된 사례도 있습니다.

2. 정해진 출근시간보다 조금 일찍 출근하면 연장수당을 받을 수 있을까?

일반적으로 직장인들은 출근시간이 오전 9시라면 대부분은 9시 정각에 딱 맞추어 직장의 문을 열고 들어오지는 않는다고 할 것입니다.

준메컵 주식회사는 화장품 판매 회사입니다. 이 회사는 근무시간은 오전 9시부터 오후 6시까지인데, 회사는 판매직원들에게 업무를 시작하기 전에 회사가 준 화장품 등으로 손, 눈, 얼굴을 꾸미라고 지시하였습니다. 그리하여 이 회사의 직원들은 보통 9시 이전에 출근하여 얼굴 등을 치장하고 난 뒤에 일을 시작하고 하였습니다.

이런 일이 반복되자 판매직원 335명은, 회사가 매일 30분씩 일찍 출근하여 업무 준비를 하라고 하였으며 직원들이 이에 따랐으므로, 이는 연장근로라고 하면서 연장근로수당을 지급하라고 소를 제기하였습니다.

이에 준메컵 주식회사는 명시적 또는 묵시적이라도 판매직원들에게 정규근무시간 30분 전에 일찍 출근하라고 한 사실이 없다고 하면서 '회사는 9시부터 10시까지 1시간을 메이크업을 포함한 매장 개점 준비시간으로 정하고, 이를 근무시간에 포함하여 임금을 지급하고 있으므로 하루 30분씩 시간외근무를 할 이유가 없다'고 주장하였습니다.

이에 대하여 관할 법원은 "회사가 09:00를 기준으로 판매직원들의 근태를 관리하고 30분 조기출근하지 않은 직원들에게 불이익을 가하였다는 정황들을 찾아보기는 어려운 점 등에 비추어 보면, 회사가 직원들에게 상시적으로 30분 일찍 출근하여 09:30까지 이 사건 지침에 따른 메이크업 등을 마칠 것을 명시적 또는 묵시적으로 지시하였다고 보기 어렵다. 또한 단체협약, 취업규칙, 업무 매뉴얼(연장근무 부분)에서는 연장근로를 하려면 사전에 시간외근로 신청서를 제출하고 상급자의 승인을 받도록 정하고 있고, 실제로 몇몇 판매직원들은 재고조사, 행사준비 등으로 인하여 조기 출근의 필요성이 있는 때에는 사전에 시간외근로를 신청하고 09:00 이전에 출근하여 계획한 업무를 수행하였다. 판매직원들은 매장에 출근한 후 개점 준비, 메이크업, 매장 청소 등을 하는데 총 90분 내지 100분 정도가 소요된다고 주장하나, 메이크업 등을 포함해서 개점 준비를 하는데 소요되는 시간이 1시간을 명백히 초과하여 30분의 조기 출근이 불가피하다거나 직원들이 조기 출근한 아침 8시 반부터 정규 출근 시간인 9시까지의 시간을 자율적으로 사용하지 못하고 회사의 실질적인 지휘 감독 아래에 있었다고 볼 수 없다."고 하면서 판매직원들의 패소 판결을 하였습니다.

직장생활을 하면서 업무 준비를 하기 위해 심리적 부담을 느끼면서 적게는 10분에서 길게는 30분 이상 일찍 출근하였다면 이것도 연장 근로이고, 시간 외 수당을 주어야 하지 않느냐고 생각할 수 있습니다.

그러나 직장생활이든 어떤 생활이든 너무 자로 잰듯이하고, 거기서 벗어나면 돈으로 환산하는 세태는 인정미가 없어 보이지 않나 싶습니다.

이 사례에서, 소송을 제기한 직원들이 승소해서 회사가 수당을 지급하게 되었다면 어떤 결과가 나타날까요?

회사는 직원이 화장실 가는 시간, 티 타임 등도 모두 근무시간에서 제외해야 한다고 할 것이고, 즐겁고 활기찬 직장생활은 각박한 직장생활이 되고 말 것입니다.

필자도 직장생활을 하면서 출근시간 9시에서 딱 1분 1초도 틀리지 않게 출근하는 직원들을 보곤 하였습니다. 말로 표현하지는 않지만 이렇게 출근하는 것이 좋아 보이지는 않았습니다.

결국 이런 직원을 근무평정에서 좋은 점수를 받지 못하고, 부서가 통폐합되기라도 한다면 쓰임을 받지 못하여 인공위성이 되기도 합니다.

조금 일찍 출근하여 근무 준비를 하고 제시간에 근무에 임하면 나중에 알게 모르게 본인에게 유리한 점으로 결과될 수 있음을 인식하여야 할 것입니다.

3. 부당해고 구제 재판 중 근로기간 끝나면 더 이상 재판받을 수 없을까?

나구제씨는 부당연구소에서 무기계약직으로 25년간 근무하였는데 그 때 나이가 만59세였습니다. 이 무렵 부당연구소는 직원으로서 품위를 유지하지 못하였다는 등의 이유로 나씨를 해고하였습니다.

해고가 부당하다고 생각한 나씨는 지방노동위원회에 원직 복직 대신 해고기간 만큼의 임금을 달라고 부당해고 구제 신청을 하였습니다. 그러자 지방노동위는 부당연구소의 해고가 정당하다면서 이 신청을 기각하였습니다. 이에 나씨는 중앙노동위원회에 재심신청을 하였으나 이 또한 기각되었습니다.

이를 인정할 수 없었던 나씨는 관할 행정법원에 '재심판정 취소 청구의 소'를 제기하였습니다.

한편, 이러한 재심판정 취소 소송 진행 중에 부당연구소는 직원 과반수의 동의를 얻어 정년 규정이 없던 회사의 취업규칙을, 정년 만60세로 개정하였습니다. 그러면서 이 취업규칙이 시행되기 전에 입사한 직원에게도 적용된다고 규정하였습니다.

그런데 이 소송 진행 중에 나씨는 이미 만60세가 넘게 되었습니다.

부당연구소는 나씨가 만60세가 넘어서 당연퇴직하였으므로 재심판정 취소를 청구할 소의 이익, 즉 취소를 구하기 위해 법원에 청구할 자격이 없고, 취소를 구할 이유가 없다고 주장하였습니다.

이에 대하여 제1심과 제2심은 부당연구소의 손을 들어 주었습니다.

즉 나씨는 이미 정년인 만60세가 넘었으므로 개정된 취업규칙이 시행된 날, 당연퇴직하였고, 따라서 재심판정의 취소를 구할 소의 이익이 소멸하였다면서 이 소송을 각하한 것입니다.

그동안 대법원은 "근로자가 부당해고 구제신청을 기각한 재심판정에 대해 소를 제기하여 해고의 효력을 다투던 중 사직하거나 정년에 도달하거나 근로

계약기간이 만료하는 등의 이유로 근로관계가 종료한 경우, 근로자가 구제명령을 얻는다고 하더라도 원직에 복직하는 것이 불가능하고, 해고기간 중에 지급받지 못한 임금을 지급받기 위한 필요가 있다고 하더라도 이는 민사소송 절차를 통해 해결할 수 있다."고 하면서 재심판정의 취소를 구하는 소의 이익을 부정하여 왔습니다.

쉽게 말해, 법원에서 해고 무효를 다투던 중에 정년 등으로 근로계약 기간이 끝난 사람은 이 소송에서 이기더라도 원직에 복직할 수 없기 때문에 소송 절차를 진행해 봐야 소용이 없고, 해고 기간 동안 받지 못한 임금은 민사소송 절차를 통해 승소한 후 지급받으라는 것입니다.

그러자 나씨는 끝까지 가야겠다고 하면서 대법원에 상고하였습니다.

이에 대한 대법원의 판결을 보기 전에 근로기준법을 살펴봅니다.

근로기준법 제33조의3 제3항은 '노동위원회가 부당해고 등이 성립한다고 판정하고 구제명령을 할 때 근로자가 원직 복직을 원하지 않을 경우에는 원직 복직을 명하는 대신 해고기간 동안 근로를 제공하였더라면 지급받을 수 있었던 임금 상당액 이상의 금품을 근로자에게 지급하도록 명할 수 있다'라고 규정하고 있습니다.

나씨의 사례에서, 대법원은 위 조항에 주목하였습니다.

즉 원직 복직을 원하지 않는 경우에는 임금 상당액을 지급하도록 명령할 수 있다면 원직 복직이 불가능한 경우에도 임금 상당액을 지급하라고 명령할 수 있으므로 재심판정 취소를 구할 소의 이익이 인정되어야 한다는 것입니다.

대법원 전원합의체는 "근로자가 부당해고 구제신청을 하여 해고의 효력을 다투던 중 정년에 이르거나 근로계약 기간이 만료하는 등의 사유로 원직에 복직하는 것이 불가능하게 된 경우에도 해고기간 중의 임금 상당액을 지급받을 필요가 있다면 임금 상당액 지급의 구제명령을 받을 이익이 유지되므로 구제신청을 기각한 중앙노동위원회의 재심판정을 다툴 소의 이익이 있다고 보아야 한다. 근로자가 해고기간 중 받지 못한 임금을 지급받기 위하여 민사소송을 제기할 수 있음은 물론이지만, 그와 별개로 신속·간이한 구제절차 및 이에 따른 행정소송을 통해 부당해고를 확인받고 부당해고로 입은 임금 상당액의 손실을 회복할 수 있도록 하는 것이 부당해고 구제명령제도의 취지에 부합한다."고 하면서 "근로자가 부당해고 구제신청을 기각한 중앙노동위원회의 재심판정에 대해 소를 제기하여 해고의 효력을 다투던 중 근로 계약기간 만료 등으로 근로관계가 종료한 경우 소의 이익이 소멸된다는 취지의 종전 판례는 이를 변경한다."고 하면서 항소심 판결을 파기하고, 제1심 판결을 취소하였습니다.

결국 제1심 법원은 나씨에 대한 재심판정을 취소하는냐 마느냐에 관하여 다시 재판해야 합니다. 이로써 부당해고인지 여부를 판단받을 수조차 없었던 나씨는 위 전원합의체 판결에 따라 다시 재판을 받을 수 있게 된 것입니다.

4. 1년 기간제 근로자의 연차 휴가는 며칠일까?

근로기준법 제60조 제1항은 '사용자는 1년간 80퍼센트 이상 출근한 근로자에게 15일의 유급휴가를 주어야 한다'라고, 같은 조 제2항은 '사용자는 계속하여 근로한 기간이 1년 미만인 근로자 또는 1년간 80퍼센트 미만 출근한 근로자에게 1개월 개근 시 1일의 유급휴가를 주어야 한다'라고 규정하고 있습니다.

이와 관련하여 고용노동부는 1년 이상 2년 미만인 근로자에게는 근로기준법 제60조 제1항에 따른 15일과 같은 조 제2항에 따른 11일이 중복 적용되므로 최대 26일의 연차 유급휴가가 발생한다고 해석하면서 설명자료를 배포하였습니다.

최요양씨는 김복지씨가 운영하는 노인요양 복지 시설에서 2017. 8. 1.부터 2018. 7. 31.까지 1년간 요양복지사로 근무하면서 15일의 연차휴가를 사용하였습니다.

위 복지시설에서 퇴직한 최씨는 위와 같은 고용노동부의 해석을 근거로 관할 지방노동청에 김씨로부터 11일분의 연차휴가수당을 지급받지 못하였다는 내용의 진정서를 제출하였고, 이에 김씨는 근로감독관의 계도에 따라 최씨에게 11일분의 연차휴가수당으로 71만원을 지급하였습니다.

그 후, 이러한 노동부의 해석이 불합리하다고 판단한 김씨는 최씨를 상대로 '부당이득 반환 청구의 소'를 제기하였습니다.

이에 대하여 제1심은 고용노동부의 노동부의 해석이 타당하다면서 김씨의 패소를 선고하였습니다. 그러나 제2심은 "근로기준법 제60조 제1항이 규정한 연차휴가를 사용할 권리는 특별한 사정이 없는 한 전년도 1년간의 근로를 마친 다음 날 발생하므로 근로기간이 1년인 최씨의 경우 제1항이 규정한 연차유급휴가를 사용할 권리에 대한 보상으로서의 연차 유급휴가수당을 청구할 수 없고 제2항만이 적용된다"면서 최씨는 김씨에게 71여만원을 반환하라고 판결하였습니다.

최씨의 상고에 따라 대법원은 “연차휴가를 사용할 권리는 다른 특별한 정함이 없는 한 그 전년도 1년간의 근로를 마친 <다음 날> 발생한다고 보아야 한다. 따라서 만 1년을 일한 최씨에게 근로기준법 제60조 제1항이 규정한 연차휴가 15일이 발생하지 않는다. 만약 최씨의 주장처럼 1년 기간제 근로자에게 근로기준법 제60조 제1항과 제2항을 중복 적용하면 총 26일의 연차휴가가 부여된다는 결론이 나오는데, 이 경우 장기간 근속한 근로자의 최대 휴가일수인 25일을 초과하는 휴가를 부여받게 되는 것이다. 이 같은 해석은 연차 유급휴가에 관한 근로기준법 제60조 제4항의 문언 해석의 범위를 넘는 것일 뿐 아니라 장기근속 근로자보다 1년 기간제 근로자를 더 우대하는 결과가 되어 형평의 원칙에도 반한다."고 판결하였습니다.

이러한 대법원의 판결에 따라 만 1년인 365일을 근로하면 11개의 연차휴가가 발생하고, 15개의 연차휴가는 추가로 발생하지 않는다는 내용의 고용노동부의 새로운 해석이 있을 것으로 보여집니다.

5. 월급 350만원 중 250만원은 보조금 받으면 지급하겠다는 약정, 유효한가?

'남북문화원'은 지방문화원진흥법에 따라 설립된 법인입니다. 이 법인은 서울 남북구청으로부터 보조금을 받아 운영되고 있었는데, 이러한 보조금 항목에는 남북문화원의 직원 인건비가 포함되어 있었습니다. 그런데 남북구청은 2015. 7. 경 이 문화원의 대표자 선정 절차에 문제가 있다는 이유 등으로 보조금 지급을 중단하였습니다.

그 당시 남북문화원의 원장이던 김문화씨는 2015. 10. 경 나국장씨를 만나 문화원의 사무국장으로 일할 것을 제안하였습니다. 그러면서 "문화원 사무국장의 급여 250만원은 나라에서 나온다. 남북구청과의 문제가 끝나면 사무국장 급여 예산이 바로 집행된다. 지금 당장은 급여를 지급할 수 없다. 그러나 조금만 참으면 문화원 자금 사정이 나아지니 그 때 밀린 급여를 지급하겠다. 당분간은 사무국장으로 일할 수 있도록 교통비 또는 국장 활동비 명목으로 월 100만원만 지급하겠다."라고 말하였습니다.

나씨는 이를 받아들였고 2015. 10. 5. 이 문화원의 사무국장으로 임명되었습니다. 그 때부터 2017. 7. 31.까지 나씨는 문화원으로부터 월급으로 매달 100만원을 받았습니다. 한편, 문화원은 보조금을 다시 지급받으면 나머지 월 250만원을 지급하겠다고 하였으나 나씨에게 그 돈을 지급한 바가 없었습니다. 이에 나씨는 문화원을 사직하면서 그 동안 받지 못한 매월 250만원을 지급하여 달라고 했는데 이를 지급받지 못하자 문화원을 상대로 '임금 지급 청구의 소'를 제기하였습니다.

이에 대하여 제1심과 제2심은 "'문화원이 보조금을 지급받으면'이라는 부관은 그 사실이 발생하지 않으면 문화원의 월 250만원의 지급의무도 발생하지 않는다는 의미로서 조건에 해당하고, 그 부관은 근로기준법 등에 반하여 무효라고 할 수 없다."고 하면서 나씨의 청구를 기각하였습니다.

참고로, 부관이란 '법률행위의 내용으로 덧붙이는 것'으로 이러한 부관에는 조건, 기한, 부담 등이 있습니다. 계약에서의 '특약 사항' 정도로 이해하면 될 것입니다.

조건은 장래의 불확실한 사실에 법률행위의 효력이 의존되는 것이며, 조건의 성취에 의해서 법률행위의 효력이 발생하는 '정지조건'과 법률행위의 효력이 소멸하는 '해제조건'으로 나뉩니다. 기한은 장래의 확실한 사실에 법률행위의 효력이 의존되는 것이며 기한의 도래에 의하여 법률행위의 효력이 발생하는 '시기'와 법률행위의 효력이 소멸하는 '종기'로 나뉩니다. 부담은 일정한 의무를 부과하는 것으로 부담부 증여와 부담부 유증이 있습니다.

나씨의 상고에 따라 대법원은 "'남북문화원이 보조금을 지급받으면'이라는 사유는, 문화원이 보조금을 지급받지 못하면 나씨에게 약정 임금을 지급하지 않아도 된다는 정지조건이라기보다는 문화원의 보조금 수령이라는 사유가 발생하는 때는 물론이고 상당한 기간 내에 그 사유가 발생하지 않은 때에도 약정 임금을 지급해야 한다는 불확정기한으로 봄이 타당하다. 문화원과 나씨의 근로계약 중 월 250만 원의 임금지급 약정에 부가된 '문화원의 보조금 수령'이라는 불확정기한은 근로기준법 제43조의 입법 취지에 반하여 허용될 수 없다. '문화원의 보조금 수령'이라는 불확정기한은 무효이고, 나머지 월 250만 원의 임금지급 약정은 유효한데도, 이와 달리 본 항소심의 판단은 법리오해 등의 잘못이 있다."고 하면서 "근로기준법 제43조에 의하면, 임금은 통화로 직접 근로자에게 그 전액을 지급하여야 하고, 매월 1회 이상 일정한 날짜를 정하여 지급하여야 한다. 이는 사용자로 하여금 매월 일정하게 정해진 기일에 근로자에게 근로의 대가 전부를 직접 지급하게 강제함으로써 근로자의 생활안정을 도모하려는 데에 그 입법 취지가 있다. 한편 근로기준법 제15조 제1항은 근로기준법에서 정하는 기준에 미치지 못하는 근로조건을 정한 근로계약은 그 부분에 한하여 무효로 한다고 정하고 있으므로, 임금지급 약정에 붙은 부관이 근로기준법 제43조에 반하여 허용될 수 없다면 그 부관만 무효이고, 나머지 임금지급 약정은 유효하다고 보아야 한다. 문화원과 나씨 사이의 근로계약 중 월 250만 원의 임금지급 약정에 부가된 '문화원의 보조금 수령'이라는 불확정기한은 근로기준법 제43조의 입법 취지에 반하여 허용될 수 없다. 따라서 '문화원의 보조금 수령'이라는 불확정기한은 무효이고, 나머지 월 250만 원의 임금지급약정은 유효하다."고 그 이유를 설명하면서 나씨의 패소 부분을 파기하고 항소심 법원으로 되돌려 보냈습니다.

6. 해고 통지, 반드시 서면 통지서라는 명칭으로 해야 할까?

근로기준법 제26조는 '사용자는 근로자를 해고(경영상 이유에 의한 해고를 포함한다)하려면 적어도 30일 전에 예고를 하여야 하고, 30일 전에 예고를 하지 아니하였을 때에는 30일분 이상의 통상임금을 지급하여야 한다. 다만, ㉠근로자가 계속 근로한 기간이 3개월 미만인 경우, ㉡천재·사변, 그 밖의 부득이한 사유로 사업을 계속하는 것이 불가능한 경우, ㉢근로자가 고의로 사업에 막대한 지장을 초래하거나 재산상 손해를 끼친 경우로서 고용노동부령으로 정하는 사유에 해당하는 경우에는 그러하지 아니하다'라고 규정하고 있습니다.

한편, 같은 법 제27조 제1항은 '사용자는 근로자를 해고하려면 해고사유와 해고시기를 서면으로 통지하여야 한다'라고 규정하고 있습니다.

이는 사용자가 해고사유 등을 서면통지함으로써 근로자를 해고하는 데 신중을 기하도록 하고, 해고의 존부·시기와 그 사유를 명확하게 하여 나중에 이를 둘러싼 분쟁이 적정하고 용이하게 해결될 수 있도록 하며, 근로자에게도 해고에 적절히 대응할 수 있도록 하려는 데 그 목적이 있습니다.

여기에서 이러한 서면통지에 해당하기 위해서는 해당서면이 반드시 '서면통지서'라는 명칭을 갖추어야 하는지 문제 됩니다.

김근로씨는 근로 계약기간을 2019. 3. 1.부터 2020. 2. 9.까지로 하되 1년의 시용기간, 즉 수습기간을 두는 조건으로 주식회사 대성테크(이하 '대성테크')에 채용되어 인도네시아 현지법인 본부장으로 근무하였습니다.

김씨는 게이트밸브 회사로부터 밸브를 공급받은 후, 그 회사 명의로 세금계산서를 발행받았는데, 경리 직원의 이의제기에도 불구하고 밸브 대금을 공급업체 법인 명의가 아닌 개인 명의의 계좌로 대금을 지급하면서 공급업체의 납세자 등록 여부 등에 관한 확인 등 조치를 취하지 않았습니다.

이에 김씨의 소속회사인 대성테크는 김씨가 시용기간, 즉 수습기간 중 행한 위와 같은 업무처리로 말미암아 인도네시아 현지에서 부가가치세를 환급받기 어려워지고 세무조사를 받는 등 불이익을 입을 수도 있는 상황에 처하였다고 판단하였습니다.

대성테크는 2019. 5. 16. 김근로씨의 위와 같은 업무처리와 관련하여 회의를 진행하면서, 김씨로부터 업무처리 경위와 후속조치 계획에 관한 사유서를 제출받고, 이를 검토하여 퇴사를 명할 수 있다고 경고한 다음, 같은 날 08:20부터 김씨의 업무를 정지시켰습니다.

대성테크는 회의 결과, 최종적으로 김씨를 해고하기로 결정하고 이와 같은 사실을 기재한 회의록에 김씨로부터 확인 서명을 받고 그 사본을 교부하였습니다.

이 회의록에는 회의 일시, 장소와 참석자를 기재하고, 회의 내용으로 '세금계산서 문제'로 회의를 개최하고, 회사에서 구매한 물품에 대한 대금 송금처가 법인명의 계좌가 아닌 개인명의 계좌로 되어 있어 김씨가 사유서를 제출하였으며, 김씨에 대한 퇴사 경고와 정직 명령을 하되 김씨에 대한 퇴사조치를 2019. 5.16. 12:11.으로 한다는 사실이 일목요연하게 기재되어 있었습니다.

서면으로 해고통지를 받지 않아 해고가 무효라고 판단한 김씨는 중앙노동위원회에 부당해고 구제 재심신청을 하여 재심판정을 받았습니다. 이에 대하여 대성테크는 관할 행정법원에 '부당해고 구제 재심판정 취소 청구의 소'를 제기하였습니다.

이에 대하여 제1심과 제2심은 '회의록 기재만으로는 대성테크가 김씨에게 구체적·실질적인 해고사유를 서면으로 통지하였다고 인정하기에 부족하다'고 하면서 대성테크의 청구를 기각하였습니다.

대성테크의 상고에 따라 대법원은 "김씨는 이 회의록에 의해 해고통지를 받을 당시 이미 해고사유가 무엇인지 구체적으로 알고 있었고 이에 대해 충분히 대응할 수 있는 상황이었다. 따라서 이 회의록에 해고 사유가 된 김씨의 업무상 잘못이 다소 축약적으로 기재되었고 회의록의 형식으로 작성되었다고 하더라도 위 서면에 의한 해고통지가 근로기준법 제27조를 위반한 것으로 보기 어렵다."고 하면서 이 회의록의 기재만으로는 근로기준법 제27조에서 요구하는 해고의 서면통지 요건을 갖추지 못하였다고 판단한 항소심 판결을 파기, 환송하였습니다.

즉 사용자가 해고사유 등을 서면으로 통지할 때, 해고통지서 등 그 명칭과 상관없이 근로자의 처지에서 해고사유가 무엇인지를 구체적으로 알 수 있는 서면이면 충분하므로 '회의록'이든, '징계 의결서'이든, '해고서'든 그 명칭에는 큰 의미가 있지 않다는 것입니다.

여기에서 김근로씨에게 해고 예고를 하지 않고 곧 바로 회의석상에서 해고 사유와 해고 시기를 회의록으로 작성한 후 김씨의 서명을 받고 해고한 것은, 해고의 사전 예고를 규정한 근로기준법 제26조를 위반한 것이 아닐까 의문이 들기는 합니다.

아마도 회사가 김씨에게 해고 전에 미리 30일분의 통상임금을 지급했거나 김씨가 시용기간 중이었기 때문에, 또는 김씨가 고의로 사업에 막대한 지장을 초래하거나 재산상 손해를 끼친 경우에 해당한다고 판단되었으므로 해고 예고 절차를 밟지 않았고 바로 해고 조치를 하지 않았나 추측해 봅니다.

7. 기간제 근로계약 종료 후 계약갱신 거절, 반드시 서면통지해야 할까?

기간제 및 단시간근로자 보호 등에 관한 법률 제2조 제1호는 '기간제 근로자라 함은 기간의 정함이 있는 근로계약을 체결한 근로자를 말한다'라고 정의하고 있습니다.

이러한 기간제 근로자의 근로 계약기간이 종료된 경우, 이 근로자에게도 해고사유 등의 서면통지를 규정한 근로기준법 제27조에 따라 '근로계약 종료에 따른 계약갱신 거절의 의사표시를 반드시 서면으로 통지'해야 하는지 문제 됩니다.

주식회사 청우관리(이하 '청우관리')는 공동주택 관리업 등을 목적으로 설립된 회사로, 나보조씨와 근로기간을 2018. 8. 14.부터 2018. 12. 31.로 하는 근로계약, 즉 기간제 근로계약을 체결하였습니다.

이 계약에 따라 나씨는 청우관리가 관리하는 '현대 아파트'의 경비원으로 근무하였습니다. 청우관리는 이 계약 종료를 하루 앞둔 2018. 12. 30. 나씨에게 2018. 12. 31. 근로계약이 만료된다고 구두로 통지하였습니다.

청우관리에서 퇴사한 나씨는 관할 지방노동위원회에 '계약만료에 따른 갱신 거절 의사표시를 서면으로 하지 않아 근로기준법을 위반하였으므로 계약갱신 거절은 부당하다'며 부당해고 구제심판을 신청하였고 이를 인정받았는데, 이에 대하여 청우관리가 신청한 중앙노동위원회의 재심청구에서도 나씨의 주장이 인정되었습니다.

이에 청우관리는 관할 행정법원에 '부당해고 구제 재심판정 취소 청구의 소'를 제기하였고, 이 소송에서 나보조씨는 중앙노동위원회의 보조참가인으로 참가하였습니다. 이에 대한 재판에서 제1심과 제2심은 청우관리가 서면이 아닌 구두로 한 계약갱신 거절통지는 정당하다고 판결하였습니다.

하급심 판결의 요지는 '청우관리의 나보조씨에 대한 근로계약 만료 통지는 근로관계 종료에 따른 갱신의 거절에 불과하기 때문에 해고에 관하여 적용되는 근로기준법 제27조 등에 정한 절차가 그대로 적용된다고 볼 수 없다'는 것입니다.

여기에서 보조참가인이란 민사소송법 제71조의 '소송결과에 이해관계가 있는 제3자는 한쪽 당사자를 돕기 위하여 법원에 계속 중인 소송에 참가할 수 있다'라는 규정에 따라 '계속 중인 소송에 참가하는 사람'을 말합니다.

중앙노동위원회의 상고에 따라 대법원은 "기간을 정하여 근로계약을 체결한 근로자의 경우 그 기간이 만료됨으로써 근로자로서의 신분관계는 당연히 종료되고 근로계약을 갱신하지 못하면 갱신 거절의 의사표시가 없어도 그 근로자는 당연 퇴직되는 것이 원칙이다. 다만, 근로계약, 취업규칙, 단체협약 등에서 기간이 만료되더라도 일정한 요건이 충족되면 당해 근로계약이 갱신된다는 취지의 규정을 두고 있거나, 근로계약 당사자 사이에 일정한 요건이 충족되면 근로계약이 갱신된다는 신뢰 관계가 형성되어 있어 근로자에게 근로계약이 갱신될 수 있으리라는 정당한 기대권이 인정되는 경우에는, 사용자가 합리적인 이유 없이 부당하게 근로계약 갱신을 거절하는 것은 예외적으로 그 효력이 없고, 종전의 근로계약이 갱신된 것과 동일하다고 인정하는 것이다. 그러므로 기간제 근로계약 종료에 따른 사용자의 갱신 거절은 근로자의 의사와 관계없이 사용자가 일방적으로 근로관계를 종료시키는 해고와는 구별되는 것이고, 근로관계의 지속에 대한 근로자의 신뢰나 기대 역시 동일하다고 평가할 수는 없다. 기간제 근로계약은 그 기간이 만료됨으로써 당연히 종료하는 것이므로 갱신거절의 존부 및 시기와 그 사유를 명확하게 하여야 할 필요성이 해고의 경우에 견주어 크지 않고, 근로기준법 제27조의 내용과 취지에 비추어 볼 때 기간제 근로계약이 종료된 후 갱신 거절의 통보를 하는 경우에까지 근로기준법 제27조를 준수하도록 예정하였다고 보기 어렵다. 이러한 사정을 종합하여 보면, 기간제 근로계약이 종료된 후 사용자가 갱신 거절의 통보를 하는 경우에는 근로기준법 제27조가 적용되지 않는다."고 하면서 중앙노동위원회의 상고를 기각하였습니다.

기간제 근로자 등 비정규직은 정규직에 비하여 여러 면에서 열등한 지위에 있습니다. 그렇기 때문에 기간제 및 단시간 근로자 보호 등에 관한 법률 등을 제정하여 비정규직을 보호하고 있습니다.

그러나 기간제 근로자 등은 당초 근로 기간을 정해서 근로하는 근로자이므로 계약 갱신은 예외적인 상황이라 할 수 있습니다. 이 경우에도 근로계약 종료 통지를 근로기준법 제27조에 따라 서면으로 통지하도록 하는 것은 무의미한 절차이지 않나 판단해 봅니다.

차라리 묵시적 갱신 등 법정 갱신 제도를 도입하여 근로 계약기간 종료 사실을 서면으로 통지하지 아니하면 당초의 근로 계약 기간과 조건으로, 자동으로 연장되게 하는 입법적 추진을 검토해보는 것도 바람직하다고 생각합니다.

8. 보험계약자가 보험수익자를 마음대로 바꿀 수 있을까?

보험은 여러 종류로 분류할 수 있는데 이 중에는 손해보험과 인보험이 있습니다. 손해보험은 사고로 인하여 재산에 생긴 손해를 보상하기 위한 보험이고, 인보험은 사람의 신체에 생긴 사고나 손해를 보상하기 위한 보험으로 생명보험, 상해보험 등이 있습니다.

보험계약에서 '보험계약자'는 자기 명의로 보험계약을 체결하고 보험료 납부 의무를 지는 사람이고, '보험자'는 보험사고가 발생한 경우에 보험금을 지급할 의무를 지는, 법에 따라 보험업 허가를 받은 주식회사 등 일정한 법인입니다.

'피보험자'는 손해보험의 경우에는 보험사고가 발생한 경우 보험금을 지급받을 사람을 말하고, 인보험의 경우에는 자신의 생명과 신체를 객체로 하여 보험에 드는 사람을 말합니다.

'보험수익자'는 생명보험 등의 인보험에 있어서 보험금을 지급받을 자로 지정된 사람을 말합니다. 손해보험에 있어서의 피보험자에 해당합니다.

슬하에는 딸 하나를 두고 이혼한 나부친씨는 여동거씨와 2009. 초부터 2014. 말까지 사실혼 상태로 동거하였습니다.

이 동거 기간 중인 2009. 6. 29. 나씨는 디비손해보험 주식회사(이하 '디비손해보험')와 '계약기간 : 2009. 6. 29.부터 2061. 6. 29.까지, 가입유형 : 100세 만기형, 사망시 수익자 : 여동거, 만기시 수익자 : 나부친, 월 기본보험료 : 210,000원'으로 보험계약을 체결하였습니다.

그 후, 나씨는 2013. 8. 8. 만성신장병 3기 진단을 받았고, 나씨와 여씨는 사실혼 관계가 더 이상 유지할 없게 되자, 2014. 말 경 동거 관계를 끝내고 헤어졌습니다.

한편, 나씨는 2016. 12. 2. 여씨에게 이 보험계약의 보험수익자 변경을 위해 디비손해보험 사무실로 방문해 줄 것을 요청하였고, 여씨도 이 요청을 수락했으나 일정이 맞지 않아 두 사람은 만나지 못하였습니다. 이 때문에 나씨는 디비손해보험에 보험수익자 변경 통지를 하지 못하였습니다.

그 후, 나씨는 이 보험기간 중 만성 신장병으로 투병하다가 2017. 10. 8. 사망하였습니다.

나씨 사망 후 외동딸인 나외동씨는 '이 보험계약에는 비록 여동거씨가 보험수익자로 지정되어 있으나 자신의 아버지와 여씨는 동거생활을 끝내고 남남이 되었고, 자신의 아버지가 2016. 12. 2. 여씨에게 보험수익자를 변경할 의사를 표시하였으며 이에 따라 보험수익자 변경의 효력이 발생하였다. 따라서 여씨는 보험금 채권을 부당이득으로 반환할 의무가 있고, 디비손해보험에 대하여 그 채권양도 통지를 할 의무가 있다'고 하면서 관할 법원에 '여동거씨는 별지목록 기재 채권을 양도하고, 디비손해보험에게 확정일자 있는 증서에 의한 채권양도통지의 의사표시를 하라'는 청구취지의 '부당이득 반환 청구의 소'를 제기하였습니다.

이에 대한 제1심 재판에서 여씨는 '나씨와 자신이 2016. 12. 2. 이 보험계약의 보험수익자 변경을 논의한 사실이 있을 뿐 이를 통보한 사실이 없으므로 자신이 이 보험계약에 따른 정당한 보험수익자로서 이 보험금 채권을 나외동씨에게 부당이득으로 반환할 의무가 없다'고 항변하였습니다.

이에 대하여 제1심은 원고인 나외동씨의 청구를 기각하였으나 제2심은 "나부친씨가 여동거씨와의 동거관계가 청산됨에 따라 2016. 12. 2. 여씨에게 이 보험계약의 보험수익자를 제3자로 변경할 의사를 객관적으로 확인할 수 있게 표시하였고, 당시 나씨가 명시적으로 표시하지는 않았지만 그가 보험수익자로 변경하려고 한 제3자는 나외동씨로 보인다."고 하면서 나씨의 청구를 인용하였는데, 이에 대하여 여동거씨는 불복하여 상고하였습니다.

이에 대한 상고심 재판의 쟁점은 '보험수익자 변경의 법적 성질과 보험수익자 변경의 의사표시가 객관적으로 확인된 경우, 그 의사표시가 보험자나 보험수익자에게 도달되지 않더라도 보험수익자 변경의 효과가 발생하는지 여부'였습니다.

이에 관하여 대법원은 “상법 제733조 제1항에 따라 보험계약자는 보험수익자를 변경할 권리가 있다. 보험수익자 변경권은 형성권으로서 보험계약자가 보험자나 보험수익자의 동의를 받지 않고 자유로이 행사할 수 있고 그 행사에 의해 변경의 효력이 즉시 발생한다. 이러한 보험수익자 변경은 상대방 없는 단독행위라고 봄이 타당하다. 따라서 보험수익자 변경의 의사표시가 객관적으로 확인되는 이상 그러한 의사표시가 보험자나 보험수익자에게 도달하지 않았다고 하더라도 보험수익자 변경의 효과는 발생한다. 다만, 보험계약자는 보험수익자를 변경한 후 보험자에 대하여 이를 통지하지 않으면 보험자에게 대항할 수 없다.”고 하면서 “나씨의 단독 상속인인 나외동씨는 보험자인 디비손해보험에 보험수익자가 여동거씨에서 자신으로 변경된 사실을 통지하면서 보험금 지급을 청구할 수 있다.”고 판결하였습니다.

이에 덧붙여 대법원은 “2016. 12. 2. 나부친씨의 보험수익자 변경권 행사로 인해 보험수익자가 여동거씨에서 나외동씨로 변경되었고, 2017. 10. 8. 나씨가 사망함에 따라 나외동씨가 이 보험금채권을 취득하게 되었음을 알 수 있으므로, 나씨는 여씨에게 이 보험금채권의 양도 및 그에 따른 양도통지절차의 이행을 구할 법률상의 이익이 없다.”고 하면서 나씨의 이에 대한 청구를 각하한다고 판결하였습니다.

보험계약을 체결하면서 보험수익자를 지정하였다가 불화나 변심 등으로 보험수익자를 변경하고자 할 때 현재 수익자의 동의를 받거나 변경하고자 하는 의사표시가 현재의 수익자에게 도달할 필요가 없이, 변경하고자 하는 의사가 객관적으로 표시될 수 있도록 하여 언제든지 새로운 보험수익자로 변경할 수 있다는 것입니다.

참고로, 형성권이란 ‘권리자의 일방적 의사표시만으로 법률관계를 발생·변경·소멸시키는 권리’를 말하며, 상대방없는 단독행위란 ‘의사표시가 상대방에게 도달할 필요가 없는 법률행위’로 유언, 권리의 포기 등이 있습니다.

9. 타인의 사망보험과 서면 동의!

상법 제731조 제1항은 '타인의 사망을 보험사고로 하는 보험계약에는 보험계약 체결 시에 그 타인의 서면에 의한 동의를 얻어야 한다'라고, 같은 법 제733조 제4항은 '보험계약자가 보험수익자 지정권을 행사하기 전에 보험사고가 생긴 경우에는 피보험자 또는 보험수익자의 상속인을 보험수익자로 한다'라고 규정하고 있습니다.

한편, 같은 법 제735조의3 제1항은 '단체가 규약에 따라 구성원의 전부 또는 일부를 피보험자로 하는 생명보험계약을 체결하는 경우에는 제731조를 적용하지 아니한다'라고, 같은 조 제3항은 '제1항의 보험계약에서 보험계약자가 피보험자 또는 그 상속인이 아닌 자를 보험수익자로 지정할 때에는 단체의 규약에서 명시적으로 정하는 경우 외에는 그 피보험자의 제731조 제1항에 따른 서면 동의를 받아야 한다'라고 규정하고 있습니다.

선박도장업 등을 목적 사업으로 하는 주식회사 비앤(이하 '비앤')은 2015. 6. 8. 삼성화재 주식회사(이하 '삼성화재')와 보험종목 : 상해보험, 피보험자 : 비앤 소속 직원 116명, 보장사항 : 사망시 2억원, 보험기간 : 2015. 6. 8.부터 2025. 6. 8.까지로 하는 단체 보험계약을 체결하였습니다.

비앤의 직원으로 근무하던 나보험씨는 이 보험기간 중인 2015. 8. 2. 숙소에서 사망하였습니다. 그 후, 비앤은 삼성화재에 나씨의 사망사고에 따른 보험금 지급을 청구하였고 삼생화재는 비앤에게 보험금 2억원을 지급하였습니다.

이에 나씨의 상속인인 김아내씨와 나아들씨가 비앤과 삼성화재를 상대로 '피고들은 연대하여 원고들에게 각 1억원 및 지연손해금을 지급하라'는 청구취지의 '보험금 지급 청구의 소'를 제기하였습니다.

김아내씨 등은 이 소송에서 '이 보험계약의 보험수익자 지정에 관하여 단체규약에 명시적으로 정하거나 사망한 나씨의 서면 동의를 받지 않았으므로 보험수익자는 상법 제735조의 3 제3항에 의하여 사망한 나씨 또는 그 상속인인 김아내와 나아들이다'라고 주장하였습니다.

이에 대하여 비앤과 삼성화재는 '비앤과 근로자 사이의 단체협약을 통해서 이 보험계약의 보험수익자로 비앤이 적법하게 지정되었다'고 항변하였습니다.

이에 대하여 제1심과 제2심은 '삼성화재는 김아내와 나아들씨에게 각 1억원과 지연손해금을 지급하라'고 판결하였고, 이에 대한 상고심 재판에서 대법원도 김아내씨 등의 승소 판결을 유지하였습니다.

그러면서 대법원은 "상법 제735조의3 제3항은 '단체보험계약에서 보험계약자가 피보험자 또는 그 상속인이 아닌 자를 보험수익자로 지정할 때에는 단체의 규약에서 명시적으로 정하는 경우 외에는 그 피보험자의 서면 동의를 받아야 한다'고 규정하고 있는바, 단체의 규약에서 피보험자 또는 그 상속인이 아닌 자를 보험수익자로 명시적으로 정하였다고 인정하기 위해서는 피보험자의 서면 동의가 있는 경우와 마찬가지로 취급할 수 있을 정도로 그 의사가 분명하게 확인되어야 한다. 따라서 단체의 규약으로 피보험자 또는 그 상속인이 아닌 자를 보험수익자로 지정한다는 명시적인 정함이 없음에도 피보험자의 서면 동의 없이 단체보험계약에서 피보험자 또는 그 상속인이 아닌 자를 보험수익자로 지정하였다면 그 보험수익자의 지정은 상법 제735조의3 제3항에 반하는 것으로 무효이고, 이후 적법한 보험수익자 지정 전에 보험사고가 발생한 경우에는 피보험자 또는 그 상속인이 보험수익자가 된다. 그런데 비앤은 단체협약을 근거로 이 단체보험계약에 관하여 자신을 보험수익자로 지정하였고 이에 관하여 피보험자들의 서면 동의를 받지는 않았다. 단체협약에는 비앤이나 피보험자가 보험수익자로 지정될 수 있다는 내용이 기재되어 있을 뿐인데, 이는 상법 제735조의3 제3항에서 규정하고 있는 '단체의 규약에서 명시적으로 정하는 경우'에 해당하지 않는다. 이 단체보험계약이 적법하게 체결된 이상 위와 같은 사정이 있다고 하여 이 사건 단체보험계약이 무효로 되는 것은 아니고, 단지 비앤을 보험수익자로 지정한 부분만이 상법 제735조의3 제3항에 반하여 무효가 된다. 단체보험계약에서 보험수익자의 지정이 무효이고 달리 보험수익자가 적법하게 지정되지 않은 상황에서 피보험자의 사망이라는 보험사고가 발생하였으므로, 피보험자의 상속인이 이 사건 단체보험의 보험수익자가 된다."고 판결하였습니다.

위 대법원의 판결 내용을 떠나 생각해 봅니다.

가령 특정 회사가 직원을 피보험자로 하여 보험을 들면서, 피보험자의 서면 동의를 받아 그 회사를 보험수익자로 지정하고 피보험자에게 보험 사고가 발생한 경우, 보험금을 그 회사가 수령한다는 것은 상식적으로나 도의관념에서도 도저히 이해할 수 없고, 해서는 안될 보험 계약이라 할 것입니다.

한편, 대법원은 "보험계약자가 피보험자의 상속인을 보험수익자로 하여 맺은 생명보험계약에 있어서 피보험자의 상속인은 피보험자의 사망이라는 보험사고가 발생한 때에는 보험수익자의 지위에서 보험자에 대하여 보험금 지급을 청구할 수 있고, 이 권리는 보험계약의 효력으로 당연히 생기는 것으로서 상속재산이 아니라 상속인의 고유재산이다."라고 판시하면서 상속인의 '보험금 청구권'은 상속재산이 아니라 '상속인의 고유재산'이란 점을 분명히 한바 있습니다.

즉 피상속인의 빚이 적극재산보다 많아 상속인이 상속을 포기하더라도 피상속인이 보험을 들면서 수익자를 지정하지 않은 상태에서 보험 사고가 발생한 경우에는 그 상속인이 보험금 청구권을 행사할 수 있고, 이는 상속인의 고유재산이므로 상속포기의 대상이 되지 않는다는 것입니다. 이는 상속인들이 반드시 알아둬야 할 판례 사항이라 할 것입니다.

10. 보험가입 시 오토바이 운전 중임을 안 알렸으면 보험금 받을 수 없을까?

상법 제651조는 '보험계약 당시에 보험계약자 또는 피보험자가 고의 또는 중대한 과실로 인하여 중요한 사항을 고지하지 아니하거나 부실의 고지를 한 때에는 보험자는 그 사실을 안 날로부터 1월 내에, 계약을 체결한 날로부터 3년 내에 한하여 계약을 해지할 수 있다. 그러나 보험자가 계약 당시에 그 사실을 알았거나 중대한 과실로 인하여 알지 못한 때에는 그러하지 아니하다'라고, '고지의무 위반으로 인한 계약해지'에 관하여 규정하고 있습니다.

김부친씨는 2015. 1. 1. 자신의 아들인 김오토씨를 피보험자로 하여 멜츠화재 주식회사(이하 '멜츠화재')와 생명보험 계약을 체결하였습니다. 그 당시 아들 김씨는 치킨 배달 아르바이트를 하면서 오토바이를 수시로 운전하고 있었습니다.

그런데 이 보험의 특별약관에는 '피보험자가 오토바이를 수시로 운행하면서 발생한 사고의 경우에는 보험금을 지급하지 않는다'라고 적혀 있었고, 이러한 내용을 설명받지 못한 아버지 김씨는 이 특별약관에 아무 생각없이 '아니오'라고 체크하였습니다.

그 후, 아들 김씨는 2016. 3. 5. 오토바이 운전 중 사고로 사망하였고, 아버지 김씨는 상속인인 보험수익자로서 멜츠화재에 보험금 5억 5천만원의 지급을 청구하였습니다.

그러자 멜츠화재는 아버지 김씨가 '아들 김씨의 오토바이 운행 사실을 고지하지 않았으므로 상법 제651조의 고지의무 위반으로 인한 보험계약 해지를 함과 동시에 보험금을 지급하지 않는다'고 아버지 김씨에게 통보하였습니다.

이에 아버지 김씨는 '아들의 오토바이 사고에 대비해 보험을 가입하였고, 당시 보험설계사도 아들이 오토바이를 타고 다니는 사실을 알고 있었지만 관련 약관을 제대로 설명하지 않은 채 보험에 가입하도록 하였다'라고 주장하면서 멜츠화재를 상대로 '보험금 5억 5천만원을 지급하라'는 청구취지의 '보험금 지급 청구의 소'를 제기하였습니다.

이에 대한 재판에서 멜츠화재는 '보험설계사가 피보험자의 오토바이 운전 사실을 알고도 관련 약관을 설명하지 않았다고 하더라도 상법 제651조의 고지의무 위반에 의한 보험계약 해지에는 제한이 없다'고 항변하였습니다.

이에 대하여 제1심과 제2심은 "오토바이 운전 여부는 보험계약에서 중요한 사항이므로 이에 대한 고지의무가 있다는 점에 대해 보험사가 설명의무를 이행한 것으로 보이지 않는다."고 하면서 "멜츠화재는 김부친씨에게 보험금 5억 5천만원을 지급하라."고 하면서 김씨 승소판결을 하였습니다.

멜츠화재의 상고에 따라 대법원은 "보험사인 멜츠화재는 '김아들씨가 수시로 오토바이를 운전한다는 사실'이 보험계약 체결에 중요한 사항으로 보험사에게 알려야 하고, 이를 알리지 않을 경우 보험계약이 해지되어 보험금을 지급받지 못할 수도 있다는 점과 이를 알리지 않은 채 보험계약을 체결하더라도 김아들씨가 오토바이를 운전하다 사고를 당하게 되면 보험금을 지급받을 수 없다는 점을 상세히 설명하여 보험계약자인 김씨가 이를 충분히 납득하고 이해한 후 보험에 가입할 것인지 여부를 결정했어야 한다."고 판시하면서 김씨 승소판결을 그대로 인정하였습니다.

즉 보험이 날로 다양하고 복잡해지고 있는데 보험에 관한 비전문가인 보험가입자에게 일반적인 고지의무가 아닌 너무 자세한 내용의 고지의무를 지우는 것은, 보험가입자에게 불리한 것으로 불합리하므로, 특히 고지 의무의 존재와 그 효과에 관하여 상법에 규정하고 있더라도 고지 의무의 구체적인 대상이나 내용이 각각의 보험계약에 따라 개별적으로 정해지므로 보험가입자가 이를 당연히 알고 있다고 보기 어렵기 때문에 보험사는 보험계약 체결시, 명시·설명의무를 적극적으로 이행해야 한다는 취지입니다.

제7장 형사

제7장 형사

1. 합의 성관계 후, 남편 자살 시도를 이유로 강간죄 고소하면?

범죄를 저지른 사람은 당연히 처벌받아야 마땅합니다. 그런데 죄를 짓지 않았는데도 거짓 사실로 고소를 당하여 형사 처벌을 받는다면 이처럼 억울한 일이 있을까요?

한무고씨는 2019. 10. 경 관할 경찰서에 직장 동료인 나억울씨를 강제추행죄, 준강간죄 그리고 강간죄의 혐의로 고소하였습니다.

나씨가 2019. 6. 17. 만취한 자신을 모텔로 끌고 가 간음하고, 그 후, 수차례에 걸쳐 직장 내에서 몸을 더듬는 등 강제 추행을 하였고, 마지막으로 협박까지 하면서 모텔에 데려가 강간하였다는 것입니다.

이러한 고소가 있기 전에 한씨의 남편은 이들 사이에 성관계가 있었다는 사실을 알게 되었고, 자살을 시도하기까지 하였습니다. 이러한 사실을 알게 된 나억울씨는 한씨의 남편에게 위자료를 지급하였습니다.

한편, 나씨는 한씨가 고소한 내용의 혐의가 인정된다며 기소되었고, 재판과정에서 나씨는 계속 억울함을 호소하였습니다. 그러자 한씨는 수사기관에서와는 달리 재판과정에서 나씨와 합의 하에 스킨십을 하거나 성관계를 하였다고 자백하였습니다.

형법 제156조는 '타인으로 하여금 형사 처벌 또는 징계처분을 받게 할 목적으로 공무소 또는 공무원에 대하여 허위의 사실을 신고한 자는 10년 이하의 징역 또는 1천500만원 이하의 벌금에 처한다'라고 규정하고 있습니다.

특히 성폭력 범죄에서는 피해자의 진술이 유죄 인정의 중요한 증거로 작용하는 경우가 많고, 무고당한 사람 입장에서는 신고한 사실이 거짓이라는 것을 입증하기가 현실적으로 상당히 어렵습니다.

만일 무고 사실, 즉 허위 사실에 대하여 유죄가 인정되면 무고당한 사람은 신체와 재산에 직접적인 피해가 발생할 뿐 아니라 사회적 평가에 치명적 타격을 입고 직장에서도 쫓겨나게 되기도 합니다.

그런데 한씨는 사실이 아닌데도 불구하고 성폭력 피해자임을 주장하여, 사회적 평판이나 직장에서 유리한 위치를 차지하고, 남편의 의심에서도 벗어나겠다는 불순한 의도로 나씨를 고소하였던 것입니다. 나씨가 누명을 쓰고 엄청난 곤경에 빠질 수 있다는 점은 고려하지 않았다고 볼 수 있습니다.

이에 대한 재판에 법원은 한씨에게 징역 10개월에 집행유예 2년을 선고하였습니다.

최근 이러한 무고 사범에 대해 형량이 지나치게 낮지 않느냐는 여론이 높아지고 있습니다.

그런데 법원의 양형기준표에는 무고죄의 기준 선고형이 징역 6월에서 2년으로 정해져 있고, 그마저도 실제 법정에서는 집행유예로 풀려나거나 벌금형을 받곤 합니다.

재판 현실 이러하자, 2018. 경 무고죄 특별법 제정을 요구하는 청와대 국민청원이 20만명을 돌파한 일이 있었습니다. 그 당시 청와대는 무고죄의 법정형이 낮기 때문이 아니라 법원의 가벼운 처벌관례 때문이라고 밝힌 바 있습니다.

무고죄는 죄질이 매우 불량한 범죄입니다.

무고죄에 대해서는 조선시대의 반좌(反坐)의 율(律)처럼, 즉 거짓으로 어떤 사람을 신고하여 처벌받게 하려고 하였다면 그 거짓 신고한 사람도 거짓 신고당한 사람의 죄와 똑같은 처벌을 받게 하여야 할 것입니다.

2. 사망신고 하지 않고 예금 인출, 죄가 될까?

사람이 사망하면 가족관계등록법 제84조 및 제85조의 규정에 따라, 동거하는 친족은 사망사실을 안 날로부터 1개월 이내에 진단서 또는 검안서를 첨부하여 사망신고를 하여야 합니다. 동거하지 않은 친족·동거자 또는 사망장소를 관리하는 사람, 사망 장소의 동장 또는 통·이장도 사망신고를 할 수 있습니다. 사망 신고의무가 있는 동거친족이 정당한 사유없이 신고를 늦추면 5만원 이하의 과태료를 부과합니다(가족관계등록법 제122조).

필자는 간혹, 가족 중의 한 분이 돌아가셨는데 돌아가신 분의 통장에 있는 돈을 빼서 써도 되냐는 상담을 받곤합니다. 좋은 의도인지 나쁜 의도인지 알 수는 없지만 필자는 예금 인출을 말립니다. 왜냐하면 자칫 형사 처벌을 받을 수 있기 때문입니다.

나시모씨의 첫째 며느리인 김며늘씨는 나씨가 생존 당시 만든 마이너스 대출계좌의 통장과 비밀번호를 받아 입출금을 관리하였습니다. 나씨가 2020. 3. 1. 사망하자, 김씨는 나씨의 마이너스 계좌에서 2020. 3. 2. 현금 1천만원을, 그 후, 10여 차례에 걸쳐 총 1억원을 인출하였고, 한편으로 김모씨의 계좌로 6백만원, 나모씨의 계좌로 5백만원을 계좌 이체하였습니다.

그 후, 김며늘씨는 시동생의 고소로 절도죄(형법 제329조)와 컴퓨터 등 사용 사기죄(형법 제347조의2)로 기소되었습니다. 김씨는 관련 재판에서 범죄사실이 인정되어 징역 10월에 집행유예 2년을 선고받았습니다.

만약에 김씨가 은행에 가서 시어머니 계좌에서 돈을 인출하면서 예금청구서류를 작성하였다면 사문서 위조(형법 제231조) 및 위조사문서 행사죄(형법 제234조), 사기죄(형법 제347조)로 처벌받을 수도 있습니다.

다만, 돈을 인출하여 장례비나 시어머니의 빚을 갚는 등으로 김씨가 개인적으로 돈을 쓰지 않았다면 절취나 횡령의 고의가 없으므로 죄가 되지 않을 수도 있습니다.

참고로, 피상속인이 사망 후에 예금을 인출하면 상속재산 처분행위로서 법정 단순승인로 간주(민법 제1026조 제1호)되어 피상속인의 권리와 의무를 승계(민법 제125조)함으로써 상속포기나 한정승인을 할 수 없게 될 수도 있음을 유념하여야 합니다.

3. 이혼 재산분할 청구당할 것 같아 허위 소유권 가등기, 강제집행면탈죄?

형법 제327조는 '강제집행을 면할 목적으로 재산을 은닉, 손괴, 허위양도 또는 허위의 채무를 부담하여 채권자를 해한 자는 3년 이하의 징역 또는 1천만원 이하의 벌금에 처한다'라고, '강제집행면탈죄'에 관하여 규정하고 있습니다.

직장인 김피고씨와 조아내씨는 혼인한 부부로 25년간 살아 왔습니다. 김씨와 조씨는 혼인 생활 중에 서로 협력하여 10억원 상당의 아파트를 마련하였고, 각자의 명의로 된 예금이 있었습니다. 그런데 이 아파트의 소유명의는 남편 김씨 이름으로 되어 있었습니다.

그러던 중 2019. 3. 16. 파주에 있는 텃밭에서 채소를 심다가 부부는 말다툼을 하게 되었습니다. 말 다툼의 이유는 김씨의 외도와 폭행 때문이었습니다. 말다툼 중 김씨는 조씨의 뺨을 때렸는데 이에 조씨가 "더 이상은 못 살겠다. 이혼 소송을 제기할 것이다. 위자료로 2억원을 달라."고 말하였습니다.

김씨는 조씨로부터 이혼 소송을 당할 것이며, 민법이 정한 재산분할과 위자료 청구권 등에 근거하여 조씨가 가압류 등 보전처분을 할 것이라고 판단하였습니다.

한편, 김씨 명의로 된 위 아파트에는 한일은행을 저당권자로 한 채권최고액 3억원의 근저당권 설정등기가 마쳐져 있었습니다. 이혼으로 재산분할을 하면 자신의 명의로 된 아파트라고 하더라도 근저당권 채무 3억원을 뺀 7억원 중 3억 5천만원은 아내 조씨에게 분할해 주어야 한다고 생각한 김씨는 자신의 누나인 김누이씨와 상의하였습니다.

상의 끝에 김씨가 김누이씨로부터 2019. 4. 5. 1억 5천만원을 빌린다는 차용증을 작성하고, 그 날 1억 5천만원을 누나 김씨로부터 송금받았습니다. 며칠 후 김씨는 이 돈을 현금으로 인출한 후 누나에게 돌려 주었습니다.

한 달여 후 김씨는 2019. 5. 7. 1억 5천만원을 빌린다는 차용증을 작성한 후, 1억 5천만원을 누나 김씨로부터 송금받았고, 김씨는 또 이 돈을 현금으로 인출하여 누나에게 돌려 주었습니다. 그 후, 김피고씨는 김누이씨에게 이러한 차용증을 근거로 하여 이 아파트에 담보가등기인 소유권이전청구 가등기를 마쳐 주었습니다.

한편, 조아내씨는 2019. 6. 1. 김피고씨를 상대로 '이혼 및 위자료, 재산분할 청구의 소'를 제기하였습니다. 그러면서 김피고와 김누이씨를 강제집행면탈죄로 고소하였습니다.

그 후, 위 두 사람은 강제집행면탈죄로 기소되었는데, 이에 대한 재판에서 제1심과 제2심은 "김피고씨가 김누이씨에게 담보가등기인 소유권이전청구 가등기를 마쳐준 행위만으로는 강제집행을 면탈할 목적으로 허위채무를 부담하여 채권자를 해한 것이라고 할 수 없다."고 하면서 이들에게 무죄를 선고하였습니다.

검사의 상고에 따라 대법원은 "형법 제327조의 강제집행면탈죄는 현실적으로 민사집행법에 의한 강제집행 또는 가압류, 가처분의 집행을 받을 우려가 있는 객관적인 상태 아래, 즉 채권자가 본안 또는 보전소송을 제기하거나 제기할 태세를 보이고 있는 상태에서 주관적으로 강제집행을 면탈하려는 목적으로 재산을 은닉, 손괴, 허위양도하거나 허위의 채무를 부담하여 채권자를 해할 위험이 있으면 성립하는 것이다. 따라서 반드시 채권자를 해하는 결과가 야기되거나 행위자가 어떤 이득을 취하여야 범죄가 성립하는 것은 아니며, 현실적으로 강제집행을 받을 우려가 있는 상태에서 강제집행을 면탈할 목적으로 허위의 채무를 부담하는 등의 행위를 하는 경우에는 채권자를 해할 위험이 있다고 보아야 한다."고 하면서

"김피고씨가 김누이씨 앞으로 단순히 가등기를 마쳐준 데 그친 것이 아니고, 김누이씨로부터 자신의 계좌로 돈을 송금받은 후 이 돈을 현금으로 인출하여 김누이씨에게 반환하는 방법으로 마치 김누이씨가 김씨에게 돈을 빌려준 것 같은 외관을 갖춤으로써 허위의 채무를 부담한 사실, 그리고 이 가등

기가 마쳐진 경위에 관하여 재산이 조아내씨에게 넘어가는 것을 막기 위해서였다고 진술한 사실을 볼 때, 김피고씨는 현실적으로 가압류 등 집행을 받을 우려가 있는 상태에서 강제집행을 면탈할 목적으로 허위의 채무를 부담하고 가등기를 마쳤다고 할 것이다. 따라서 두 사람의 이러한 행위는 강제집행면탈죄에 해당한다."고 판시하면서 항소심 판결을 파기, 환송하였습니다.

결국 이 사건의 파기 환송심에서 김피고씨와 김누이씨는 각각 징역 6개월에 집행유예 2년을 선고받았습니다.

일부 사기업에서는 사원이 징역형 이상을 선고받으면, 비록 집행유예라고 하더라도 당연퇴직 사유가 되기도 하고, 특히 공무원의 경우에는 금고 이상의 형을 선고받으면 집행유예라고 하더라도 당연퇴직 사유가 됩니다.

재산 형성에 기여한 배우자의 정당한 재산분할 청구권 행사를 방해할 목적으로 자신의 누나에게 허위의 담보가등기를 해줌으로써 강제집행면탈죄로 처벌된 김씨는 실직할 위기에 처하였다고도 할 수 있습니다.

4. 보이스피싱으로 통장에 입금된 돈을 꺼내면 횡령죄가 될까?

나명의씨는 대포통장을 빌려주면 일정한 돈을 벌 수 있다는 인터넷에 떠도는 글을 읽고, 자기 이름의 통장을 개설하고, 이 통장에서 돈을 꺼낼 수 있는 체크카드 2개를 만들었습니다.

그리고 인터넷을 통해 알게 된 보이스피싱 범죄자(이하 '보이스피싱')에게 그 통장과 체크카드 한 개를 주고 얼마간의 돈을 받았습니다. 나머지 한 개의 체크카드는 자신이 가지고 있었습니다.

한편, 보이스피싱은 장피해씨에게 전화를 하여 검사를 사칭하면서 '명의가 도용된 것 같으니 피해 예방을 위해 은행 예금 해약하여 금융법률전문가인 나명의에게 송금하면 범죄 연관성을 확인한 후 돌려 주겠다'고 거짓말을 하였습니다.

이에 속은 장씨는 나씨 이름으로 된 통장에 600만원을 송금하였습니다. 나씨는 알람을 통해 600만원이 입금된 사실을 알게 되었고, 보이스피싱에게 주고 남은 한 개의 체크카드로 이 600만원 중 300만원을 통장에서 인출하였습니다.

그 후, 나명의씨는 장피해씨의 고소로 사기방조죄와 횡령죄로 기소되었습니다. 제1심과 제2심은 나씨에게 사기방조죄에 대한 유죄를 인정하였으나 횡령죄에 대해서는 무죄를 선고하였습니다.

무죄의 이유는 나명의씨와 장피해씨 사이에는 위탁관계가 성립하지 않는다는 것이었습니다.

이에 대해 검사가 대법원에 상고하였는데, 이 사건의 쟁점은 보이스피싱으로 대포통장에 입금된 사기 피해 돈을 대포통장 명의자가 꺼내서 사용하면 횡령죄가 성립하는지, 성립한다면 피해자는 누구인지였습니다.

이에 대하여 대법원은 "형법 제335조 제1항은 '타인의 재물을 보관하는 자는 그 재물을 횡령하거나 그 반환을 거부한 때에는 5년 이하의 징역 또는

1,500만원 이하의 벌금에 처한다'고 정하고 있는바, 횡령죄의 주체는 '타인의 재물을 보관한 자'이고 횡령죄가 성립하려면 재물의 보관자와 재물의 소유자 사이에 위탁관계가 있어야 한다. 이러한 위탁관계는 사실상의 관계나 신의성실의 원칙에 의해서도 발생할 수 있다. 그러나 이러한 위탁관계는 횡령죄로 보호할 만한 가치가 있어야 한다. 송금의뢰인과 계좌명의인 사이에 아무런 법률관계가 없는데도 송금의뢰인이 송금한 돈을 계좌명의인이 예금으로 취득한 경우에는 계좌명의인은 송금의뢰인에게 그 돈을 반환하여야 한다. 즉 계좌명의인은 이와 같이 송금된 돈에 대하여 송금의뢰인을 위하여 보관하는 지위에 있다고 보아야 한다. 계좌명의인이 이와 같이 송금된 돈을 그대로 보관하지 않고 소비하면 횡령죄가 성립한다. 이는 보이스피싱에 이용된 계좌에 피해자가 피해금을 송금한 경우에도 마찬가지로, 계좌명의인이 피해자를 위하여 사기 피해금을 보관하는 지위에 있다고 보아야 하고, 계좌명의인이 입금된 사기 피해금을 영득할 의사로 인출하였다면 횡령죄가 성립한다. 이때, 계좌명의인이 사기의 공범이라면 자신이 가담한 범행의 결과 피해금을 보관하게 된 것일 뿐이어서 피해자와 사이에 위탁관계가 없고, 그가 송금된 돈을 인출하더라도 이는 자신이 저지른 사기 범행의 실행행위에 지나지 아니하여 새로운 법익을 침해한다고 볼 수 없으므로 사기죄 외에 별도로 횡령죄를 구성하지 않는다. 한편, 계좌명의자의 인출행위는 보이스피싱 사기범에 대한 관계에서는 횡령죄가 되지 않는다. 즉 계좌명의인과 보이스피싱 사기범 사이의 위탁관계는 횡령죄로 보호할 가치가 없으므로 사기범에 대한 횡령죄는 성립할 수 없다. 따라서 계좌명의인의 예금 인출행위는 보이스피싱 피해자에 대하여 횡령죄가 성립한다."고 판결하였습니다.

즉 보이스피싱에 이용된 계좌에 피해자가 피해금을 송금한 경우, 계좌명의인이 사기의 공범이 아니라면 피해금을 보관하는 지위에 있고, 그가 입금된 피해금을 영득할 의사로 인출하였다면 횡령죄가 성립하며, 보이스피싱 사기범이 아닌 보이스피싱 피해자에 대하여 횡령죄가 성립한다는 것입니다.

뛰는 놈 위에 나는 놈이 있다고, 보이스피싱 사기범을 속이고 돈을 가로챈 나명의씨의 죄질이 매우 불량하다고 할 것입니다.

다행히 나씨는 내국인이었으므로 통장 개설 당시의 주소를 추적하여 쉽게 체포할 수 있었을 것입니다.

장피해씨가 피해금 300만원이라도 회수할 수 있기를 기대해 봅니다.

5. 스팸처리한 협박문자, 처벌될 수 있을까?

정보통신망 이용촉진 및 정보보호 등에 관한 법률(이하 '정보통신망법') 제74조 제1항 제3호는 '제44조의7 제1항 제3호를 위반하여 공포심이나 불안감을 유발하는 부호·문언·음향·화상 또는 영상을 반복적으로 상대방에게 도달하게 한 자는 1년 이하의 징역 또는 1천만원 이하의 벌금에 처한다'라고 규정하고 있습니다.

세상을 살다 보면 어떤 사람에게 호감을 느끼서 만나보고 싶은 사람이 있을 수 있습니다. 그런데 이러한 호감에 상대방은 전혀 아닐 수 있습니다.

나대로씨는 초등학교 동창인 황당해씨를 우연히 만나 전화번호를 알게 되었습니다. 황씨에게 호감을 느낀 나씨는 만난 날부터 3일간에 걸쳐 밤낮을 가리지 않고 일방적으로 총 236회의 문자 메시지를 보냈습니다.

처음에는 '사귀고 싶다'며 교제를 조르는 내용이었습니다. 황씨는 이에 대한 거부의사를 분명히 밝히고 문자를 보내지 말라고 전화로 부탁하였습니다. 그 후, 나씨의 전화번호를 스팸처리하였는데, 스팸처리해 놔서 별 신경을 쓰지 않았으나 나중에 문자 수가 엄청난 것을 알게 된 황씨는 심각한 위협을 느끼고 나씨를 관할 경찰서에 고소하였습니다.

경찰의 수사 결과, 나씨의 문자 내용은 '자신의 연락에 응하지 않으면 황씨와 그 주변에 해를 끼치겠으며, 모든 책임은 황씨에게 있다'는 등이었습니다.

결국 검찰은 나씨를 정보통신망법 위반으로 기소하였습니다. 정보통신망법 제74조 제1항 제3호는 '공포심이나 불안감을 유발하는 문자 등을 반복적으로 상대방에게 도달하게 행위'를 처벌한다고 규정하고 있습니다. 즉 '단순히 일회성이나 단발성인 경우로서 받는 사람의 마음을 불편하게 하거나 거슬리는 정도의 표현을 한 행위'는 처벌되지 않습니다.

그런데 나씨가 황씨에게 보낸 문자는 무려 236회로, 일회성이나 단발성으로 볼 수 없습니다.

이에 대하여 제1심과 제2심은 나씨의 유죄를 인정하여 벌금 200만원을 선고하였습니다.

나씨가 이에 불복하여 상고하였는데, 상고심 재판의 쟁점은 '문자 메시지를 상대방에게 도달하게 한 것의 의미가 무엇이냐', 즉 '스팸처리하여 보지도 않은 문자 메시지가 황씨에게 도달하여 불안하게 하였다고 볼 수 있느냐'는 것이었습니다.

이에 대하여 대법원은 "'공포심이나 불안감을 유발하는 문언을 반복적으로 상대방에게 도달하게 하는 도달하게 한다'는 것은 '상대방이 공포심이나 불안감을 유발하는 문언 등을 직접 접하는 경우뿐만 아니라 상대방이 객관적으로 이를 인식할 수 있는 상태에 두는 것'을 의미한다. 따라서 상대방의 휴대전화로 공포심이나 불안감을 유발하는 문자메시지를 전송함으로써 상대방이 별다른 제한 없이 문자메시지를 바로 접할 수 있는 상태에 이르렀다면, 그러한 행위는 공포심이나 불안감을 유발하는 문언을 상대방에게 도달하게 한다는 구성요건을 충족한다고 보아야 하고, 상대방이 실제로 문자메시지를 확인하였는지 여부와는 상관없다. 나씨가 황씨의 휴대전화로 전송한 문자메시지들은 그 내용, 경위, 기간과 횟수 등을 고려할 때 공포심이나 불안감을 유발하게 하는 문언에 해당하고 반복성도 인정된다. 비록 황씨의 수신차단으로 위 문자메시지들이 황씨 휴대전화의 스팸 보관함에 저장되어 있었다고 하더라도, 황씨가 위 문자메시지들을 바로 확인하여 인식할 수 있는 상태에 있었으므로, 피해자에게 '도달'하게 한 경우에 해당한다."고 하면서 나씨에 대한 벌금 200만원을 확정하였습니다.

그런데 누가 봐도 나씨의 행동은 범죄 행위이고 처벌받아야 할 행동이 아닐까요?

'도달'의 의미를 따지고 말고가 아니라 이것을 처벌하지 않으면 이런 행동을 하는 자는 거리낌이 없어지지 않을까요? 한편, 나씨는 이런 행동이 처벌받을 수 있다는 점을 몰랐을까요? 어린아이도 아닌 성인이 이를 몰랐을 리 없습니다.

나씨는 자신의 감정에 치우쳐 과잉행동을 하였고, 결과적으로 전과자가 된 것입니다.

참고로, '정당한 이유없이 다른 사람에게 전화·문자메시지·편지·전자우편 등을 여러 차례 되풀이하여 괴롭힌 사람과 상대방의 명시적 의사에 반하여 지속적으로 접근을 시도하여 면회 또는 교제를 요구하거나 지켜보기, 따라하기, 잠복하여 기다리기 등의 행위를 반복한 사람'은 경범죄처벌법 제3조의 규정에 따라 10만원 이하의 벌금, 구류 또는 과료의 형으로 처벌받을 수 있습니다.

이러한 경범죄처벌법으로는 스토커나 협박문자 보낸 자에 대한 처벌이 너무 경미하다는 여론이 매우 높습니다. 법률 개정을 이루어 강력히 처벌해야 합니다. 어쨌든 타인이 싫어하는 문자 메시지는 함부로 보내지 말아야 합니다.

6. 속아서 가압류 풀어줬는데 사기죄로 고소할 수 있을까?

김속임씨는 강원도 인제군 남면 신남리 101번지 5만㎡의 토지에 펜션 50채를 짓고 분양할 예정이었습니다. 나피해씨는 이 펜션을 지은 공사업자로서 공사대금 5억원을 받지 못한 상황이었습니다.

이에 나씨는 이 신남리 101번지 토지에 관하여 공사대금 5억원을 피보전 권리로 하여 부동산 가압류 신청을 하였고, 법원의 가압류 결정에 의해 이 이 토지에는 가압류등기가 마쳐졌습니다.

김씨는 이 펜션의 분양이 무산될 위험에 처하자, 나씨를 찾아가 "당신이 가압류를 해 놓아 펜션 분양을 하지 못하게 되었으니 가압류를 해제해 달라. 그러면 5억원 중 1억원을 먼저 주고, 나머지 4억원을 건물 준공이 완료되는 날로부터 1주일 이내에 모두 지불하겠다."고 말하였습니다.

그러나 나씨뿐만 아니라 다른 사람에게도 갚을 빚이 많았던 김씨는 나씨에게 나머지 4억원을 지불할 의사나 능력이 없었습니다. 김씨의 감언이설에 속은 나씨는 그 자리에서 가압류 해제 신청에 필요한 서류를 김씨에게 건네주었고, 결국 이 토지 대한 가압류 등기는 말소되었습니다. 이로써 김씨는 이 부동산에 대해 4억원 상당의 재산상 이익을 얻었습니다.

토지에 대한 가압류를 해제하여 주었음에도 불구하고 김씨가 공사대금 4억원을 지불하지 않자, 나씨는 김씨를 상대로 '공사대금 지급 청구의 소'를 제기하였습니다. 이 소송에서 김씨는 공사 관련 채권을 인정할 만한 증거가 부족하다는 이유로 청구기각 판결, 즉 패소하였습니다.

공사대금 지급 청구의 소에서 패소한 나씨는 김씨에게 속아 가압류를 해제하여 주었다는 이유로 김씨는 사기죄로 고소하였습니다.

사기죄로 기소된 김씨에 대한 재판의 쟁점은 가압류를 해제해 준 것이 사기죄에서 말하는 '재산적 처분행위'에 해당하는지와 나씨가 공사대금 지급 청구의 소에서 패소하였으므로 가압류의 피보전 채권, 즉 4억원이 존재하지 않는데도 나씨의 가압류 해제로 인하여 김씨가 재산상의 이익을 얻은 것으로 볼 수 있느냐는 것이었습니다.

이에 대한 재판에서 제1심은 김씨의 유죄를 선고하였으나 제2심은 무죄를 선고하였습니다.

검사의 상고에 따라 대법원은 "사기죄는 타인을 기망하여 착오에 빠트리게 하고 그 처분행위를 유발하여 재물이나 재산상의 이득을 얻음으로써 성립하는 것이므로 여기에 처분행위라는 것은 재산적 처분행위를 의미하는바, 부동산 가압류결정을 받아 부동산에 관한 가압류집행까지 마친 자가 그 가압류를 해제하면 부동산의 소유자는 가압류의 부담이 없는 부동산을 소유하게 되는 이익을 얻게 된다. 따라서 가압류를 해제하는 것 역시 사기죄에서 말하는 재산적 처분행위에 해당하고, 그 이후 가압류의 피보전 채권이 존재하지 않는 것으로 밝혀졌다고 하더라도 가압류의 해제로 인한 재산상의 이익이 없었던 것이라 볼 수는 없다."라고 판시하면서 무죄를 선고한 항소심 판결을 파기, 환송하였습니다.

이 판결은, 종종 가압류 채권자가 채무자의 감언이설에 속아 가압류를 해제하여 주는 경우가 있는데 이 때, 채무자는 사기죄로 처벌될 수 있다는 점을 분명히 한 판결이라 할 것입니다.

설사 가압류의 피보전 채권이 존재하지 않는 것이 나중에 밝혀지더라도 이는 민사집행법이 정한 절차에 따라 채무자가 가압류 취소 신청 절차를 밟아 취소하면 되므로 피보전 채권의 존재 여부는 속아서 해준 가압류 해제 당시에는 문제되지 않는다는 점에서 의의가 있다고 할 것입니다.

7. 대포통장 만들려고 가짜 회사 설립하면 처벌 받을까?

형법 제228조 제1항은 '공무원에 대하여 허위신고를 하여 공정증서 원본 또는 이와 동일한 전자기록 등 특수매체기록에 부실의 사실을 기재 또는 기록하게 한 자는 5년 이하의 징역 또는 1천만원 이하의 벌금에 처한다'라고, 같은 조 제2항은 '공무원에 대하여 허위신고를 하여 면허증, 허가증, 등록증 또는 여권에 부실의 사실을 기재하게 한 자는 3년 이하의 징역 또는 700만원 이하의 벌금에 처한다'라고, '공정증서원본 등 부실기재죄'[13]에 관하여 규정하고 있습니다.

어떤 사람이 실제로는 회사를 운영할 생각도 없으면서 범죄를 저지를 의도로 유한회사를 설립 등기하였고, 회사로서의 인적·물적 조직 등 영업의 실질을 갖추지 않았다면 이 사람을 '공정증서원본 등 부실기재죄'로 처벌할 수 있느냐가 문제 됩니다.

김대표씨는 나피싱으로부터 유한회사를 설립한 후 회사 이름으로 된 통장을 만들어 주면 1천만원을 주겠다는 제안을 받았습니다. 김씨가 그러겠다고 하자, 나피싱은 유한회사 설립은 법무사에게 가면 다 알아서 해준다고 말하였습니다. 김씨가 근처 가까운 법무사에게 가서 '유한회사 비류'를 설립하겠다고 하였고, 이러한 사실을 모르고 있던 법무사는 유한회사 설립에 필요한 서류와 절차를 설명해 주었습니다.

법무사에게 보수를 주고 회사 설립등기를 마친 김씨는 은행에 가서 '유한회사 비류'의 이름으로 된 계좌를 개설하고 통장을 발급받았습니다. 그런데 김씨는 당초 이 회사를 운영할 의사가 전혀 없었고, 대포통장을 만들어 나피싱에게 주고 1천만원을 받을 목적만 있었습니다.

김씨가 나피싱에게 통장을 넘겨준 후 나피싱은 보이스피싱 범죄를 저지르다가 경찰에 체포되었고, 그 과정에서 대포통장의 주인인 김씨 또한 체포되

---

13)종래에는 형법 제228조에서 한글로 '공정증서원본 등의 불실기재'라고 표기하고 있었으나 2020. 5. 19. 형법 일부 개정이 있은 후 '공정증서원본 등의 부실기재'로 표기하고 있습니다.

어 전자금융거래법 위반, 사기방조죄, 공정증서원본 등 부실기재죄 및 동 행사죄, 가장납입죄 등의 죄목으로 기소되었습니다.

이에 대하여 제1심과 제2심은 김씨에 대하여 공정증서원본 등 부실기재죄 및 동행사죄는 무죄로, 나머지 범죄는 유죄로 판단하였습니다.

검사는 이러한 무죄 부분에 대하여 대법원에 상고하였는데, 상고 이유는 '범죄에 이용할 목적으로 유한회사를 설립하였기 때문에 회사의 실체가 없거나 상법상 존재하지 않는다. 이러한 행위는 법인 등기사항증명서에 부실의 사실을 기록하고 행사하게 한 것이므로 공정증서원본 등 부실기재죄 및 동행사죄에 해당한다'는 것이었습니다.

이에 대하여 대법원은 "유한회사는 상법에 정해진 회사로, 상법 규정에 따른 요건과 절차를 준수하여 설립등기를 신청하면 실체적 심사권이 없는 등기관은 등기를 마쳐 주어야 한다. 즉 등기관은 회사 설립의 실제 의도나 목적을 심사할 권한이나 방법이 없다. 따라서 회사의 정관에서 정한 목적대로 회사를 운영할 의사가 없이 단지 설립된 회사의 이름으로 은행 계좌를 개설할 목적이라고 하더라도 상법이 정한 요건을 갖추고 절차를 밟아 설립등기를 마쳤다면 이러한 설립등기는 공정증서원본 등 부실기재죄에서 말하는 '부실의 사실'에 해당한다고 볼 수 없다. 따라서 검사의 상고는 이유 없다."고 판결하면서 나씨의 유죄를 주장한 검사의 상고를 기각하였습니다.

그런데 여기에서 나씨가 흔한 주식회사도 아닌 유한회사를 설립 등기하여 대포통장을 만든 이유가 무엇인지 궁금할 수 있습니다.

이는 상법상 유한회사 설립이 주식회사 설립에 비해 요건과 절차가 간단하기 때문입니다. 주식회사를 설립 등기할 때에는 최소한 이사 1명과 주주 1명이 있어야 하고, 자본금을 은행에 납입하여 그 잔고증명서나 주금납입증명서가 있어야 합니다. 그런데 유한회사는 사원을 겸한 이사 1명이면 되고, 출자이행증명서만 있으면 됩니다. 이 출자이행증명서는 은행이 발행하는 것이 아니라 대표자가 '출자를 이행하였음'이라고 적고, 거기에 법인 도장을 찍어 만든 서류일 뿐입니다.

이러하니 정관에 출자금이 1천만원이라고 적혀 있고, 은행 계좌에는 1천만원이 납입되지 않았더라도 유한회사 설립등기가 가능하다는 것입니다. 즉 유한회사는 주식회사보다 설립이 용이하고 조직이 간단하며 공개의무가 없는 회사로 그 책임도 출자액의 한도로만 부담합니다.

그렇기 때문에 근래에는 소규모 인터넷 쇼핑몰 등을 운영하고자 하는 정상적인 사업자들이 유한회사 설립을 선호합니다.

그러나 유한회사 설립 요건과 절차가 간단한 점이 악용되는 것이 문제입니다. 유한회사 설립이 용이하기 때문에 유한회사 명의로 대포통장이 개설되어 보이스피싱에 활용되기도 한다는 점이 문제라는 것입니다.

법무사가 유한회사를 설립하려는 사람의 의도를 잘 파악하여 회사 설립등기를 의뢰받지 않으면 되지 않겠느냐고 할 수도 있습니다. 그러나 등기관도 실체적 심사권이 없어서 의심스럽다고 하더라도 등기를 마쳐 주는데, 법무사가 이를 거부하기는 사실상 어렵습니다.

최근의 이러한 문제점을 인식하고 있는 법무사 중에서는 주식회사 설립의 경우처럼 은행 잔고증명서를 떼어 오라고 요구하기도 합니다. 그러나 이것도 대표자 개인 통장에 단돈 몇 만원만 있으면 그 금액을 출자금으로 해서 설립하면 되므로 실효성이 없습니다. 다만, 은행잔고증명서를 떼어 오라고 할 때, 의뢰인이 움찔하면 의도를 간파하고 거절하는 정도일 뿐입니다.

참고로, 위에서 말한 '가장납입죄'란 상법 제628조 제1항의 '회사의 발기인 등이 납입 또는 현물출자의 이행을 가장하는 행위를 한 때에는 5년 이하의 징역 또는 1천500만원 이하의 벌금에 처한다'라는 규정에 따라 처벌되는 범죄입니다.

예컨대, 출자금이 1천만원으로 정관이나 법인 등기사항증명서에 기록되어 있는데 수사 결과 이 금액이 없고, 가짜라고 판명되었을 때 처벌되는 범죄입니다.

8. 생활정보지 구인광고, 보이스피싱 가담 조심하자!

전기통신금융사기 피해 방지 및 피해금 환급에 관한 특별법(이하 '통신사기피해환급법') 제15조의2 제1항은 '전기통신금융사기를 목적으로 타인으로 하여금 컴퓨터 등 정보처리장치에 정보 또는 명령을 입력하는 행위를 하거나 취득한 타인의 정보를 이용하여 컴퓨터 등 정보처리장치에 정보 또는 명령을 입력하는 행위를 한 자는 10년 이하의 징역 또는 1억원 이하의 벌금에 처한다'라고 규정하고 있습니다.

같은 법 제2조 제2호는 '전기통신금융사기란 전기통신기본법 제2조 제1호에 따른 전기통신을 이용하여 타인을 기망·공갈함으로써 재산상의 이익을 취하거나 제3자에게 재산상의 이익을 취하게 하는 자금을 송금·이체하도록 하는 행위나 개인정보를 알아내어 자금을 송금·이체하는 행위'라고 정의하고 있습니다.

53세로 직장을 구하고 있던 나가담씨는 2019. 9. 경 생활정보지를 가져와 구직란을 살펴보았습니다. 나씨는 이 정보지에서 '한성물류에스'라는 회사의 구인광고를 보고 이 회사에 전화를 걸었습니다.

전화 상대방은 자신을 '유 팀장'이라고 밝히면서 '우리가 지정하는 장소에 가서 돈을 전달받아 알려주는 계좌로 송금해 달라. 그러면 한번에 15만원에서 18만원을 주겠다'라고 말하였습니다.

나씨는 유 팀장이 보이스피싱을 계획하고 있다는 것을 알면서도 이에 가담하기로 마음먹었습니다. 나씨의 역할은 보이스피싱을 통해 알지 못하는 사람이 꺼내온 돈을 받아, 다른 사람의 인적사항을 이용하여 100만원씩 분산하여 유 팀장이 지정하는 계좌로 무통장 입금하는 것이었습니다.

나씨는 유팀장의 지시에 따라 이름 모를 사람으로부터 처음에는 300만원, 그 다음에는 600만원, 마지막에는 999만원을 현금으로 받은 후 유 팀장이 지정하는 계좌로 무통장 입금하였습니다. 그 댓가로 20만원, 25만원, 29만원을 받은 것을 비롯하여 약 한 달간 유 팀장의 지시를 이행하고 300만원을 받았습니다.

한편, 유팀장을 비롯한 보이스피싱 사기 조직원들은 2019. 12. 11. 금융회사 직원을 사칭하면서 최피해씨에게 전화를 걸어 “마이너스 대출을 연 2.4%로, 1억 5,000만원을 대출해주겠다. 농협캐피탈에서 대출받은 3,100만원 등 기존 대출금을 상환해야 하니 돈을 보내라.”는 등으로 최씨를 속였고, 최씨로부터 제3자인 황인출씨의 농협계좌로 1,600만원을 송금받았습니다.

농협계좌에서 1,600만원을 꺼낸 황씨로부터 이 돈을 받기 위해 근처의 커피숍에서 기다렸던 나씨는 황씨로부터 이 돈을 받는 순간 경찰관에게 검거되었습니다. 보이스피싱임을 감지한 최피해씨의 신고로 체포된 것입니다.

그 후, 나씨는 사기죄로 기소되었는데 이에 대하여 법원은 “보이스피싱 범죄는 불특정 다수인을 상대로 계획적·조직적으로 이루어져 다수의 피해자들에게 중대한 경제적 손해를 가하는 죄질이 매우 불량한 범죄이다. 나씨는 보이스피싱 피해 돈을 받아 이를 보이스피싱 조직원이 지정하는 계좌로 송금하는 역할을 담당하였는데, 이는 피해 돈을 최종적으로 보이스피싱 조직원들의 수중에 도달케 하는 것으로 가담 정도가 결코 가볍지 아니하다. 따라서 나씨에게 실형 선고가 불가피하다.”고 하면서 집행유예없는 징역1년을 선고하였습니다.

나씨는 보이스피싱 범죄의 중간책 역할을 하면서 300만원을 받았는데 그 결과로 실형 1년을 선고받고 1년 동안 감옥살이를 하게 되었습니다. 나씨 가족들의 생계는 어떻게 될 것이며, 복역 후 사회에 나와서의 삶도 결코 녹녹치 않을 것이라 짐작합니다. 범죄가 된다는 사실을 알면서 가담한 나씨의 행위는 그 비난 정도가 매우 크다고 할 것입니다. 보이스피싱의 피해자 대부분은 사회·경제적 약자이며 그 피해 액수 또한 적지 않기 때문입니다.

보이스피싱 범죄의 주범은 대부분이 국내에 있지 않아 검거가 사실상 불가능합니다. 따라서 이 범죄를 근절하지는 못할지라도 최대한 이를 막기 위해서는 중간에서 역할을 하는 것이 얼마나 심각한 범죄이고, 어떤 처벌을 받는지를 적극적으로 알려서 경각심을 갖게 하여야 할 것입니다.

9. 중고차 리스료 대납 사기란?

차리스씨는 몇 달 전, 어느 중고차 거래업체의 사이트를 방문하였다가 마음에 드는 중고차를 발견하였습니다. 이 중고차 가격은 4,500만원이었습니다. 차량 가격에 부담을 느낀 차씨는 이 중고차 업체에 리스 견적을 의뢰하였습니다. 그런데 이 업체는 사기범이 운영하는 곳이었습니다.

이 중고차 업체는 차씨에게 별도의 이면계약을 통해 보증금 2,800만원을 내면 리스기간 동안 매월 리스료 100만원 중 70만원을 지원하고 리스계약 종료시 보증금을 반환하겠다고 속였습니다.

사기인 줄을 모르고 있던 차씨는 금융회사인 한강 캐피탈과 48개월 짜리 중고차 리스계약 체결하는 한편, 사기업체인 이 중고차 리스업체와 별도로 리스료 지원에 대한 이면계약을 체결하고, 이 업체의 계좌로 2,800만원을 입금하였습니다.

이 사기업체는 차씨에게 3개월 간 70만원씩을 지원하였습니다. 그러나 그 후, 갑자기 연락을 끊고 차씨가 낸 2,800만원을 들고 잠적해버렸습니다. 이로써 차씨는 보증금 2,800만원과 지원받기로 한 잔여 45개월의 리스료 3,150만원의 손해를 입었습니다.

차씨가 꼼꼼히 살피고 계산하였다면 이런 사기 수법에 넘어가지 않았을 터인데 눈 앞의 이익에 연연해서 발생한 손해라고 할 수 있습니다.

최근 금융감독원은 중고차 리스 계약시 보증금을 내면 금융회사에 납부하는 리스료의 일부를 지원해 주겠다고 유인한 후 보증금을 가로채는 피해 사례가 2020. 7. 1부터 9. 23.까지 100건이나 발생하였다며 '주의' 등급의 소비자 경보를 발표하였습니다. 소비자 경보는 주의, 경고, 위험의 3단계가 있습니다.

자동차 리스 지원업체를 가장한 사기범들의 주된 업종은 자동차 리스 중개업, 자동차 임대업, 기타 금융지원 서비스 등 다양합니다. 이러한 사기범들은 네이버 밴드나 블로그 광고 등을 통해 자동차 리스 수요자를 모집합니다.

그러나 이 업체들은 비금융 사기업으로 당국의 허가를 받은 금융회사가 아닙니다.

금감원은 “중고차 리스와 관련하여 금융회사는 이면계약을 체결하지 않으므로, 금융회사의 제휴업체인지 여부를 불문하고 그 누구와도 이면계약을 체결하여서는 아니된다.”고 강조하면서 “신용도 조회 의뢰, 리스료 견적 등을 대행해주면서 마치 금융회사와 연관이 있는 것처럼 보여 이를 믿고 이면계약을 체결한 경우라도 이러한 계약은 금융회사에 대해 효력이 없다.”고 밝혔습니다.

따라서 “이면계약에 따른 보증금 등은 금융회사에 반환을 요구할 수 없고, 비금융업자의 사기 범죄는 금감원의 분쟁대상이 아니기 때문에 피해자가 소송 등을 통해 회수하여야 한다.”고 하면서 각별한 주의를 당부하였습니다.

이와 더불어 “월 리스료 부담 완화를 위해 불가피하게 일부 금액을 납부할 경우 금융회사 리스 계약서의 ‘보증금’ 또는 ‘선납금’ 항목에 이러한 금액이 적혀 있는지 반드시 확인하여야 한다.”고 밝혔습니다.

10. 중고차 매매업체도 속은 중고차 매매사기 수법!

눈앞에 보이는 금전적 이익 때문에 깜박 속아 거액을 사기당한 중고차 매매업체가 있습니다. 즉 중고차 매매업체도 사기 피해를 입은 것입니다.

한차주씨는 2018. 3. 초 SK엔카 중고차 쇼핑몰에 '마세라티 기블리' 승용차를 6,600만원에 팔겠다고 등록합니다. 이를 본 정사기씨는 한씨에게 연락하여 이 승용차를 6,600만원에 사겠다고 합니다.

한편, 그 무렵 정사기씨는 자동차매매업체 N모터스의 직원인 나중고씨에게 한씨가 이 승용차를 5,400만원에 팔 것이라고 연락합니다. 일종의 중고차 매매 중개를 한 것입니다. 나중고씨는 그 정도 연식의 마세라티 기블리 승용차의 중고차 시세가 어느 정도인지를 알고 있던 터라 가격이 1,000만원 이상 싸다고 생각하고 한차주씨에게 전화를 걸었습니다.

그 후, 한차주씨와 나중고씨는 같은 달 14.에 울산역에서 만나 이 차량에 대한 매매계약서를 작성합니다. 차량 매매가는 5,400만원, 매수인은 자동차 매매업자인 'N모터스 대표 김매수'이었습니다.

이 계약서를 작성하기 전에 정사기씨는 한씨에게 차량 매매계약을 할 때, 매매가를 6,600만원으로 하지 말고 5,400만원으로 할 것과 매수인을 '주식회사 S모터스 대표 김대타'로 하라고 말합니다.

이에 한씨는 '주식회사 S모터스 대표 김대타'를 매수인으로 한 자동차매매용 인감증명서를 발급받았으며, 매매계약서에 매매가를 5,400만원으로 적는데 아무런 이의를 제기하지 않았습니다.

나중고씨는 자동차 매도용 인감증명서에 자신의 회사인 'N모터스 대표 김매수'의 이름이 아닌 정사기씨가 매수인으로 정한 '주식회사 S모터스 대표 김대타'가 적혀 있다는 것을 알면서도 나중에 자신의 회사 대표 김매수로 된 매도용 인감증명서를 받기로 하고, 자신의 회사로 하여금 한차주씨에게 5,400만원을 송금하게 하였습니다.

한씨에게 5,400만원이 입금된 사실을 알게 된 정사기씨는 한씨에게 전화해서, "업체 계좌 입출금 내역에 남기기 위해 자동차 매매대금 5,400만원을 남대포 명의의 농협계좌로 송금해주면 원래 지급하기로 했던 매매대금 6,600만원을 송금해주겠다."라고 말하였습니다.

5,400만원을 송금하기 전에 한씨는 나중고씨에게 정사기씨가 위 농협계좌로 송금하라고 한다면서 보내도 되냐고 물었습니다. 이에 나씨는 자신이 정씨를 잘 알고 있다고 말하였고, 한씨 역시 나씨를 정씨가 보낸 사람으로 알고 만났기에 의심없이 정사기씨가 말한 계좌로 5,400만원을 송금하였습니다.

송금 후, 한씨는 당초 약속한 대로 6,600만원이 자신의 계좌로 입금되기를 기다렸으나 한 시간이 지나서도 이 돈이 입금되지 않았습니다. 이에 한차주씨와 나중고씨는 울산중부경찰서에 찾아가 사기를 당한 사실을 신고하였습니다.

그 후, 나씨는 한씨에게 어쨌든 계약서대로 자신의 회사에서 5,400만원을 송금했으니 승용차를 넘겨달라고 하였습니다. 이에 한씨는 매매대금을 받지 못하였다면서 이를 거부하였습니다.

그러자 나씨는 한씨가 자신의 집 근처에 주차해 놓은 승용차를 한씨 몰래 견인차로 실어 갔습니다. 이에 한씨는 나씨를 절도죄로 고소하였고, 기소된 나씨는 징역 6월에 집행유예 1년을 선고받았습니다.

여기에서 피해자는 누구일까요?

나중고씨 측입니다. 1,000만원 이상 싸게 중고차를 살 수 있다는 생각으로 중고차 매매의 전문가들조차도 속아 넘어간 것입니다. 한씨는 절도 피해물건인 승용차를 반환받았으므로 금전적 피해는 없습니다.

그런데 한씨는 왜 이런 행동을 했을까요? 중고차를 빨리 팔고 제값만 받으면 된다고 안일하게 생각한 것입니다. 정사기씨가 이를 교묘하게 이용한 것입니다.

일반인의 보통상식으로 생각해도 자신의 계좌에 입금된 돈을 일면식도 없는 사람의 말만 믿고 그대로 송금한다는 것은 도저히 납득할 수 없는 일입니다.

왜 그랬을까요? 5,400만원이 아닌 6,600만원을 받아야 한다는 당초의 매매 목표 금액에 몰입되었기 때문입니다.

정사기씨의 '업체 계좌 입출금 내역에 남기기 위해'라는 말에 그럴 수도 있겠다고 생각한 것입니다. 특히 자기 차량을 넘겨주지도 않았으니 안심한 것입니다.

여기에서 나중고씨가 사기 공범이 아닐까 의심해 볼 수도 있으나 나씨가 자기 회사 돈을 편취할 목적이 아니라면 공범은 아닌 것으로 판단됩니다.

특히, 한씨의 차량을 몰래 견인해가서 절도죄로 처벌받은 점을 볼 때는 더욱 그렇습니다. 결국 한씨와 나씨는 정사기씨의 심리를 이용한 교묘한 술책에 속아 넘어간 것입니다.

그 동안 중고차 사기하면 연식을 속인다든가, 사고 이력을 속인다든가, 매물을 보고 찾아가면 이미 팔렸다면서 다른 물건을 강매한다든가가 있었으나 이러한 사기 수법에 당하는 것은 매우 이례적이라 할 것입니다.

11. 시비 끝에 차 놓고 간 대리기사, 처벌될 수 있을까?

도로교통법 제44조 제1항은 '누구든지 술에 취한 상태에서 자동차 등, 노면전차 또는 자전거를 운전하여서는 아니된다'라고 규정하면서 같은 법 제148조의2에서는 이를 위반한 사람에 대한 처벌 규정을 두고 있습니다.

한편, 형법 제22조 제1항은 '자기 또는 타인의 법익에 대한 현재의 위난을 피하기 위한 행위는 상당한 이유가 있는 때에는 벌하지 아니 한다'라고, '긴급피난'에 관하여 규정하고 있습니다.

김만취씨는 2019. 11. 9. 밤 11시 경, 술에 취하자 평소 이용하던 대리운전 모바일 어플을 통해 대리운전기사를 호출하였습니다. 대리운전기사가 김씨의 차를 운전하는 중 두 사람 사이에 집 방향 문제 등으로 시비가 생겼습니다. 그러자 대리운전기사는 갑자기 차를 정차한 후 차에서 내리고 떠났습니다.

이 차량이 정차한 위치는 양방향으로 교차 통행을 할 수 없는 좁은 폭의 편도 1차로이자 큰 도로로 이어지는 길목이어서 정차가 계속될 경우 김씨의 차량 뒤쪽에서 큰 도로로 나가려는 차량과 김씨의 차량 앞쪽으로 큰 도로에서 들어오려는 차량 모두의 진로가 막히게 되어 김씨의 차량은 결국 앞뒤 양쪽에서 교통을 방해하는 상황이 되었습니다.

즉 대리운전기사가 하차하여 차량을 이탈한 후, 김씨의 차량 뒤쪽에서 큰 도로로 나가려는 승용차의 진로가 막히게 되었습니다. 이에 김씨는 하차하여 이 승용차 운전자에게 양해를 구하면서 다른 대리운전 호출을 시도하였습니다. 그러던 중 김씨의 차량 앞쪽으로 큰 도로에서 들어오려는 택시까지 나타났습니다.

이에 김씨는 진로 공간을 확보해 주기 위해 혈중 알콜농도 0.097%로 술에 취한 상태임에도 불구하고 자신의 차량 정차 지점에서 약 3m 정도를 운전하여 도로의 가장자리 끝 지점에 정차시켰습니다. 이로써 차량 1대가 통행할 수 있는 공간이 만들어졌고, 택시가 먼저 도로를 통행하였으며, 이어서 승용차가 큰 도로로 나갈 수 있게 되었습니다.

인근에서 이를 몰래 지켜보던 대리운전기사는 경찰에 신고하였는데 출동한 경찰은 김씨를 음주운전으로 단속하였습니다. 그 결과 김씨는 도로교통법 제44조 제1항 위반, 즉 음주운전으로 기소되었습니다.

김씨에 대한 재판에서 법원은 여러 정상의 참작과 판단을 통해 "김씨의 운전행위는 자기 또는 타인의 법익에 대한 현재의 위난을 피하기 위한 행위로서 상당한 이유가 있으므로 이는 형법 제22조 제1항의 긴급피난에 해당한다."고 하면서 김씨에게 무죄를 선고하였습니다.

그 이유는 "당시 김씨에게는 운전을 부탁할 만한 지인이나 일행은 없었고, 도로상의 승용차와 택시 운전자 또는 주변 행인에게 운전을 부탁하는 것은 현실적으로 어려움이 있었다. 또한 다른 대리운전기사를 호출하여 도착할 때까지 기다리기에는 당면한 교통 방해 및 사고 발생 위험이 급박할 수 있었던 상황이었다. 한편, 대리운전기사가 하차·이탈하거나 경찰신고를 하는 과정에서 김씨가 대리운전기사에게 공격적인 언행을 한 사정은 엿보이지 않는다."라는 것이었습니다.

음주를 하였기 때문에 대리운전기사에게 자신의 차량에 대한 운행을 의뢰하였는데, 술 주정을 부렸다가 대리운전기사가 홧김에 차량을 정차시키고 이탈하더라도 절대로 운전하지는 않아야 합니다. 비록 교통방해죄로 처벌을 받더라도 말입니다.

이런 상황에서 차량을 조금만 움직이면 될 것이라고 판단하여 운전을 하는 순간, 이를 지켜보고 있던 대리운전기사는 음주운전이라며 경찰에 신고하곤 합니다.

이 경우 대리운전기사는 단지 괘씸할 뿐일까요? 즉 형사 처벌 대상이 되지 않느냐는 것입니다.

물론, 대리운전기사는 차량을 정차하고 거기서 이탈함으로써 대리운송 계약이 취소되었다느니 계약이 해제되었다느니 하면서 자신은 처벌되지 않는다고 주장할 수 있습니다.

계약취소나 해제 요건은 대리운송 약관에 규정되어 있습니다. 대리운전기사가 임의대로 약관에 없는 사실을 들어 대리운송계약을 취소하거나 해제할 수는 없습니다. 따라서 약관 규정에 정한 사유가 아니라면 운송계약을 마칠 때까지 의무를 다해야 합니다.

이러한 사례가 빈번하자, 경찰은 일방적으로 차량을 정차하고 승객을 유기한 대리운전기사는 도로교통법상 음주운전 방조죄와 유기죄, 교통방해죄로 처벌받을 수 있다고 밝히고 있습니다. 특히 운전을 하지 않았는데도 신고를 한 경우에는 무고죄로 처벌받을 수 있다고 강조하고 있습니다.

여러 문제를 떠나 대리운전을 이용하다가 다툼이나 시비가 발생하면 112로 신고하여 경찰의 도움을 받는 것이 가장 좋은 방법이라고 할 것입니다.

12. 기획부동산 사기!

'기획부동산'란 객관적인 사실이 없고 출처도 불분명한 자료를 이용하여 특정 부동산의 주변 상황과 자체에서 만든 계획서 등을 토대로 수익 배분 방식으로 과대 광고하거나 전화로 영업하는 부동산 컨설팅업체를 말합니다.

필자도 가끔 '이번에 아무개 지역에 개발 호재가 있는데 좋은 땅 있으니 여윳돈을 투자해 고수익을 얻으라'는 전화를 받곤 합니다. 전화 내용을 듣다 보면 '기획부동산이구나'라고 판단하면서도 어느 순간 혹하기도 합니다.

이피고씨와 공범구씨는 싼값에 땅을 사서 되팔아 이익을 남기고자 주식회사 동산기획(이하 '동산기획')을 설립하였습니다. 두 사람은 2012. 11. 경 경기도 평택시에 있는 임야 15만 ㎡를, ㎡당 3만원에 산 후 동산기획의 이름으로 소유권이전등기를 마쳤습니다.

그 후, 이 회사 직원들을 통해 이 임야 일대가 '개발촉진지구로 지정되었고, 회사에서 직접 토목공사를 진행할 것이고 그 이후 상가, 주거지, 펜션이 조성될 것이다. 3년 이내에 개발되지 않으면 토지 매매대금 전액을 환불해주겠다'라고 전화 홍보를 하였습니다.

동산기획의 한 직원은 무작위로 전화를 돌렸는데 이 때, 나피해씨가 전화를 받았습니다. 이 직원은 나씨에게 위와 같은 말을 함과 동시에 '이 토지를 매입할 경우 토지의 시세가 급등하고 곧 시세 차익을 남길 수 있다'라고 거짓말을 하였습니다.

마침 여윳돈의 투자처를 찾고 있던 나씨는 호기심을 내비치면서도 '기획부동산'일 수 있으니 직접 사무실에 방문하겠다고 말하였습니다. 나씨가 이피고씨의 동산기획 사무실에 와 보니, 여러 명의 계약자들로 북적거렸고, 사무실 인테리어나 집기 등이 고급스러웠습니다.

마침내 이 토지를 매입하기로 결심한 나씨는 "이 임야 중 200평을 사겠다. 그리고 이 200평은 지분이 아닌, 200평 전부가 내 소유로 된 이전등기를 해달라."라고 말하였습니다.

그러자 이 때, 동산기획의 상무 공범구씨가 등장하여 "이 땅은 전체가 5,000평이나 된다. 지금은 5000분의 200으로 지분이전등기를 해 줄 수 밖에 없다. 그래서 토지매매계약서에는 '동쪽 도로 끝자리 200평이라고 적고, 나중에 이 토지를 분할하여 분필등기하는데 협조한다'로 적으면 된다."라고 말하였습니다.

나씨는 '나중에 이 200평을 분할하여 자신 앞으로 분필등기를 할 수 있다'는 말에 깜박 속아 계약서에 서명 날인하고 계약금으로 780만원을 동산기획의 계좌로 송금합니다. 그 후, 한 달여만에 나머지 잔금 70,200,000원을 송금하였습니다.

그런데 그 당시 나씨는 이 토지가 개발촉진지구 지정 자체는 개발과는 직접적인 관련이 없고, 사업을 정하여 단위사업지구로 지정되어야 지방자치단체 차원의 개발이 가능하다는 사실을 모르고 있었습니다.

사실은 이피고씨가 동산기획 명의로 매입한 임야 15만㎡ 일대는 단위사업지구로 포함되지 않았으며, 인근에 상가, 주거지 펜션 등이 존재하거나 조성될 계획이 전혀 없었습니다.

게다가, 이 이피고씨나 공범구씨 그리고 동산기획은 이 임야의 개발을 위한 토목공사를 직접할 의사나 능력이 전혀 없었고, 나씨에게 피해금 7,800만원을 돌려줄 의사나 능력 또한 없었습니다.

이 임야의 지분 일부에 대한 매매대금을 치른 후 3년이 지났음에도 개발 소식이 없자, 나씨는 이피고씨의 회사를 찾아가 당초 약정한 대로 7,800만원을 환불해 달라고 요구하였습니다.

그러자 공범구씨는 "계획이 늦춰지고 있을 뿐이고 개발 호재는 진행 중이다. 정 불안하면 회사를 상대로 200평에 대한 '공유토지 분할의 소'를 제기하여 승소한 후 분필등기를 해 놓으라. 그러면 토지소유권을 제대로 행사할 수 있을 것이다."라고 말하였습니다.

이에 또 속은 나씨는 법무사를 찾아가 상담하였는데, 법무사는 "법리상

'공유물 분할의 소'를 제기하면 승소할 수는 있다. 그러나 과연 관할 관청에서 토지 분할을 허가해 줄지는 장담할 수 없다. 이 소송에서 승소를 해도 토지분할 허가를 받지 않으면 200평에 대한 분필등기를 할 수 없다. 왜냐하면 토지 분할 허가를 받고 토지 지번을 새로 받아 이 200평에 대한 토지대장이 만들어져야 분필등기를 할 수 있다. 분필등기를 하려면 반드시 토지대장이 첨부되어야 하기 때문이다. 특히 기획 부동산이라고 의심되면 관할 관청은 토지 분할 허가를 해주지 않는다는 것이 중요 방침이다."라고 설명하였습니다.

그러자 나씨는 알았다고 하면서 "그러면 이 200평에 대한 공유물 분할 청구의 소장만 작성해 제출해 달라."하였고, 나씨는 법무사가 동산기획을 상대로 작성하여 제출한 '공유물 분할 청구의 소'에서 승소하고 확정판결을 받았습니다.

그 후, 나피해씨는 이 확정 판결문을 첨부해서 관할 시청에 토지분할 허가를 신청하였는데 관할 시청은 나씨의 토지분할 허가신청에 대한 거부처분을 하였습니다.

그 근거로 "국토의 계획 및 이용에 관한 법률상 토지분할 허가 제도의 취지, 목적, 개발행위 허가권자의 재량권의 범위 등을 비추어 볼 때, 개발행위 허가권자는 신청인이 토지분할 허가신청을 하면서 공유물 분할판결 등의 확정판결을 제출하더라도 국토계획법에서 정한 개발행위 허가 기준 등을 고려하여 거부처분을 할 수 있으며, 이러한 처분이 공유물 분할 판결의 효력에 반하는 것이 아니다."라는 대법원 판결을 들었습니다. 특히 "우리 시의 기획 부동산 분할 제한 운영지침에 따라서도 이 토지분할 허가 신청을 거부함이 타당하다."라고 하였습니다.

나씨는 이 토지를 분할하여 분필등기를 할 수 없게 되자, 이피고씨와 공범구씨를 사기죄로 고소하였습니다. 이씨 등은 관련 재판에서 각각 징역 4개월을 선고받았습니다. 이들이 고작 징역 4개월의 형사 처벌을 받았지만 나씨는 7,800만원을 돌려받지 못하고 고스란히 손해를 입었습니다. 나씨는 이 땅

200평을 제대로 사용 수익하지도 못하고 매년 재산세만 물고 있습니다. 차라리 이 땅 15만 ㎡ 중 어느 부분 200평에 나무를 심어 가꾸어 나중에 나뭇값이라도 받는 것이 바람직할 것입니다.

기획부동산의 특징을 들어봅니다.

첫째, 임야를 주로 소개합니다. 그리고 소유권을 지분으로 매매합니다.

예를 들어 5000분의 200, 이런 식입니다. 지분의 경우에도 소유권이 이전되는 것은 맞지만 여러 사람과 공유 형태가 됩니다. 공유물에 대한 이해가 부족한 사람들은 단순히 등기사항증명서에 자신의 지분이 표시되는 것으로 완전한 소유권을 확보하였다고 생각하기에 속이기 쉽습니다. 그러나 나중에 이 지분을 팔기에는 어려움이 많습니다. 특히 부동산 전체를 팔려면 공유자 전부가 동의하여야 합니다.

둘째, 개발계획과는 직접 관련이 없습니다. 개발계획지역 인근의 땅을 싸게 사서 지분으로 쪼개 파는 것일 뿐입니다. 이 때, 개발계획을 적극 활용하여 홍보합니다.

셋째, 기획부동산의 사무실은 넓고 화려한 인테리어를 하고 있으며 사람이 늘 북적댑니다. 하급 직원부터 최고위층을 다 만나게 해주고 설득당하게 합니다.

넷째, 공인공인중개사가 개입하지 않은 계약서를 작성합니다. 공인중개사는 확인설명의무가 있기에 나중에 문제가 생기면 책임을 물을 수 있으나 기획부동산은 회사와 계약을 하므로 그 책임을 묻기에는 애로가 많습니다. 회사를 폐업해 버리는 경우도 많습니다.

다섯째, 계약기간이 단기간에 이뤄집니다. 계약 당일 계약금을 치르고 한 달도 안 되어 잔금을 치르는 속전속결이 이루어 집니다. 심사숙고할 시간이 그만큼 줄어드는 것입니다.

여섯째, 계약을 해제해도 계약금이나 매매대금을 반환받기 어렵습니다. 계약해제 의사를 아무리 표시해도 저쪽에서 돈을 안 돌려주니 방법이 없습니다. 소송에서 이겨도 회사에 집행할 재산이 없는 경우가 대부분입니다.

이러한 특징을 살펴 보건대, '좋은 땅 있어요. 여윳돈 투자하세요'라는 등의 부동산 투자를 부추기는 전화나 타인의 소개를 받는다면 더 이상 대화를 진행하지 않는 것이 바람직합니다.

계속 듣고 있다가는 자신도 모르게 빠져들고 결국에는 사기를 당하게 될 수도 있다는 점을 유념하여야 합니다.

13. 폰지 사기란 무엇인가?

형법 제347조 제1항은 '사람을 기망하여 재물의 교부를 받거나 재산상의 이익을 취득한 자는 10년 이하의 징역 또는 2천만원 이하의 벌금에 처한다'라고, 같은 조 제2항은 '전항의 방법으로 제3자로 하여금 재물의 교부를 받게 하거나 재산상의 이익을 취득하게 한 때에도 전항의 형과 같다'라고, '사기죄'를 규정하고 있습니다.

나피해씨는 2018. 12. 중순 경, 지인이 저녁 식사 초대장이 있다고 같이 가서 식사하자고 하여 서울 소재 백화점에서 열린 '땡땡 백화점' 오픈 설명회에 참석하였습니다. 그 자리에서 주최자는 '땡땡 백화점' 쇼핑몰을 분양하여, 그 수익을 수입원으로 하여 고액의 배당을 해 주겠다는 감언이설을 하였습니다.

이에 나씨는 2018. 12. 말부터 2019. 9. 말까지 3차례에 걸쳐 합계 730만원을 백화점 오픈 설명회 주최 회사인 땡땡 주식회사(이하 '땡땡')의 계좌로 입금했습니다.

그 후, 나씨는 땡땡으로부터 2019. 2.부터 2019. 12. 말까지 배당금이라는 명목으로 많게는 19만원, 적게는 320원까지 총 22만 9천 여원을 입금받았습니다.

그런데 그 후부터는 이러한 돈마저 입금되지 않았고, 나씨가 이에 항의하자 땡땡의 대표이사는 '신규 가입 투자자가 없어서 배당을 못하여 준다'라고 변명하였습니다.

터무니없이 높은 수익을 준다고 사람들을 속여서 투자를 부추기고는 새로 들어오는 투자자의 돈이나 기존의 투자금으로 그전의 투자자들에게 수익을 계산해 주는 금융다단계 사기를 '폰지 사기(Ponzi Scheme)'라고 합니다.

겉으로는 번드르한 차림과 언변, 게다가 으리으리한 사무실도 갖추고 있으나 속내는 사기꾼인 사람이 돈을 굴려서 이익을 많이 내겠다는 사람들을 갖은 수단을 동원해 모읍니다.

그러고는 예컨대, '투자금의 월 수익 30%를 보장하겠다'는 등으로 감언이설을 합니다. 여기에 속지 않아야 하는데 이상하게 속아 넘어갑니다.

100만원을 투자하면 어김없이 다음 달에 30만원이 배당금으로 입금됩니다. 이 배당금은 어디서 수익이 나서 주는 것이 아니라 내가 투자한 원금을 떼서 주거나 다른 투자자의 돈을 빼서 주는 것입니다. 결국 투자가 반복되지 않는 한 언젠가는 돈줄이 막히게 되어 있습니다.

이는 1920년대 '찰스 폰지(Charles Ponzi)'라는 은행원이 벌인 사기 행각에서 유래하였습니다. 이러한 금융 사기는 지금도 피해자가 발생하고 있으며 사회적으로 큰 이슈가 되기도 합니다.

폰지 사기는 피해자가 다수이며, 한편 피해자이며 가해자가 되기 때문에 이에 가담한 자들의 범죄 전모를 밝히기가 어려워 형사 처벌하는 것도 상당히 어렵습니다. 그래서 수사기관도 부담스러워합니다.

쉽게 말해, 피해자 수가 매우 많고 금액 또한 커서 사회적으로 큰 이슈가 되었을 때나 수사기관이 수사에 착수합니다. 이른바 '조희팔 사기 사건'처럼 말입니다. 바로 이런 점을 사기꾼들이 악용하는 것이고, 소액 투자자들을 속여 그들이 투자한 돈을 편취하는 것입니다. 은행 금리보다 높은 '고액 배당률'이니, '분양 잘 되면 한 개 호실이 저절로 내 소유가 된다'느니의 감언이설에 속는다면 평소 알뜰살뜰 모은 여윳돈을 야금야금 빼앗기게 됩니다.

물론 초기에는 돈이 조금씩, 또는 가끔씩이라도 들어오기는 합니다. 그러나 결정적인 순간에 이 사기꾼들은 자신들이 챙길만한 돈이 들어왔다 싶으면 그 돈을 가로채고 나 몰라라 하거나 숨어 버립니다.

결국 투자자는 손해만 입고 원금마저 회수하지 못하게 됩니다. 이러한 소액 투자 피해자가 넘쳐 나지만 사회문제가 되기는 어렵습니다. 소액 투자 피해자들이 개인적으로는 고소하겠다고 하면서도 단체로 사회에 노출되는 것을 꺼려하기 때문입니다. 이 점이 철저히 악용되고 있는 것입니다. 결국 '세상에는 공짜 점심은 없다'라는 속언을 늘 새기고 있지 않으면 언제든 피해자가 될 수 있음을 유념하여야 할 것입니다.

14. 축의금 천원 봉투 29개 주고, 식권 132만원 어치 받았다! 사기죄일까?

김피고씨는 서울 소재 어느 요양원의 총무팀장으로, 황조연씨는 이 요양원의 직원으로 근무하고 있었습니다. 한편, 이 요양원 직원으로 근무하다가 퇴직한 나피해씨는 2019. 5. 25. 결혼식을 올렸는데, 이 때, 나씨는 김씨와 황씨를 이 결혼식에 초대하지는 않았습니다.

그런데 김씨와 황씨는 나씨가 퇴직한 후 이 요양원의 비리 사실을 국민건강보험공단에 고발하였다고 생각하였습니다.

이에 앙심을 품은 김씨와 황씨는 초대받지 않은 나씨의 결혼식에 참석하여 황씨는 1,000원이 든 봉투 1개를 김씨에게 건네 주었고, 김씨는 자신이 준비한 1,000원이 든 봉투 28개와 합하여 축의금 봉투 29개를 접수대에서 축의금을 받고 있던 나씨의 사촌오빠에게 주었습니다. 그러면서 나씨의 사촌오빠에게 1매당 33,000원인 식권 40매를 달라고 하여 이를 받았습니다.

나씨의 사촌오빠는 김피고씨로부터 봉투 29개를 받고 김씨에게 식권 40매를 줄 때, 결혼식 하객이 통상적으로 내는 축의금인 50,000원 정도일 것이라 판단하였습니다. 왜냐하면 봉투가 너무 얇아 5만원권 1매라고 생각했기 때문입니다. 그러면서 나씨의 사촌오빠는 봉투 29개를 개봉했고 거기에는 모두 1,000원짜리가 들어 있음을 발견하고 즉시 김씨에게 식권 40매를 돌려달라고 하고 이를 돌려받았습니다.

그 후, 나피해씨는 이 두 사람을 사기죄로 고소하였는데 검사는 김씨는 벌금 200만원, 황씨는 벌금 100만원의 약식명령을 청구하였습니다. 이들은 이에 불복하면서 정식재판을 청구하였습니다.

이에 관한 재판에서 제1심은 '피고인들이 범행을 자백하고 있고, 형사 처벌을 받은 전력이 없으며, 피해품인 식권 40매가 피해자 측에 반환되기는 하였으나 피고인들이 피해자로부터 용서를 받지 못하였고, 이 식권 40매는 현장에서 범행이 발각됨에 따라 피해자 측의 반환요구에 따라 반환된 것이다'

라고 하면서 약식명령에서 정한 벌금과 동일한 액수의 벌금형을 선고하였습니다.

이에 대해 김씨와 황씨는 '나씨의 결혼을 축하하기 위해 간 것이고 나씨를 속인 적이 없다. 한편, 제1심의 벌금이 너무 무겁다'라고 하면서 항소하였습니다.

이에 대하여 항소심은 제1심 판결 내용을 그대로 유지하면서 이에 덧붙여 "피고인들은 나씨의 결혼식을 축하해주러 간 것이라고 주장하지만 1,000원을 축의금으로 낸다는 것은 사회 통념상 납득하기 어려운 행위이므로, 피고인들의 주장을 받아들이기 어렵다."면서 이들의 항소를 기각하였습니다.

결혼식이라는 축하해주어야 할 자리에 앙심을 품고 경제적으로 손해를 끼치려고 의도한 이들의 죄질이 매우 불량하다고 재판부에서 판단한 것으로 보입니다. 치졸하기까지 한 이들의 행동은 마땅히 처벌받아야 하지 않나 판단해 봅니다.

15. 행인 할퀸 고양이 주인, 처벌받을까?

우리나라에서 반려동물을 키우는 사람이 1,000만명 이상이라고 합니다. '애완동물'이라는 말을 사용하지 말고 '반려동물'이라고 하자는 주장도 있습니다.

반려동물을 키우는 인구가 늘어서인지 개나 고양이가 사람을 물거나 할퀴었다고 언론에 보도되곤 합니다. 이 때, 개나 고양이 주인이 형사 처벌받을 수 있을까 궁금해집니다.

고양주씨는 2019. 12. 29. 오전에 고양이와 함께 산책 중이었습니다. 옆에서는 서로 알지 못하는 나피해씨가 걷고 있었습니다. 이 때, 그들 옆으로 차량이 지나갔고, 이에 놀란 고양이가 옆에서 걷고 있던 나씨의 허벅지를 발톱으로 할퀴었습니다.

이로 인해 나씨는 2주간의 치료가 필요한 상처를 입었는데 그 당시 나씨는 고양이를 자극할 정도로 가까이 가거나 고양이를 흥분시킬 수 있는 어떠한 행동도 하지 않았습니다.

그 후, 나씨는 고씨를 과실치상죄로 고소하였고, 검찰은 고씨를 기소하였습니다.

여기에서 의문이 듭니다.

형법 제266조 제1항은 '과실로 인하여 사람의 신체를 상해에 이르게 한 자는 500만원 이하의 벌금, 구류 또는 과료에 처한다'라고, '과실치상죄'를 규정하고 있기 때문입니다. 즉 사람이 실수로 다른 사람의 신체에 손상을 입혔을 때 처벌되는 죄가 과실치상죄 아니냐는 말입니다.

그런데 고양이가 사람을 할퀴었다고 고양이 주인을 과실치상죄로 의율하여 처벌하는지에 대하여 의문이라는 것입니다.

물론, 민법 제759조 제1항 '동물의 점유자는 그 동물이 타인에게 가한 손해를 배상할 책임이 있다. 그러나 동물의 종류와 성질에 따라 그 보관에 상당한 주의를 해태하지 아니한 때에는 그러하지 아니하다'는 규정에 따라 동물의 소유자나 점유자의 책임으로서, 동물이 다른 사람에게 손해를 가하면 그 소유자나 점유자가 손해를 배상할 책임이 있습니다.

형법은 고의범만을 처벌하고 과실범은 예외적으로 처벌하고 있습니다.

특히, 사람의 생명과 신체는 중요한 법익이므로 형법은 과실로 인하여 사람의 생명과 신체를 침해하는 경우를 과실치사상의 죄로 벌하고 있습니다. 과실치상죄는 과실로 인하여 사람의 신체를 상해에 이르게 함으로써 성립합니다. 즉 주의를 게을리하여 사람을 다치게 함으로써 이 죄는 성립합니다.

그런데 이 죄는 다치게 한 사람의 행위로 인해서만 성립하는 것은 아닙니다. 즉 제3자의 행위가 끼어 들었을 경우에도 성립합니다. 고양이가 사람을 할퀴어 상해를 입혔다면 고양이 주인을 과실치상죄로 처벌할 수 있다는 것입니다. 이 죄에는 징역형은 없고, 500만원 이하의 벌금이나 구류, 과료 처벌만 있습니다. 게다가 반의사불벌죄입니다.

어쨌든 고양주씨와 나피해씨간에는 치료비나 손해배상 합의가 이루어지지 않은 것으로 보입니다. 합의가 되었다면 나피해씨의 처벌불원의사에 따라 고씨는 기소되지 않았을 것이기 때문입니다.

결국 고씨는 제1심에서 벌금 30만원을 선고받았습니다.

그 이유는 '함께 산책하던 고양이가 지나가던 차량에 놀라 갑자기 흥분하여 마주 지나가던 나씨에게 달려든 것이더라도, 고양이의 이와 같은 행동 습성은 고양이를 키우는 고씨로서는 충분히 알 수 있는 것이라고 할 수 있다. 따라서 이에 대비하여 고양이가 갑자기 다른 사람을 물거나 할퀴는 등 해를 끼치지 않도록 고양이 목줄 길이를 일정하게 유지하는 등의 필요한 조치를 하지 않은 것은 고씨의 과실이다'라는 것이었습니다.

'엘리베이터에서 호랑이를 봤어요'라는 말을 하는데도 '우리 개는 순해서 물지 않아요'라고 하고, 덩치만 봐도 움찔하는 모습을 보면서도 '우리 개는 얌전해요'라고 더 이상 말하지 말고, 목줄이나 입막음 덮개를 단단히 하여, 반려동물이 타인에게 피해를 끼치지 않도록 하여야 할 것입니다.

◆ 약 력

법무사 박 찬 계

경희대학교를 졸업하고, 공보처와 아리랑TV에서 근무하였다. 2006년 제11회 법무사 시험 합격하고 개업한 이래 현재는 고양시 삼송동에서 사무실을 운영 중이다. 대한법무사협회 직역수호특별 위원회 위원과 고양시 법률상담 위원으로 활동하고 있다. 저서로는 '부동산 경매 이 정도는 알고 입찰하자(북랩, 2017년)'가 있다.

법 대로합시다 -생활법률-

2022년 2월 15일 인쇄
2022년 2월 25일 발행

저 자 박 찬 계
발행인 양 갑 수
발행처 법률&출판

인지

서울 서초구 법원로2길 7-4, 104호(서초동, 동용빌딩)
전 화 : 02-521-8199 팩스 : 02-598-0332
홈페이지 : **www.법률서적.한국**
등록번호 : 25100-2005-000110

ISBN : 978-89-97476-70-1 93360 정가 25,000원